本书的出版得到北京市文物局 2009 年科研成果出版项目经费资助

北京石刻艺术博物馆　编著

北京地區摩崖石刻

學苑出版社

图书在版编目（CIP）数据

北京地区摩崖石刻／北京石刻艺术博物馆编著．－北京：学苑出版社，2010.9

ISBN 978-7-5077-3643-4

Ⅰ．①北…　Ⅱ．①北…　Ⅲ．①摩崖石刻－北京市－图录　Ⅳ．①K877.402

中国版本图书馆CIP数据核字（2010）第188539号

出 版 人：孟　白
责任编辑：潘占伟
装帧设计：徐道会
出版发行：学苑出版社
社　　址：北京市丰台区南方庄2号院1号楼
邮政编码：100079
网　　址：www.book001.com
电子信箱：xueyuan@public.bta.net.cn
销售电话：010-67675512　67678944　67601101（邮购）
经　　销：新华书店
印 刷 厂：北京印刷一厂
开本尺寸：889×1194　1/16
印　　张：19.25
字　　数：401千字
版　　次：2010年10月第1版
印　　次：2010年10月第1次印刷
定　　价：280.00元（精装）

目 录

序　探寻石壁上的文化 /1
前言 /1
凡例 /1

北京地区摩崖石刻综述 /1

房山区 /33
孔水洞摩崖石刻 /34
迎风坡摩崖造像及题刻 /37
云居寺石经山摩崖石刻 /38
大峪沟摩崖造像及题刻 /44
上方山云水洞摩崖石刻 /45
羊耳峪大象石摩崖石刻 /48
南郑村石匠题刻 /50
圣水峪摩崖造像及题刻 /51
“莲子峰”摩崖 /53

门头沟区 /55
武定摩崖石刻 /56
崇化寺买地文书摩崖 /58
天门山摩崖石刻 /59
守口千户李宫题刻 /61
石佛村摩崖石刻 /63
火村修路题刻 /65
齐家庄青楞山朝阳洞摩崖碑 /66
石古崖修桥补路摩崖碑 /67
万佛堂村摩崖石刻 /69
宛平怀来交界摩崖 /71
南官园摩崖石刻 /72
东板桥村重修桥路摩崖碑 /76
木城涧黑虎桥摩崖石刻 /77
盛泉岩捐资铸钟摩崖碑 /79
“醇亲王到此”摩崖 /81
王德榜修筑永定河题刻 /82
妙峰山碧霞元君庙摩崖石刻 /83
福恩书摩崖对联 /86
西峰寺溥儒摩崖石刻 /87
潭柘寺摩崖石刻 /91
“锦簇攒天”摩崖 /94

丰台区 /95
千灵山摩崖石刻 /96

石景山区 /101
八大处摩崖石刻 /102
石景山摩崖石刻 /113
龙泉寺藏文六字真言摩崖 /116
双泉寺翠微山摩崖石刻 /118

接引佛摩崖造像及题刻 /120
太监何某题刻 /121
青龙山狮子窝摩崖石刻 /122
“普渡桥”摩崖 /124
福惠寺摩崖石刻 /125
天泰山慈善寺冯玉祥摩崖石刻 /129

海淀区 /133
凤凰岭摩崖石刻 /134
温泉显龙山摩崖石刻 /136
北法海寺摩崖石刻 /142
“旸台山”摩崖 /147
卧佛寺和樱桃沟摩崖石刻 /148
香山公园摩崖石刻 /154
颐和园摩崖石刻 /180

昌平区 /205
佛岩寺遗址摩崖石刻 /206
驻跸山摩崖石刻 /208
仙枕石摩崖石刻 /212
“龙门贤玉”摩崖及诗刻 /215
供奉观音菩萨题名摩崖碑 /216
银山塔林摩崖石刻 /218
“九华分秀”摩崖 /220

延庆县 /221
弹琴峡五桂头摩崖石刻 /222
阿弥陀佛摩崖造像及题刻 /226
“望京石”摩崖 /227
藏文六字真言摩崖 /228
“天险”摩崖及题刻 /229
佛峪口摩崖造像及题刻 /230
“天门关”摩崖 /231

怀柔区 /233
洞庙沟摩崖石刻 /234
甘涧峪摩崖石刻 /235
“天设金汤”摩崖 /237
“金汤”摩崖 /238
北沟村摩崖石刻 /239
天华洞摩崖石刻 /245
“壹善”摩崖 /246

密云县 /247
番字牌摩崖石刻 /248
云峰山摩崖石刻 /256
陇南王进泰题刻 /260

顺义区 /261
椒园山连山碑 /262

平谷区 /265
兴善寺摩崖石刻 /266

附录 /267
参考书目 /268
年代索引 /272
北京地区摩崖石刻之最 /287

后记 /290

序　探寻石壁上的文化

北京石刻艺术博物馆的业务人员经过数年的田野调查、室内整理与研究，完成了《北京地区摩崖石刻》一书的编撰。在此书即将付梓问世之际，作为一名老文物工作者，我对她们所做的工作和付出的艰辛劳动表示由衷的敬意。

北京地区负山带海，形胜甲天下，自古即为北方重镇，辽代以降，先后为陪都与帝都，逐步成为全国的政治和文化中心。从辽至清，除明代以外，这一地域均为少数民族所统治，其独特性为其他古都所不具备。因此，北京地区悠久的历史以及不同民族文化间的交流、碰撞与融合，铸就了北京博大包容和文化多元的城市特点。北京地区独特的地理、历史特点和文化特性，不仅见诸历代留存的文献材料，丰富的文物遗存更是提供了最直观的实物例证。

北京地区各类文物遗存极为丰富，类别也多种多样，其中石刻文物占有相当大的比例。但过去北京史地的研究者多注重早期的石刻遗存和一些名家书撰的碑碣，而对分布在远郊山区的摩崖石刻却较少关注。虽然各区县的文物干部和一些文物爱好者对摩崖石刻做了不少的调查和著录，但总的说来多局限于某一地区或零星石刻的著录和考证。而此次同仁们经过数年的准备工作和一年多的实地勘察，或穿行山谷林间，或攀登绝壁岩穴，跋山涉水，扪石叩壁，孜孜以求，去寻找布满斑斑石花和苔藓的久远字迹，辨认那些泐佚漫漶的笔画，实属不易。她们不畏艰难，顶酷暑，冒严寒，记录了北京地区的四百余则摩崖石刻文字，并以图文并茂的形式呈现给读者，填补了北京地区摩崖石刻方面专著的阙项。我有幸能先睹初稿并多次审阅修改稿，感慨颇多，归纳起来，有以下几点突出印象：

一、该书图文并茂，是迄今对北京地区摩崖石刻最全面和翔实的一次考察和记录。此书在大量翻阅了他人零星编辑的摩崖石刻资料的基础上，又用一年多的时间实地踏勘了房山、门头沟、丰台、石景山、海淀、昌平、延庆、怀柔、密云、顺义、平谷等区县的深山和浅山区，记录了北京地区的摩崖石刻文字四百余则，大体摸清了北京地区摩崖石刻的数量和现存状况，为读者勾勒出了北京地区摩崖石刻的全貌，使大家对此类石刻产生新的感受和认识，并为以后的保护工作提供了可靠的依据。

二、该书记录了一些有关文献尚未著录的新材料，比如八大处秘魔崖金大定六年（1166年）的《解州石匠题刻》以及关沟弹琴峡、银山塔林古佛岩、云居寺石经山等地新发现的一些藏文摩崖石刻。又如燕山公园内的隋代摩崖造像早有记录，但造像旁的题刻却是该书首次披露。该书经过实地调查，也补充和纠正了相关文献记载中一些不完善和不准确之处。如镌于昌平区南口镇龙潭村旁响潭沟内岩石上的《"龙门贤玉"摩崖及诗刻》，一些文献将监察御史董学所书"龙门贤玉"误作严嵩手书"龙潭喷玉"等等。这些与同仁们细致深入的实地踏勘和和严谨认真的工作态度是分不开的。

三、该书的综述部分，在搜集研究了大量第一手材料的基础上，参阅石刻学方面的文献和理论，对历代著录摩崖石刻的文献做了较为详细的梳理，厘清了摩崖石刻的源流和字义演变，对其定义也做了比较全面恰当的界定，同时也探讨了摩崖石刻一些相关问题，譬如摩崖石刻的形式、"题榜"类摩崖的定义和特点以及太湖石石刻、墨书题记等都做了较为中肯的论述，对北京地区摩崖石刻的概况和历史地理特点进行了较为全面的探讨和总结。

四、该书在摩崖石刻的著录方面也做了新的尝试。此书在著录石刻时，不仅对石刻的地点、环境、尺寸、字径、存字状况做了详细记录，也注意先进科技手段的应用，使用了GPS定位仪对所有摩崖石刻进行卫星定位，使各处摩崖的地点、相对高程等都有了较为准确的记录，改变了过去只能注记相对位置的缺憾，为专业的文物工作者和石刻爱好者探寻摩崖石刻的具体位置提供了可靠的记录。该书按区县和分布地点编排次序，并附录有年代索引，这种编排既考虑到了不同时期摩崖石刻集中一地甚至一面崖壁的情况，也使人们对不同历史时期摩崖石刻的数量和分布一目了然。

"渐渐之石，维其高矣。山川悠远，维其劳矣"，同仁们一年多来在北京的山水间奔波跋涉的过程是非常辛苦的，更难能可贵的是她们坚持不懈、以苦为乐的精神。

那些星星点点散落于遥远山间的石刻文字抒发了古人对北京山川风物的恋恋情怀，使得冰冷的岩石崖壁承载了人文的雅趣和历史的厚重。我深信，当读者阅读这本书时，都会感同身受，深深地热爱北京美丽的山川风貌和众多的名胜古迹，对摩崖石刻这一独特的文化景观也一定会有全新的认识。

坦荡人　吴梦麟

庚寅年夏月

前 言

“摩崖石刻”是指镌刻于天然岩石或崖壁上的一类石刻。北京三面环山，西部有巍巍太行山自南向北逶迤蜿蜒，北部和东部有燕山山脉横亘雄踞，多山的地理环境为摩崖石刻的镌刻提供了绝佳的载体。北京自古为北方重镇，辽金以来逐步成为全国的政治和文化中心，悠久的历史和深厚的文化底蕴为摩崖石刻的书撰留题提供了良好的人文历史环境。正是这种独特的山水人文气质造就了北京地区历史悠久、分布广泛、数量众多、形式多样、内容丰富的摩崖石刻。如今，这些摩崖石刻已成为独具特色的历史文化遗产。

北京地处华北大平原的北端，西依太行，北枕燕山。这两座山脉如同天然屏障，阻隔在华北平原与北方的蒙古高原和东北平原之间，成为中原农耕文明和北方游牧文明的天然分界，诚如明代大学士杨荣所言：“燕蓟内跨中原，外控朔漠，真天下都会”。明代大学士桂萼亦盛赞北京“形胜甲天下，扆山带海，有金汤之固”，无怪乎古人在描绘北京形胜时有“藏风聚气”、“天限华夷”之语了。北京独特的山川地理风貌和历史人文特点决定了北京地区摩崖石刻的分布状况和特点。北京地区摩崖石刻大致可分为以下几个分布带。这些分布带南接华北平原，北通蒙古高原和辽东地区，与中原农耕文明和北方游牧文明之间来往的天然通道有着紧密的关联，而联系着不同地域和文化的通道决定了各个分布带鲜明的地域和人文特点。

第一个分布带在北京西南山区，即房山区的西部和南部山区一带。这一地带紧邻北京地区通往华北平原的通道，中原地区的先进文化包括佛教正是经由此路线传播，这也解释了为什么北京地区隋、唐、辽等年代较早的摩崖石刻基本分布在这一带。

第二个分布带在京西的门头沟区一带，是北京通往山西、河北和北方蒙古高原的交通要道。北京的母亲河永定河流经门头沟区全境，著名的京西古道东西横贯。这里山高沟深，地势险要，自古即为军事战略要地，分布着诸多军事城堡和长城关隘。这里物产丰富，人口稠密，村落密布，也是佛教和道教的兴盛之地，有著名的千年古刹潭柘寺、戒台寺、西峰寺等。清代至民国年间，妙峰山碧霞元君的朝山庙会更对北京及周边地区的民间信仰和习俗产生了深远的影响。门头沟区这种地理历史特点决定了北京地区绝大多数修桥补路等公益性的摩崖石刻分布于此，这里也是佛教、道教和民间宗教类摩崖石刻最为集中之地，同时也分布着边防军事类摩崖（其中包括北京地区最早的摩崖石刻——《武定摩崖石刻》）和治理永定河的水利类摩崖，虽然数量不多，但弥足珍贵。门头沟区的东部由于距北京城区较为近便，从清代至民国时期，一些贵族官宦或文化名流在此购地置园或营建别墅，留下了一些题榜、诗刻等文化艺术水平较高的摩崖石刻。因此这一带成为北京地区摩崖石刻历史最为悠久、形式最为多样、内容最为丰富并且数量较为可观的地区。

第三个分布带即北京西北地区的昌平区与延庆县交界处的关沟一带。这里是太行山和军都山（燕山）相接之地，关沟所在地即著名的"太行八陉"之第八陉"居庸陉"，亦称军都陉，因修建有"天下第一雄关"——居庸关，故而称关沟，是北京通往河北张家口和蒙古高原的重要通道。这里是蒙元皇帝、贵族出入元大都的必经之地，也是明代长城设防的重中之重，关沟以东还是明皇陵所在，因而此地留下了一些重要的元、明史迹和摩崖石刻。

第四个分布带即北京北部连接了诸多关隘的长城沿线。这些关隘均扼守在通往北方蒙古高原或辽东地区的通道上，摩崖石刻也多分布于关隘附近。如怀柔区北沟村的摩崖石刻群，其北不远处有明代的长城险关"擦石口关"，擦石口关东即内长城和外长城的结点处"北京结"；《"天设金汤"摩崖》在连云岭长城"磨石口关"附近；《"金汤"摩崖》在黄花城长城的"头道关"南侧；黄花城向北有路通往延庆县的四海镇，四海镇附近有《"天门关"摩崖》。密云县北部番字牌村的梵、藏、蒙文摩崖石刻南不远处有明代古堡"白马关堡"，这里也是通往河北以及北方的通道。古北口自古为重要的关口和交通要道，其东部的雾灵山分属北京和河北，雾灵山的北京境内部分迄今尚未发现重要的摩崖石刻，但其隶属于河北境内的山上发现多处摩崖石刻，其中有明兵部尚书谭纶、阅视侍郎汪道昆、总督侍郎刘应节、总都督戚继光等巡边官员的题名及题诗摩崖，是研究这条通道的重要文物遗存。

特别值得指出的是北京西郊即今石景山区和海淀区的西山一带，由于地处近郊，其摩崖石刻的分布同北京城市的发展历史有着紧密联系，这一带的摩崖石刻数量超过 200 则，约占北京地区摩崖石刻总量的一半，因而成为北京地区摩崖石刻数量最多、分布最为集中之地。这里分布了一些辽、金、元、明的摩崖石刻，其内容涉及寺庙和僧侣活动、卫所设防、开山采石、游历题诗等宗教、军事、经济、艺文诸方面内容。尤其是香山、颐和园、青龙山、八大处等地，清代建有皇家园林"三山五园"，民国时期达官名流在此兴建了大量的别墅，这里也是寺庙道观的集中之地，清代及民国时期的摩崖石刻绝大多数分布在这里。

北京地区由于其"内跨中原，外控朔漠"之得天独厚的地理位置，自古即为北方军事重镇。辽代以降，这里先后成为辽南京、金中都、元大都、明清帝都，北京的政治、经济、军事和文化地位逐步彰显，日益重要。从辽至清，除明代以外，占据这里的统治者均为少数民族即北方的游牧民族，他们的统治给北京的历史和文化留下了种种独特的印记。这种独特性，是中国历史上其他一些著名的都会城市所不具备的。北京虽然地处不同民族和不同文化的交汇点，但除了有明一代，民族融合和文化交流而非民族对抗和文化冲突成为这一地域的主旋律，险关隘口，成为南来北往的通衢，只有明代才修筑长城，民族冲突和对抗才上升为主要矛盾。汉民族和北方草原民族、中原农耕文明与北方游牧文明之间相互交流、碰撞、融合熔铸了北京这种博大包容、文化多元的城市特性和文化品格，而这种特点也给北京地区的摩崖石刻打下了深深的烙印。如金代女真族皇帝和贵族留题的摩崖石刻，表面看是附庸汉族士人题咏的风气，深层的解读却是金代女真族对汉文化的认同。元代的摩崖石刻不仅有汉文，也出现了约20则梵、藏、蒙文的六字真言摩崖石刻等，不仅是元代“政教合一”的宗教政策以及崇奉喇嘛教的体现，也反映了元代统一多民族国家的文化多元性。明代最具特色的摩崖石刻就是在长城关隘附近留题的修筑长城、巩固边防及抵御北方蒙古侵扰的军事类摩崖石刻。与蒙古、女真等北方民族敌对紧张的民族关系是明代北京挥之不去的梦魇，这又印证了北方草原民族对北京城市历史的重要影响。清代的摩崖石刻中不仅有许多满族皇帝亲贵的诗作题咏，许多民间的摩崖石刻的题名中往往汉人和满人同时列名，这种情况在清代许多碑刻的题名中也是如此。满人积极参与汉人的民间风俗和宗教信仰活动的现象，反映了满人对汉文化的认同和接受，也是满汉之间融洽相处的一种写照。满人和北京的各族人民一起参与创造并构建了北京地区独特的地域文化。

关沟一带分布的摩崖石刻，其内容浓缩了千年来北京地区不同文明间的冲突与交融以及不同民族间的战争与和平，诚可谓北京这种城市特点、文化品格和独特历史的最好诠释。从关沟西不远处的金代佛岩寺遗址遗存的《吕贞干题刻》等两则金代摩崖，可知关沟一带在金代便为文人雅士的休闲游历之地。元代的关沟更是变为通衢，元熊梦祥《析津志》云：“居庸在直都城之北，中断而为关，南北三十里，古今夷夏之所共由定，天所以限南北也。每岁圣驾行幸上都，并由此途”。居庸关和关沟为元朝皇帝往返元大都和上都的必经之地。元人修建了著名的过街塔（元代这里为永明寺，寺南即过街塔。后塔毁，只留下塔的台座，后人称之为“云台”），天险雄关变为通途，蒙古皇帝、贵族、官员、僧侣（喇嘛）、商人、百姓以及车辆、马匹在这条通道上来来往往，川流不息，居庸关云台过街塔下古道上至今还留有深深的车辙和马蹄印。而在关沟一带崖壁上镌刻的摩崖造像和梵、藏、蒙文的六字真言等佛教咒语摩崖，就是当年这里繁忙往来情形的历史见证。明代，由于和蒙古人的紧张关系，关沟一带修筑了高大雄伟固若金汤的长城和关城，重重设防，重兵把守，仙枕石上明代兵部尚书许论的题刻便是那个烽火狼烟的岁月留下的珍贵印记。清代，这里又变通途，八达岭长城旁镌刻的《“天险”摩崖》，则成为人们对往昔战争年代的追忆。

辽代以来，北京或为陪都，或为首都，因此北京地区摩崖石刻的一个显著特征便是帝都风范，其表现有三：

其一，皇帝御笔题刻数量颇为可观，如传为金章宗御笔的《驻跸山摩崖》，明万历皇帝御书的《"灵根古柏"摩崖》，创造了北京地区摩崖石刻辉煌时期的清乾隆帝在香山和清漪园（颐和园的前身）等地留题的约75则诗刻和题榜摩崖，还有清嘉庆帝、道光帝以及虽未称帝但却掌控晚清政局48年之久的慈禧太后的御笔诗刻和题刻，据不完全统计，北京地区皇帝御笔所题的摩崖石刻总数不下80则，约占我们所调查摩崖石刻总量的五分之一。

其二，太监也留题了为数不少的摩崖石刻。太监，作为中国古代皇权政治和专制统治的特殊伴生物以及皇帝身边必不可少的一类特殊人群，太监题刻也是帝都特点的一种表现。明清两代有不少太监留题的摩崖，为我们了解、研究太监群体的社会生活、宗教信仰等提供了史料。

其三，则是刻工之精良。首善之区，人才济济，自然不乏铁笔传神的良匠，皇帝的御笔题刻更是马虎不得，因此许多摩崖石刻的刻工甚为讲究。

镌题于北京山川胜迹间的摩崖石刻犹如一部石刻百科全书，是我们了解和品读北京山川地理风貌和悠久历史文化最直观的读物，而阅读这部百科全书的最好的方式自然是走出家门，走进北京绚丽多姿的山山水水之间，"行万里路"，就是"读万卷书"。呈现在大家面前的这本《北京地区摩崖石刻》便是我们这些年来在北京的山水间奔走跋涉探寻摩崖石刻的一个总结。从2000年起，笔者开始调查北京地区的摩崖石刻，并搜集和整理了许多文献和普查资料，形成了该书的雏形。得到北京市文物局2009年出版基金的资助后，笔者邀请北京石刻艺术博物馆的同仁们组成一个调查组，从2008年夏至2009年冬，对北京市房山区、门头沟区、丰台区、石景山区、海淀区、昌平区、延庆县、怀柔区、密云县、顺义区、平谷区共十一个山区区县的摩崖石刻进行了调查和复查，实地踏勘了摩崖石刻分布地点百余处，获得了410余则摩崖石刻的第一手资料。我们以严肃、认真、严谨的态度，对这些摩崖石刻进行了拍照、测量、GPS定位，并对石刻的方位、现状、尺寸、存字状况做了如实记录。"辨模糊字"，是我们石刻馆同仁们常做的功课。由于年代久远，风雨侵蚀，加上人为破坏，摩崖石刻的刻文多有漫漶。本书除对所有能够录文的摩崖石刻按照石刻学的规范和要求进行录文和著录外，还查阅相关文献和资料补录泐佚文字。除极个别由于距地过高或其他原因无法丈量的摩崖石刻外，本书对绝大多数的摩崖石刻均有尺寸记录。本书对调查的所有地点均使用GPS定位仪进行了GPS定位。由于GPS定位仪本身存在一定误差，加之一些摩崖石刻分布在山坳中，卫星信号接收情况不太理想，所以误差在所难免，这些数据仅供参考，不准确之处还望见谅。在此基础上，笔者参酌相关文献和石刻学方面的理论著述，厘清了摩崖石刻的源流和字义演变，在总结前人观点的基础上，对摩崖石刻的定义提出了自己的看法，并对北京地区摩崖石刻的概况、历史特点及地理分布做了较为详细的梳理、总结，也对北京地区摩崖石刻的一些相关问题进行了初步考证和论述。

在本书中，我们发现和记录了一些有关文献尚未著录的新材料。如延庆县关沟内的五桂头古洞附近，除相关文献已经记载的 4 则梵、藏、蒙文摩崖外，在这 4 则摩崖上方一个坐西朝东的山洞外南侧崖壁上，我们新发现一则《梵藏蒙文合璧六字真言摩崖》。本书所收录的昌平区银山塔林《古佛岩藏文摩崖》、房山区云居寺石经山上藏经洞附近的《藏文摩崖》，均为这次调查时发现，尚未见有关文献著录。八大处证果寺西北秘魔崖上镌刻的金大定六年（1166 年）《解州石匠题刻》以及元元贞二年（1296 年）《元贞二年题刻》等，也是这次调查时的新发现。

本书也补充和纠正了相关文献记载中一些不完善和不准确之处。如镌于昌平区南口镇龙潭村旁响潭沟内岩石上的《“龙门贤玉”摩崖及诗刻》，《北京名胜古迹词典》将监察御史董学所书“龙门贤玉”误作严嵩手书“龙潭喷玉”。再如《门头沟文物志》记载有“房良口”摩崖，经调查，该摩崖现已不存，但书中未作说明。又如，刻于门头沟区西北白羊石虎村西部山谷孤山崖壁上的《宛平怀来交界摩崖》，字径大小不一，大字字径高、宽 7 － 10 厘米不等，小字字径高、宽均约 5 厘米，《门头沟文物志》曰“孤山”二字字径“逾尺”，当是误记。

通过这次调查，我们深切感到这些分散于山间的摩崖石刻的保存状况不容乐观，如石景山区福惠寺《魁星图》摩崖画被盗，《龄昌诗刻》也遭毁坏，仅存下方一小部分；门头沟区的《敕赐弘恩寺地界摩崖》被一些登山者随意涂画；一些地方为了经济利益开山采石，使得许多摩崖被毁。凡此种种，无不令人扼腕叹息。自然界的雨雪风霜也时时侵蚀这些石刻。如怀柔区北沟村的多处摩崖石刻，几年前我们去调查时，其字口尚比较清晰，而这次调查，这些摩崖的字口多已模糊了；延庆县五桂头的《居庸关重修关帝庙创建魁星阁摩崖碑》和几则梵、藏、蒙文六字真言摩崖也均有不同程度的风化剥蚀。因此，本书着重记录这些摩崖石刻的现状，希望能为后人留下较为可靠的记录，也算我们为保存这些历史文化遗产尽些许绵薄之力。我们也借此书呼唤人们的文物保护意识，这些文物古迹是古人留给我们的宝贵的文化财富，失去了，就永远不可能再生了。

在调查中，我们也欣喜地看到一些区县和地方为保护这些古迹做了一些有益的工作。如延庆县弹琴峡一带古迹众多，有关部门清理杂草和垃圾，修筑道路，并立了保护标志；门头沟区著名的连山碑——《石古崖修桥补路摩崖碑》下方塌毁的古道现已恢复；北京地区最古老的摩崖石刻——《武定摩崖石刻》周围的环境也得到了治理，石刻上面还加了防护罩，这些地方也都新立了保护标志。这些举措，让我们感到文物保护的前景还是乐观的。

本书出版在即，我们虽然已经竭尽全力，但仍有许多遗憾之处。时间仓促，有相当一部分相关文献已经著录的摩崖石刻未能实地踏勘，如门头沟区的《潭柘紫石塘官界摩崖》、《珠窝湖修路摩崖》，房山区的《茶楼顶摩崖造像及题刻》等等。有部分地点如门头沟区的仰山栖隐寺，由于寺庙修缮，不对外开放，前往两次均无功而返。也有个别的摩崖石刻未能找到，如门头沟区万佛寺遗址据记载有八处《“佛”字摩崖》，我们仅调查到三处。此外，我们调查了二十余则梵、藏、蒙文摩崖，有一些属于新发现，还需请文字学方面的专家予以释读。种种不足，尚祈见谅。

北京石刻艺术博物馆

王晓静

2010 年 2 月

凡例

一、本书是对北京地区摩崖石刻的现存状况所作的初步总结和著录，图文并重，兼具学术性和通俗性。

二、本书类别：属石刻学类。

三、收录内容：1949 年（含 1949 年）以前的摩崖石刻。

四、收录范围：北京市行政区范围内的十八个区县。

五、行文格式，一目一条或同一地区的一组摩崖石刻为一条，首列名称，下系叙述文字、录文、照片或拓影。

六、本书中所收录文均根据我们所调查的摩崖石刻现状著录，录文格式如下：录文所用文字均为简体字，若无相对应的简体字，则照碑直录；“」”为转行符号，用于录文中每行的结尾处，表示该行文字结束；“□”表示录文中漫漶无法辨识的文字，一个“□”表示一字；而同一行录文中连续几字漫漶，又无法确定所泐文字字数，用“▱” 表示；石刻文字现已漫漶，但根据相关文献或作合理推测补录的文字，外加方框表示，如“丙”。

七、许多摩崖石刻文字内容古奥，或漫漶脱字，断句实属不易，加之我们水平有限，不敢妄加断句。因此除对摩崖诗刻予以断句，对摩崖石刻中所引用的古代典籍如《礼记》、《庄子》等根据通行的标点本进行标点，其他录文均不断句或标点。

八、编排方式：各处摩崖分区县编排，各区县大体按照其在北京行政区划版图由南至北，由西至东的地理方位排序。区县下条目，单条摩崖石刻按名称列目，同一地点分布多则摩崖则按地点列目，其下再按名称列目。区县下条目按年代先后排序，同一地点有不同时代多则摩崖石刻者，以这一地点出现的年代最早者为排序依据。同一地点的摩崖石刻，亦按年代先后排序。若均镌于同一崖壁，其数量又较多，为叙述方便，则按其相对位置依次排列，如云水洞内摩崖石刻排序即从崖壁的南侧到北侧排列，福惠寺摩崖石刻则从西至东排列等等。为了能清楚勾勒北京地区摩崖石刻的历史发展脉络，在正文后附有按年代编排的索引。

北京地区摩崖石刻综述

北京地处华北大平原北端，西、北、东三面环山，山川壮丽，历史和文化积淀深厚，清代学者孙承泽赞曰："幽燕自昔称雄。左环沧海，右拥太行，南襟河济，北枕居庸。苏秦所谓天府百二之国，杜牧所谓王不得不可为王之地"。[1]北京的山水名胜、险关隘口一带分布着数量众多、形式各样的摩崖石刻，犹如一部石刻的百科全书，吸引我们前去探寻阅读。从2000年起，笔者开始调查北京地区的摩崖石刻，得到北京市文物局2009年出版基金资助后，笔者和北京石刻艺术博物馆的同仁们组成一个调查组，经过一年多的实地调查和资料整理，大体摸清了北京地区摩崖石刻的数量和现存状况，在此基础上，笔者不揣浅陋，拟探讨摩崖石刻的源流和定义，并对北京地区摩崖石刻的概况和历史地理特点进行初步的梳理和总结。

一、摩崖石刻的定义

所谓"摩崖石刻"，是指镌刻于天然岩石或崖壁上的一类石刻，同时也包含了这类石刻（包括文字和图像）的制作工艺和特点，即以天然岩石或崖壁为载体、以刀做笔刻写而成的石刻。摩崖石刻由于其因山而凿，材料简单易得，应是最早出现的一种石刻类别。

古代先民在天然崖壁上刻画的图案和符号，即人们所谓的"岩画"，从其制作工艺上来讲，也可称为摩崖石刻。我国著名的岩画有内蒙古的阴山岩画、新疆的阿尔泰山岩画、宁夏的贺兰山岩画等。

我国摩崖文字石刻很可能在文字创造初期就出现了。由于摩崖石刻所需材料简单易得，古人可能在岩石或崖壁上刻写过文字，但由于年代久远，这些石刻文字或者已经湮灭，或者目前尚未发现，抑或发现后不能确定年代。如河北赞皇县坛山据传为周穆王时期的"吉日癸巳"摩崖（又名《坛

1 见《天府广记》第6页，清·孙承泽纂，北京古籍出版社，2001年2月。

山刻石》，原石已失）、贵州安顺的《红岩古刻摩崖》（亦称《红崖天书》）等摩崖，虽然有多家著录，但各家对这些摩崖的年代和真伪说法不一，莫衷一是，不能肯定它们为我国早期的文字摩崖石刻。查《河北金石辑录》，河北省永年县朱山顶上所镌西汉初期赵遂王二十二年（公元前158年）的《群臣上醻刻石》，应当是我国目前已知的年代最早且有明确纪年的摩崖石刻。但也有些学者对该刻石的年代持有异议。因此徐自强、吴梦麟合著的《古代石刻通论》认为，根据可靠记载和现有实物考察，可以确指为摩崖石刻者，最早见于东汉时期。摩崖石刻大量出现也在东汉时期。东汉时期摩崖石刻的著名者当属陕西汉中褒城县石门地区的《汉鄐君开通褒斜道摩崖》、《故司隶校尉犍为杨君颂摩崖》、《右扶风丞李君通阁道摩崖》和《杨淮、杨弼表记摩崖》等。

我国摩崖石刻造像则是随着佛教的传入和广泛传播而出现的。最早的摩崖造像当属位于江苏连云港市南郊东汉时期的孔望山摩崖造像，而最为人们熟知的是山西大同云冈石窟和河南洛阳龙门石窟的摩崖造像。

我国古代的史籍文献中很早就已经著录了上述三类摩崖石刻。

《后汉书》卷二十三《窦融列传》附录窦融曾孙《窦宪传》载："宪、秉遂登燕然山，去塞三千余里，刻石勒功，纪汉威德，令班固作铭。"[1] 该铭即历史上著名的《封燕然山铭》，而"勒石燕然"也成为古代人们建立边功的象征，如范仲淹《渔家傲·秋思》中有"燕然未勒归无计"的名句。铭文中有"乃遂封山刊石，昭铭上德"语，笔者据此认为《封燕然山铭》当为摩崖石刻，而《后汉书》因此也成为目前所见最早记载摩崖石刻的史籍。《北京图书馆藏中国历代石刻拓本汇编》第一册中收录有《燕然山铭》拓本，其下的图版说明云："东汉永元元年（89）七月摩崖刻。在新疆伊犁。拓片高220厘米，宽123厘米。班固撰。隶书。有谓翻刻者"。[2] 据此可知，国家图书馆所存镌于新疆伊犁的《燕然山铭》拓本系摩崖石刻。但一般认为古之燕然山位于今外蒙古的杭爱山，而非新疆伊犁。该摩崖来历颇有些可疑，可能为后人翻刻，翻刻所本是否为窦宪勒铭，不得而知。

据《晋书》卷五十五《张载传》，西晋文学家张载"太康初，至蜀省父，道经剑阁。载以蜀人恃险好乱，因著铭以作诫"，"益州刺史张敏见而奇之，乃表上其文，武帝遣使镌之于剑阁山焉"。[3] 从"镌之于剑阁山"语推断，该石刻毫无疑问当属摩崖石刻。

北魏郦道元所著的《水经注》亦著录了一些摩崖石刻。该书记载了黄河沿岸的岩画："今晋昌郡南及广武马蹄谷盘石上，马迹若践泥中，有自然之形……夷人在边效刻，是有大小之迹，体状不同，视之便别。"[4] 该书还记载了伊阙两侧石壁上所镌魏晋时期的两则摩崖文字石刻："阙左壁有石铭云：

1 见《后汉书》第814－815页，宋·范晔撰，中华书局，1993年3月。

2 见《北京图书馆藏中国历代石刻拓本汇编》第一册第29页，中州古籍出版社，1990年6月。

3 见《晋书》第1516－1517页，唐·房玄龄等撰，中华书局，1996年4月。

4 见《合校水经注》卷二第34页，北魏·郦道元著，清·王先谦校，中华书局2009年2月。

黄初四年六月二十四日辛巳，大出水，举高四丈五尺，齐此已下。盖记水之涨减也。右壁又有石铭云：元康五年，河南府君循大禹之规，部督邮辛曜、新城令王琨，部监作掾董猗、李褒，斩岸开石，平通伊阙。石文尚存也。”[1]这两则材料分明为摩崖，但郦氏则称之曰“石铭”。

《魏书·释老志》记述了僧人昙曜开凿云冈石窟并镌造摩崖造像的情形：“昙曜白帝（即北魏文成帝拓跋濬，公元452－465在位），于京城西武州塞，凿山石壁，开窟五所，镌建佛像各一。高者七十尺，次六十尺。雕饰奇伟，冠于一时。”[2]该志还记载了开凿龙门石窟事：“景明初，世宗诏大长秋卿白整准代京灵岩寺石窟，于洛南伊阙山，为高祖、文昭皇太后营石窟二所。”[3]

在以上诸多的文献记载中，人们对各类摩崖石刻的称谓多种多样，并没有统一的名称。唐宋以前，人们对摩崖这种石刻形式和制作工艺似乎未加以特殊的关注，而是笼统地称作“镌刻”、“铭文”，或以石刻的首题或文体命名。

到了宋代，以石刻和铜器铭刻资料为研究对象的金石学开始兴起，北宋欧阳修的《集古录》、赵明诚的《金石录》以及南宋洪适的《隶释》、《隶续》等著作辑录了大量的历代金石文字，是宋代金石学尤其是石刻学方面的代表作。这些书中均著录了许多摩崖石刻。欧阳修《集古录》中著录了“后汉司隶杨君碑”等摩崖石刻的录文，卷七《唐中兴颂》跋尾载：“右《大唐中兴颂》，元结撰，颜真卿书……碑在永州，磨岩石而刻之。”[4]赵明诚《金石录》著录了“吉日癸巳”和“汉司隶杨君开石门颂”等摩崖石刻，该书卷二十一《后魏郑羲碑》跋尾载：“碑乃在今莱州南山上，磨厓刻之”。[5]《后魏郑羲上碑》跋尾载：“羲之卒，葬荥阳，其子道昭永平中为光州刺史，为其父磨厓石刻二碑焉。”[6]洪适《隶续》卷第十九《张休崖涘铭》条下记曰：“右磨崖险路，铭四言十四句，威宗延熹二年刻。”[7]

上述几种金石学专著中出现的“磨岩石”、“磨厓”、“磨崖险路”，这里是作动词用，而非作为一种石刻类别意义上“摩崖”概念，但这些书在著录摩崖石刻时，显然已经注意并指出了摩崖石刻在形态和制作方法上与碑刻的区别。

较早使用“磨崖”一词的书籍当属北宋徽宗时期（1101－1125年）编纂的《宣和书谱》，该书卷三《正书》褚遂良条下记云：“遂良喜作正书，其磨崖碑在西洛龙门”。[8]

---

1 见《合校水经注》卷十五第245页，北魏·郦道元著，清·王先谦校，中华书局，2009年2月。

2 见《魏书·释老志》第3037页，北齐·魏收撰，中华书局1992年9月。

3 同上书，第3043页。

4 见《文津阁四库全书》第227册史部目录类之《集古录》第31页，商务印书馆，2005年10月。

5 见《金石录校证》第363页，宋·赵明诚著，金文明校证，广西师范大学出版社，2005年10月。

6 见《金石录校证》第364页，宋·赵明诚著，金文明校证，广西师范大学出版社，2005年10月。

7 见《隶续》第443页，宋·洪适撰，中华书局，2003年12月。

8 见《文津阁四库全书》第270册子部艺术类之《宣和书谱》第6页，商务印书馆，2005年10月。

南宋时期的一些史志笔记中已较多地使用“磨崖”一词。

叶绍翁《四朝闻见录》卷一甲集《南屏兴教摩崖》条载:“今（杭州）南屏山兴教寺磨崖《家人卦》、《中庸》、《大学》篇，司马温公书，《新图经》不载。”[1]

王象之《舆地碑记目》卷二《永州碑记》条下记云：“《大唐中兴颂》在祁阳浯溪石崖上……俗谓之‘磨崖碑’。”[2]该条目后还记曰：“《小磨崖》，山谷浯溪诗后。”[3]

范成大《骖鸾录》提及《大唐中兴颂》时，有“磨崖须大业，岂非奉觞事耶”[4]语。

娄机《汉隶字源·碑目》卷三十一《司隶校尉杨君石门颂》条下记云：“建和二年立，在兴元府……《墨宝》云，褒城县北五里，磨崖。”[5]卷二百一《建平郫县碑》条下记:“建平五年立，乾道初始出，在永康过紫屏二里道傍。其石三面，高卑凸坳，刻随其势，即蔡迨刻记所谓‘磨崖’也。”[6]卷二百二十七《司隶校尉杨淮碑》条下记：“熹和二年立，在兴元府……《墨宝》云，磨崖。”[7]

胡仔撰《渔隐丛话前集》卷四十七云:“苕溪渔隐曰:余顷岁往来湘中,屡游浯溪,徘徊磨崖碑下,读诸贤留题，惟鲁直、文潜二诗，杰句伟论，殆为绝唱，后来难复措词矣。”[8]

洪迈《容斋五笔》卷二《诸公论唐肃宗》条下载：“黄鲁直《题磨崖碑》尤为深切。”[9]

浯溪摩崖石刻的宋代摩崖题诗和题刻中也较早使用了“摩崖”或“磨崖”一词。浯溪摩崖石刻位于湖南省祁阳县城西南约2公里湘江西岸与浯溪汇合处，江边崖壁上镌刻着唐宋以来的300多位名人的书、画、诗、词等摩崖石刻500多则。浯溪石刻始于唐代中期，著名文人元结于大历年间撰《浯溪铭》、《峿台铭》、《㾢庼铭》，请人用篆书写出，刻于石上。唐大历六年（771年），元结又将自己所撰《大唐中兴颂》，请好友颜真卿擘窠大书，镌刻于浯溪的临江峭壁上。该摩崖因文奇、字奇、石奇，有“摩崖三绝”之称。之后，历代文人游此多留有题刻。

元结所撰《大唐中兴颂》云“石崖天齐,可磨可镌。刊此颂焉,何千万年”[10],或当对后世“摩崖”或“磨崖”这一特定称谓的形成有相当的影响。欧阳修在其《集古录跋尾》中对东汉诸摩崖未特

1 见《四朝闻见录》第30页，宋·叶绍翁撰，中华书局2004年9月。

2 见《文津阁四库全书》第227册史部目录类之《舆地碑记目》第473页，商务印书馆，2005年10月。

3 同上书，第473页。

4 见《范成大笔记六种》之《骖鸾录》第58页，宋·范成大撰，中华书局，2008年6月。

5 见《文津阁四库全书》第77册经部小学类之《汉隶字源》第545页，商务印书馆，2005年10月。

6 同上书，第552页。

7 同上书，第553页。

8 见《文津阁四库全书》第495册集部诗文评类之《渔隐丛话前集》第362页,宋·胡仔撰,商务印书馆,2005年10月。

9 见《容斋随笔》第851页，宋·洪迈撰，中华书局，2005年11月。

10 见《北京图书馆藏中国历代石刻拓本汇编》第27册第104页，中州古籍出版社，1990年6月。

标出“摩崖”之名，而独于《中兴颂》条下书“磨岩石而刻之”（注意，欧氏这里所用乃“可磨可镌”中的“磨”字，而没有用“摩”字），恐非偶然。据《湖湘碑刻（二）· 浯溪卷》中收录的摩崖石刻文字和拓本，这里崖壁上的宋代诗刻和题刻中，多次出现了“摩崖”或“磨崖”一词，尤以“磨崖”一词出现的频率为多。如宋代陈统所书《读元颜二公中兴颂碑》诗中有“摩崖一颂立峥嵘，三百年来藓不生”。[1]（据《浯溪卷》书中拓本，“摩崖”二字已泐，拓本下方的录文中所泐文字写作“摩崖”）该摩崖诗刻后紧邻宋景祐五年（1038 年）柴氏的《经浯溪元次山归隐》诗，推测陈统的诗刻年代当在宋景祐五年前后。毛抗于宋熙宁己酉（1069 年）秋七月所题《读唐中兴颂》诗曰：“磨崖勒唐颂，字字琼□英。”[2]（据《浯溪卷》书中拓本，“磨”字已泐，该字下部所余笔画似为“石”字，而非“手”，据此推测所泐文字为“磨”字）钱岊题刻记云：“会稽钱岊绍圣二年（1095 年）八月十一日过永州祁阳县，观颜鲁公所书、元次山撰《唐中兴颂》磨崖碑。”[3]南宋徐自明嘉定庚辰（1220 年）中秋后四日无题诗曰：“磨崖三绝世间奇，金石相辉万古垂。”[4]（首句在明成化年间被铲，尚不能断定首句中是“摩崖”或“磨崖”）此外，还有多处宋代摩崖题诗提及“磨崖”，如许昂诗曰“磨崖勒心记”[5]，庄崇节《浯溪》诗有“磨崖再勒中兴颂”[6]句，江琼《题浯溪次张文潜韵》诗序有“元水部磨崖碑”[7]语，刘敬卿《游浯溪诗》云“登上磨崖不殚难”[8]，陈逮玺《浯溪吊古》诗云“万古磨崖岂有碑”[9]等等。

可见，在北宋中期，浯溪摩崖石刻的铭文中已开始使用“摩崖”或“磨崖”一词，从时间上看，要略早于《宣和书谱》，当是笔者目前所见最早使用“摩崖”或“磨崖”称谓的材料。

根据上述宋代的文献史料和石刻实物，“摩崖”的最初应作“磨崖”或“磨厓”，“厓”字则为“崖”的通假字。而上述一些材料在述及“摩崖”或“磨崖”时，有时亦称作“磨崖碑”。所谓“摩崖碑”或“磨崖碑”，笔者认为，将岩壁打磨平整并刻成线刻碑形或者浮雕碑形的摩崖，称为“摩崖碑”，在后面谈及摩崖石刻的形式时有专门论述。但显然，根据《大唐中兴颂》图片和拓本，该摩崖石刻没有线刻或在浮雕碑形的纹饰，不符合“摩崖碑”的定义。把各类不同的石刻称呼为“碑”，

1 见《湖湘碑刻（二）· 浯溪卷》第 79 页，湖南美术出版社，2009 年 4 月。

2 同上书，第 86 页。

3 同上书，第 98 页。

4 同上书，第 133 页。

5 同上书，第 94 页。

6 同上书，第 146 页。

7 同上书，第 156 页。

8 同上书，第 162 页。

9 同上书，第 167 页。

是古代文人的通习，这里的“碑”应理解为石刻。真正从学理上对碑、志、摩崖等各类石刻的称谓加以规范，当从清末叶昌炽的石刻学集大成著作《语石》始。

由上可知，至迟至北宋中期，已经有了“摩崖”或“磨崖”的提法，一些学者还指出了摩崖和碑刻在制作方法上的区别即“磨岩石而刻之”。但这些文献和石刻并没有明确地把摩崖石刻作为一种石刻类别与其他石刻区分，进而上升到石刻学分类的高度加以定义，而是笼统地以铭、碑、颂、摩崖等称呼这些摩崖石刻，这些称谓很容易与其他石刻相混淆。

摩崖石刻和其他石刻称谓相混淆的状况一直延续至清代。如元代陶宗仪的《南村辍耕录》一书，有专文考证著名的摩崖石刻《瘗鹤铭》，但未使用“摩崖”一词。明代郑真《荥阳外史集》卷三十五有《跋颜鲁公磨崖碑》条，则将《大唐中兴颂》呼之为“磨崖碑”。清初顾炎武辑《金石文字记》，著录了一些摩崖石刻如《瘗鹤铭》、《盘山题名》、《大唐中兴颂》等，亦未使用“摩崖”的特定称谓，这或许是因为顾氏的《金石文字记》侧重考证金石文字的内容和相关史实，而不甚关注石刻的形制所致。

清代是金石学的昌盛时期。“摩崖”一词作为一种石刻类别的称谓广泛使用是和清中期以来金石学的繁荣以及书法史上碑学的兴起有着密切关系。雍正三年（1725 年），浙江总督李卫奉敕修《浙江通志》，延康熙朝进士翰林院编修傅王露、名诗人厉鹗等主修。傅王露同时又纂修了《西湖志》四十八卷，在该志的《碑碣卷》详录了西湖石刻，所收诗词、刻经、题名等摩崖，在录文后必标注“摩崖”二字，凡数十处。其后倪涛根据杭州小山堂赵氏（昱）藏拓本做了增补，收入《六艺之一录续编·卷七》，并把该卷命名为《武林磨崖续考》：“武林诸山磨崖载于《西湖志》者已录于前集一百卷十矣。志中颇有遗漏，今依小山堂所藏拓本是正之，以补湖志之譌缺云”。[1] 该篇当是笔者所见最早专门著录和考证摩崖石刻的专章，惜其未对摩崖石刻的定义作出论述。孙星衍、刑澍所撰、成书于嘉庆七年（1802 年）的《寰宇访碑录》记载了大量的摩崖石刻，如“尖山摩崖十种”、“锦山摩崖”等，王昶撰、成书于嘉庆十年（1805 年）的《金石萃编》也著录有大量的摩崖石刻，如《映佛岩磨崖》等，但许多摩崖石刻包括摩崖造像题刻等依然沿用碑、铭、造像记、刻石等称谓。阮元（1764 – 1849 年）的《北碑南帖论》记曰：“磨崖巨石，照耀区夏”[2]，对摩崖石刻推崇备至。杨守敬于 1867 年成书的《评碑评帖记》一书，指出《汉中太守鄐君开通褒斜道碑》当是摩崖，《大吉山买山地记》“俗名跳山摩崖”[3]，可见杨氏已注意到了摩崖与其他类别石刻的区分。康有为成书于 1889 年的《广艺舟双楫》中将不同类别的石刻笼统地称为碑或刻石，如云峰山摩崖石刻称“云峰山刻石”，有时也

1 见《文津阁四库全书》第 276 册子部艺术类之《六艺之一录续编》第 898 页，清·倪涛撰，商务印书馆，2005 年 10 月。

2 见《揅经室集》第 597 页，清 · 阮元撰，中华书局，2006 年 6 月。

3 见《评碑评帖记》第 22 页，清 · 杨守敬著，文物出版社，1990 年 9 月。

称摩崖，如“冈山摩崖”、“尖山摩崖”，对著名的摩崖造像题刻“龙门二十品”等称作“某某造像”。由上可知，当时一些金石学者或书法家虽然著录了大量的摩崖石刻，但对摩崖石刻概念的认识依旧是比较模糊，其主要原因可能在于他们在研究石刻时所本俱为拓片，而非实物，对石刻的研究也多注重具体石刻文字的著录、考证及书法特点。

直至清代中期，“摩崖”与“磨崖”仍然混淆使用，不过，与宋代不同的是清以来著录金石的文献多使用“摩崖”一词，而“磨崖”出现的频率则越来越少了。

“摩崖”与“磨崖”区别何在？

《诗经·卫风·淇奥》云：“瞻彼淇奥，绿竹猗猗。有匪君子，如切如磋，如琢如磨。”[1]

《尔雅·释器》曰：“金谓之镂，木谓之刻，骨谓之切，象谓之磋，玉谓之琢，石谓之磨。”[2]

《周礼·冬官考工记》则有“刮摩之工五”[3]的记述。

汉代许慎《说文解字》曰：“摩，揅也。”[4]清代段玉裁注曰：“揅，各本作研，今正。此以揅与摩互训，石部‘研’之训‘礳’也。手部‘揅’之训‘摩’也。义各有属，无容淆之。摩揅之功，精于礳研也。”[5]段氏指出：“凡《毛诗》、《尔雅》‘如琢如摩’、《周礼》‘刮摩’字多从‘手’，俗从‘石’作‘礳’，不可通。”“礳”字即“磨”字。《诗经》、《尔雅》、《周礼》等上述文献中提及的“磨”或“摩”字，段氏认为均应从“手”，写作“摩”字。

或许正是段玉裁等清代小学家对字义的准确考证，段氏“摩揅之功，精于研礳”的论断，以及金石学家对“摩崖”所做的初步定义，结束了“摩崖”与“磨崖”混淆使用的局面，“摩”字为正体而“磨”字为俗体成为金石学界、学术界和书法界的共识，“摩崖”一词遂成为规范的称谓。

将摩崖石刻作为石刻的一个类别来作近乎“理论性”思考、并对摩崖的定义作出论述的情况出现在清道光年间。冯云鹏、冯云鹓所编辑、成书于清道光年间的《金石索》提出了“就其山而凿之，曰摩崖”[6]的论断，并举若干石刻实例加以说明。尽管这个论述还较为简单和粗糙，但该书毕竟是最早对摩崖石刻进行了定义。

清末学者叶昌炽非常注重研究摩崖石刻的实物和形制，在他的石刻学集大成著作《语石》（成书于1909年）一书中将摩崖石刻作为一种石刻类别来探讨，指出摩崖石刻有着丰富的内涵，包括不同的文体、形式和功用，从而对摩崖石刻做了较为全面和准确的论述：“今人见题名，或称之曰

1 见《毛诗传笺通释》第196页，清·马瑞臣撰，中华书局，2008年7月。

2 见《十三经注疏·尔雅注疏》第2600页，清·阮元校刻，中华书局，1983年11月。

3 见《十三经注疏·周礼注疏》第906页，清·阮元校刻，中华书局，1983年11月。

4 见《说文解字注》第606页，汉·许慎著，清·段玉裁注，浙江古籍出版社，2009年3月。

5 见《说文解字注》第606页，汉·许慎著，清·段玉裁注，浙江古籍出版社，2009年3月。

6 见《金石索》下册第917 页，清·冯云鹏、冯云鹓辑，书目文献出版社，1996年3月。

摩厓，不知摩厓不皆题名也。即桂林诸山，诗、赋、赞、颂姑勿论，唐宋《平蛮》诸碑、韩云卿《舜庙碑》，非巍然巨制乎？经略赵郎中《德政碑》，曾三聘《神道碑》，方公祠之迎送神曲，岂得谓之题名乎？晋、豫、齐、鲁间佛经、造像，亦往往刻于厓壁。张子韶书《论语·问政章》、司马温公书《家人卦》，吾儒亦援其例。盖摩厓，犹‘碑’也，为通称，为虚位，亦为刻石之纲，其文字则条目也”。[1] 虽然叶氏的主要关注点主要是在文字石刻，但他将摩崖造像也作为摩崖石刻之一种，对后人关于广义的摩崖石刻的认识有着重要的影响。

民国以来的学者则从石刻形制出发对摩崖石刻有了较为精当的界定，如马衡在《凡将斋金石丛稿·中国金石学概要》指出："刻石之特立者谓之碣，天然者谓之摩崖"。[2] 徐自强、吴梦麟合著的《古代石刻通论》认为："摩崖石刻是石刻中的一个类别。所谓摩崖石刻，就是利用天然的石壁以刻文记事的石刻。"[3] 徐、吴二先生在上文提及的摩崖石刻是专指文字石刻，在论述石质造像时，又提到了摩崖造像。

总结前辈先贤对摩崖石刻的论述，主要有两种观点，一是认为摩崖石刻是专指石刻文字，如冯云鹏、冯云鹓和马衡；一种认为包括石刻文字和造像，如叶昌炽和徐自强、吴梦麟等。

笔者认为，摩崖石刻有广义和狭义之分。广义的摩崖石刻是指人们在天然岩石或崖壁上镌刻的所有内容，包括上面提及的各类文字石刻、石刻造像，还有一种特殊的石刻——岩画亦可归入摩崖石刻范畴。徐自强、吴梦麟《古代石刻通论》把岩画归入石刻学的范畴，指出岩画以制作方法加以区别，可分为凿刻岩画和绘制岩画，并给以相当多的篇幅进行论述。有鉴于此，笔者认为，凿刻岩画其制作方法与摩崖石刻并无二致，当可归入广义的摩崖石刻范畴。狭义的摩崖石刻则专指文字石刻，即利用天然岩石或崖壁以刻文记事的石刻，是文字石刻中的一个重要类别。

摩崖石刻由于其因山而凿，材料简单易得，无论是广义的摩崖石刻或者是摩崖文字石刻，均是出现最早的一种石刻类别。

本书所考察和著录的摩崖石刻仅限于摩崖文字石刻。我国有明确年代可考的摩崖文字石刻从东汉时期开始出现，一直绵延至今，分布地域很广，各个省、市、自治区均有分布，尤其以陕西、河南、山东等地为最。著名者有陕西汉中的褒斜道摩崖石刻、河南洛阳的龙门石窟摩崖造像及题刻、山东的泰山摩崖石刻、云峰山摩崖石刻、湖南祁阳的浯溪摩崖石刻等。

---

1 见《语石》卷工第 103 页，清·叶昌炽著，上海书店，1986 年 8 月。

2 见《凡将斋金石丛稿》第 67 页，马衡著，中华书局，1996 年 12 月。

3 见《古代石刻通论》第 22 页，徐自强、吴梦麟合著，紫禁城出版社，2003 年 8 月。

二、北京地区摩崖石刻概况

北京地区摩崖石刻历史悠久，分布广泛，内容丰富，数量众多，形式多样。据实地调查以及参阅相关文献和资料记载的不完全统计，北京地区现存的摩崖石刻410余则，房山、门头沟、丰台、石景山、海淀、昌平、延庆、怀柔、密云、顺义、平谷等十一个境内有山的区县均有分布。若将各类有关文献以及一些“驴友”博客中记载的摩崖石刻全部相加，北京境内现存摩崖石刻的数量可能接近或突破500则。

在北京地区410余则的摩崖石刻中，数量最多的当属海淀区，有140余则，其中大体可确认年代者约122则。其次为门头沟区，约有90则，其中可确认年代者约70则。再次为石景山区，有60余则，其中可确认年代者约59则。房山区30余则，其中可确认年代者约25则。昌平区21则，其中可确认年代者约18则。怀柔区20则，其中可确认年代者约17则。密云县约26则，其中可确认年代者约17则。延庆县13则，其中可确认年代者约10则。丰台区约9则，其中可确认年代者约5则。平谷区目前发现一处两则，年代均不详。顺义区目前仅见1则，为清代所刻。

北京地区目前已知现存最早的摩崖石刻是镌刻于东魏武定三年（545年）的《武定摩崖石刻》，之后，历隋、唐、辽、金、元、明、清各代至民国，绵延1500余年不绝。北朝摩崖石刻目前仅发现1则，即《武定摩崖石刻》，在门头沟区。隋代现存1则或2则（《迎风坡摩崖造像》一般认为是隋代作品，但造像旁的二行题刻不能确认为隋代所刻），唐代2则，均在房山区。辽代现存共3则，其中房山区2则，海淀区1则。金代现存7则，其中房山区2则，昌平区3则，石景山区1则，怀柔1则。元代现存约9则汉文摩崖，以及梵、藏、蒙文摩崖20余则，共计约30则，其中房山区有4则汉文摩崖，1则藏文摩崖，共5则，石景山区有5则汉文摩崖，昌平区有藏文摩崖2则，延庆县有梵、藏、蒙文摩崖6则，密云县有梵、藏、蒙文摩崖12则。明代现存90余则，其中门头沟区约24则，怀柔区15则，石景山区14则，海淀区11则，昌平区9则，房山区8则，密云县4则，丰台区3则，延庆县2则。清代现存150则，其中海淀区约90则，门头沟区近30则，石景山区21则，其余区县则相加不过10则。在清代150则摩崖石刻中，乾隆皇帝留下了75则（除石景山区和昌平区各一则外，余者均在海淀区。若将摹刻于假山石或太湖石上的题刻或诗刻也统计在内，其数量当不下百则），约占清代摩崖石刻总量的一半。民国时期摩崖有60余则，其中房山区5则，门头沟区15则，石景山区18则，海淀区20则，丰台区2则，昌平区1则。此外还有约70则摩崖年代不详，这些多为明清或民国时期所刻。以上的所有数字均是根据实地调查情况并参阅相关文献得出的概略数。（见《北京历代摩崖石刻区县分布一览表》）

北京历代摩崖石刻区县分布一览表

区县 朝代	房山区	门头沟区	丰台区	石景山区	海淀区	昌平区	延庆县	怀柔区	密云县	顺义区	平谷区	合计
北朝		1										1
隋	1 或 2											1 或 2
唐	2											2
辽	2				1							3
金	2			1		4						7
元	5			5		2	6		12			30
明	8	24	3	14	11	9	2	15	4			90
清		30		21	90	2	2	2	1	1		149
民国	5	15	2	18	20	1						61
年代不详	5	20	4	1	18	3	3	3	9		2	68
合计	30 或 31	90	9	60	140	21	13	20	26	1	2	412 或 413

北京地区现存的摩崖石刻大致可分为以下几种形式：1. 完全利用自然的岩壁凿刻，不做任何加工。绝大多数摩崖石刻即属此类，这类摩崖石刻大约有 300 则。2. 将自然岩壁打磨成平面或凿成规则的平面（多为正方形或长方形），即所谓的“开光”。有开光的摩崖石刻约 70 则，其中约 40 则为清乾隆皇帝御书，大多分布在海淀区颐和园后山清可轩的岩壁上。3. 将岩壁打磨平整并刻成碑形，称之为“摩崖碑”或“碑形摩崖”。这类摩崖碑约 20 则。4. 在岩壁上凿出石碑形状，仅有一面与山体相连，又名“连山碑”，有时也称“摩崖碑”。连山碑数量较少，约 7 则，门头沟区存《井泉龙王通海之神位摩崖碑》、《齐家庄青楞山朝阳洞摩崖碑》、《石古崖修桥补路摩崖碑》共 3 则，丰台区存《戒坛朝阳三慧洞建礼忏施茶功德摩崖碑》、《佛龛山观音洞修造佛殿宇摩崖碑》、《极乐洞造四海云堂摩崖碑》共 3 则，顺义区存《椒园山连山碑》1 则。5. 摩崖造像或摩崖造像龛旁边往往镌有题刻，记述摩崖造像的名称、缘起、时间、目的、捐资题名、吉祥语、对联以及石匠题名等，称“摩崖造像题刻”。造像题刻乃造像的附属品，而非独立存在，这类摩崖石刻大约有 20 则。

北京地区摩崖石刻的内容非常丰富，诸如宗教、军事、经济、地标界石以及保护环境等内容均有涉及，各类摩崖石刻在内容上也多有交叉，如修桥补路类摩崖，既记载了人们的经济活动，当属经济类摩崖，同时这类善举多为僧人或道人倡导，亦可归入宗教类。还有许多不同身份的游人题写于宗教胜地的题榜、题刻、诗词、对联等，有些内容与宗教关系不大，但从中可窥见宗教对当时的社会生活和民间习俗的影响，亦可归入宗教类。数量最多的当属宗教类摩崖，包括佛教、道教、民间宗教等，若将前面提及的僧人或道人倡导的修桥补路类摩崖以及镌刻于宗教胜地的一些题榜、题刻、诗词、对联等摩崖全部加上的话，粗略统计宗教类摩崖大约有 200 则，其中房山区近 30 则，门头沟区约 60 则，丰台区 9 则，石景山区约 40 则，海淀区约 17 则，昌平区 10 则，延庆县 9 则，怀柔区 6 则，密云县 26 则，顺义区 1 则，平谷区 2 则。宗教类摩崖中佛教类或与各种佛教活动相关者约有 170 则，道教和民间宗教类约 30 则。具有重要史料价值者为军事类和经济类摩崖。北京地势险要，关隘众多，为兵家必争之地，明长城又经京北、京西的山区，因而留下了与长城防御相关的军事类摩崖约 20 则，几乎均为明代所刻。经济类摩崖包括契约文书、交通水利、修桥补路以及进行各种经济活动的捐资题名等，约 10 则，是研究北京地区古代经济史和社会史的珍贵史料。此外，还有地标界石类摩崖约 20 则，保护环境类摩崖 1 则。

北京西依太行，北枕军都，峰峦叠嶂，山川壮丽，使得无数的帝王、贵族、官宦、文人、名士、僧侣和普通民众游览时流连忘返，并竞相留题描摹或颂扬秀美山川的题榜、题咏、诗词、对联，以抒发情感。这类摩崖又与宗教类、军事类摩崖内容上多有交叉，若全部相加，其总数约 250 则，其中房山区约 20 则，门头沟区约 40 则，石景山区约 40 则，海淀区约 110 则，怀柔区约 10 则，密云区约 11 则，昌平约区 8 则，延庆区约 4 则，平谷区 2 则。这类摩崖石刻中又以题榜类摩崖的数量为多。

何为“题榜”？简言之，是指题于山石崖壁或匾额之上的大字石刻。叶昌炽在《语石》中论及“题榜”时说：“唐宋以下崖壁题名之处，一亭一石，往往锡以嘉名，而大书深刻于石”，“又有大字在上，即游记从其下”。[1] 因此，叶氏所谓“题榜”主要指大字的题名，题名下的题刻或诗刻等内容亦可归入题榜。叶氏关于“题榜”“锡以嘉名，而大书深刻”的论述，尚不甚全面。结合北京地区“题榜”摩崖的状况，笔者认为，“题榜”在形式上为大字题写，所题内容或一字，或一词，或一成语，最多为一句诗或一句话。其功用有三，一为题名即叶氏所谓“锡以嘉名”，如“翠微山”、“凤凰岭”、“罗汉洞”、“芙蓉坪”等；一为写景状物，即描摹或赞美山水风景，如“尘外赏”、“栖霞”、“蔚秀”等；一为言志抒怀，即表达志向，抒发情感，如“警心慎辔”、“真吃苦”、“保卫华北”、“收复失地”等。“题榜”摩崖虽则内容简单，仅寥寥几字，但这类摩崖往往辞藻华丽优美，并镌刻于醒目之处，最能反映题刻者的审美情趣、文化品位、文学素养及书法水平，故而成为人们留题时的最爱，当然其中也不乏附庸风雅者。

题榜类摩崖堪称北京地区摩崖石刻之大宗，目前北京地区现存此类摩崖约 140 则，其中金 1 则，明 25 则，清 57 则，民国 41 则，年代不详者 17 则。题榜类摩崖各区县分布如下：房山区 3 则，

1　见《语石》卷五第 108 页，清 · 叶昌炽著，上海书店，1986 年 8 月。

均镌于民国时期。门头沟区 17 则，其中明 1 则，清 5 则，民国 11 则。丰台区 3 则，其中民国 1 则，年代不详者 2 则。石景山区 22 则，其中明 2 则，清 7 则，民 12 则，年代不详者 1 则。昌平区 7 则，其中金 1 则，明 4 则，清 1 则，民国 1 则。延庆县 4 则，其中明 1 则，清 1 则，年代不详者 2 则。怀柔区 16 则，其中明 13 则，清 3 则。密云县 11 则，其中明 1 则，清 1 则，年代不详者 9 则。平谷区 2 则，年代不详。海淀区 58 则，其中明 3 则，清 36 则，民国 13 则，年代不详者 6 则。海淀区的题榜类摩崖多集中在香山和颐和园，其中香山 23 则，清 15 则（乾隆帝留题 11 则），民国 4 则，年代不详者 4 则；颐和园 14 则（乾隆帝留题 12 则），均为清代所刻。

北京地区摩崖石刻的文体亦多种多样，有纪事类的碑记，有契约文书，有诗词、对联，也有仅寥寥数字的题榜及佛名或佛教咒语，还有节录的儒家经典、道家经典、佛经及古典文学名著等。

北京地区摩崖石刻的书体主要有楷书（即正书）、行书、草书、隶书、篆书等。许多摩崖石刻的题写出自政治和文化名人之手，书法精美，有一定艺术价值，也在一定程度上反映了北京地区的书法水平和风貌。摩崖石刻的文字绝大多数多用汉文书写，也有少量用梵、藏、蒙文书写的摩崖，这类摩崖约 23 则。摩崖石刻的书写者或摩崖石刻中的列名者，其身份上至皇帝、勋戚贵族、文臣、武将、地方官吏、文人学者、高僧大德，下至寻常百姓以及石匠、僧尼、道人，甚至还有一些女性的题名，基本涵盖了社会的各个阶层。

这些不同时代、不同地区、不同民族语言文字，形制各异、内容丰富、书体多样的摩崖石刻，其功用归纳起来不外乎以下几点：1. 纪功，即战事胜利后的勒石纪念。2. 彰善记事，即记录修桥、补路、建庙、捐资等各种善举的缘起和过程，或者记述某个事件的来龙去脉。3. 题名，题名有时列于彰善记事或纪功的文字之后，有时单独存在。4. 状物抒情，诗词或题榜类摩崖多有此功用。5. 传播宣传，佛教刻经、佛号摩崖、摩崖造像和题刻以及摹刻的其他经典文献等，多是出于此目的。这五点功用，归纳起来其最终目的只有一个，即“勒诸贞珉”以冀“永垂不朽”或“万古流芳”。

三、北京地区摩崖石刻的历史特点

（一）北朝摩崖石刻

北京地区现存最早的摩崖石刻是东魏武定三年（545 年）刻于门头沟区王平地区河北村永定河畔岩石上的《武定摩崖石刻》（又名《武定刻石》）。该摩崖记录了东魏政权在此地筑城设防的情况。据一位老文物工作者的回忆，石刻附近还有古代建筑的遗迹。《北史 · 齐本纪》载：“（武定三年）十月丁卯，神武上言，幽、安、定三州北接奚、蠕蠕，请于险要修立城戍以防之。”[1] 摩崖地处幽州

1 见《北史》第一册第 229 页，中华书局，1991 年 12 月。

的西部也即东魏的北部边境，此地为永定河的转弯处，三面环水，仅北面与道路相连，自古为交通之咽喉，地理位置非常险要。由于当时北方的少数民族库莫奚、蠕蠕（即柔然）时常南侵，威胁东魏的北部边境，在此修筑防御工事也就不难理解了。此石刻所载与史书吻合，印证了东魏在北部边境筑城设防的情况，因而具有重要的历史价值。

此后的百余年间，即北齐、北周时期，北方的河南、山东、河北等地，刊刻摩崖造像和摩崖刻经之举蔚然成风，著名的摩崖石刻（这里仅限于文字石刻）有河南洛阳龙门石窟的北朝造像题刻、河北地区的南北响堂寺石窟北朝摩崖刻经以及山东地区的泰山经石峪北朝摩崖刻经、徂徕山北朝摩崖刻经等等，可谓摩崖石刻尤其是摩崖刻经的辉煌时期，在中国石刻史、书法史上均有着重要的地位。而同属北方地区的北京或许是由于地处边地，经济相对滞后，北方少数民族又屡屡南下侵扰，北京地区迄今尚未发现这一时期的摩崖石刻。

（二）隋唐辽时期摩崖石刻

隋代，海内一统，社会安定，北京作为北方的军事重镇，其地位日益重要。直至此时，刊刻摩崖造像和摩崖刻经风气的余绪开始影响北京地区，如在房山区万佛堂村孔水洞内岩壁上，镌有两龛摩崖佛造像。其中一龛内雕一佛二菩萨，从其特征和龛内外布局看，为隋代作品；另一龛内雕菩萨一尊，可能为晚唐作品。在造像下方约一米处，有刻于隋大业十年（614 年）四月的《孔水洞摩崖刻经》，其内容据《北京万佛堂孔水洞调查》（见《文物》1977 年第 11 期），为《大般涅槃经寿命品 · 第一之二》和《妙法莲华经观世音菩萨普门品》，这两种经文的文字相加约一万两千多字，文字多已漫漶或浸入水中，《北京万佛堂孔水洞调查》对这两种经文仅各著录六百余字。该摩崖刻经即便未全录以上二种经文，其规模亦堪称宏大。房山区燕山公园的《迎风坡摩崖造像》，据有关专家鉴定，该造像龛为隋代作品。造像龛内主尊佛像首部的右侧隐约可见两行题刻，第一行仅见一“三”字，第二行能辨认“石厂村信”等字。题刻未镌年款，无法确认其镌刻年代是否与造像同时。

有隋一代，由于统治者大力推崇佛教，建佛寺、立佛像、刻佛经的举动广为盛行。房山区近年新出土了两种隋代墓志，其中《韩智墓志》载韩智“归心释道……聊披《涅槃》，玄解文趣；暂听《华严》，义相遥贤”；《韩辅墓志》也记述了他“更心易志，慕求大道。舍己珍物，劝导乡亲。为造《一切经》，并作经藏。常持五戒，日修六礼”。从中可以窥见隋代幽州地区官员和普通百姓的佛教信仰情况，特别是“为造《一切经》，并作经藏”的记载，更是印证了幽州地区刊刻佛经的风气。云居寺石经的创始人静琬和尚发愿刻经，也始于隋大业年间。同时也应看到，孔水洞隋代摩崖造像和刻经刻于崇山峻岭之间的隐蔽溶洞中，其目的不仅仅是为了弘扬佛法，更重要的是在佛教的末法时代保存佛教经典，起到护法的功用。据云居寺石经山雷音洞门左壁所镌《静琬题记》载：“至今贞观二年，已浸末法七十五载……静琬为护正法，率己门徒、知识及好施檀越，就此山顶刊《华严经》等一十二部。”孔水洞隋代摩崖造像和刻经与静琬在云居寺刻经的目的如出一辙，两者有无更深一步的联系，抑或孔水洞摩崖刻经是否为静琬早年间所为，还需更多的史料印证。有学者认为，孔水洞摩崖刻经是房山区早期的刻经地点之一，开了北京地区刊刻佛教石经之先河，为研究北京地区早期刻经提供了依据，也对探讨房山云居寺石经的镌刻缘由和发展脉络有所裨益，在“房山石经学”研究方面亦占有重要位置。

唐代的摩崖石刻现存两则，均在房山区。一为《焦玄岩等礼佛题刻》，唐开元二十一年（733 年）十月刻，在云居寺石经山。一为《大峪沟摩崖造像题刻》，唐开元年间（713 － 741 年）开凿，在大峪沟村东半山上。此外，石景山区的石景山有“燕都之第一仙山”的美誉，两晋隋唐时期建造了名刹金阁寺，山上有石经台、普观洞、普安洞、孔雀洞等古迹。旧时洞中藏有许多石经，故石景山曾名石经山。据《日下旧闻考》卷一百四载：“孔雀洞左右门上截题识曰《佛本行集经》卷第三十一，幽州卢龙两节度使刘相公敬造，元和十四年四月八日建；下截刊佛经语。”[1] 此段文字疑为摩崖石刻，今已不存。

隋唐时期的几则摩崖石刻，不管是现存还是已被历史湮灭的，均为佛教内容。现存者均在房山区，这与隋唐时期北京地区佛教的发达盛行以及房山区在北京佛教传播和发展史上的重要地位密切相关。

辽代的摩崖石刻目前仅发现两处三则：其一为《上方院摩崖碑》，辽应历十年（960 年）刻，在海淀区凤凰岭上方寺遗址附近，摩崖为线刻碑形，碑首圭形，身长方形，下部有榫，是目前北京地区最早的碑形摩崖。其二，在房山区云水洞内辽代摩崖造像南侧，镌两则辽代摩崖题刻，一为《僧善伏题刻》，该题刻中的“僧善伏”和“石匠吴世和”的名字在辽代房山石经的题记中多次出现；另一为辽乾统六年（1106 年）的《何永寿等题刻》。

另外，还发现有一处或两处辽代的墨书题记。一处题于房山区云居寺石经山第三洞外石壁，大安二年书，该题记书于辽大安二年（1086 年）或金大安二年（1210 年），不能确认；另一处题于门头沟区齐家庄朝阳洞内岩壁上，辽寿昌六年（1100 年）书。

辽代的摩崖石刻包括墨书题记均为佛教内容。这一时期作为辽南京的北京地区，佛教盛行，“僧居佛寺冠于北方”[2]，辽朝皇帝往往亲自倡导佛教，他们广建寺庙，大做佛事，还刊刻有《契丹藏》。这几则摩崖石刻便是辽代这种崇佛风气的反映。

---

1 见《日下旧闻考》第六册第 1726-1727 页，清 · 于敏中等编纂，北京古籍出版社，1983 年 5 月。

2 见《日下旧闻考》第一册第 69 页，清 · 于敏中等编纂，北京古籍出版社，1983 年 5 月。

（三）金代摩崖石刻

金代的摩崖石刻目前存 7 则，其一，《朝阳洞重修楼嵓观摩崖碑》，金贞元二年（1154 年）十月初五日刻于怀柔区洞庙沟朝阳洞外崖壁，为碑形摩崖。其二，《贞元三年题刻》，金贞元三年（1155 年）刻于房山区羊耳峪大象石东北侧石壁上。该题刻未署书者落款，其书法古拙，结构颇见功力，当为有一定书法和诗文水平的文人所题。其三，《解州石匠题刻》，金大定三年（1163 年）刻，在石景山区八大处秘魔崖。其四，《乌林答□题刻》，金大定二十年（1180 年）题于房山区孔水洞内摩崖刻经后石壁，撰书者吏部尚书、驸马都尉"乌林答□"，是金皇亲贵胄。其五，《明昌三年题刻》，金明昌三年（1192 年）镌于昌平区佛岩寺遗址半山处崖壁，内容已漫漶。其六，《吕贞干题刻》，金泰和四年（1204 年）刻于昌平区佛岩寺遗址半山处崖壁。吕氏家族为金中都汉族豪门大姓，在金代相继有六人中进士，包括题刻中提及的吕贞干、吕子羽。该题刻为隶书，其下笔、奏刀，初看似不经意，细品则颇有神韵，堪称书法佳品。其七，《"驻跸山"摩崖》，在昌平区阳坊镇驻跸山。据传为金章宗完颜璟（1190 － 1208 年）所书。《长安客话》载："金章宗尝游此，镌驻跸二字，后人因呼为驻跸山。"[1] 若果为金章宗所题，这则摩崖石刻就开了北京地区皇帝御笔题刻摩崖之先河。此外，在房山区石经山上，有一则金泰和六年（1206 年）书写的墨书题记，字迹已泐。前面提及的大安二年书写的墨书题记，无法断定是辽代或金代。

金以前的摩崖石刻，多未刻书者姓名，即便有署名也名不见经传，其书法也较为随意草率，无甚可取（《孔水洞摩崖刻经》当属例外，该摩崖虽未署书者，但其规模宏大，书法水平亦堪称道，惜藏于深山古洞中，不能睹其全貌）。而金代摩崖石刻的留题者中有皇帝、女真贵族，也有汉族名士，金章宗、吕贞干的题刻和大象石诗刻均有较高的书法水平。这些摩崖也从一个侧面反映了金代皇帝和女真贵族雅好汉文化的风气。特别是金章宗，据《归潜志》卷十二《辨亡》记："章宗聪慧，有父风，属文为学，崇尚儒雅，故一时名士辈出……政令修举，文治烂然，金朝之盛极矣"。[2] 金章宗是一位风雅皇帝，喜爱游历山水，在燕京留下了许多史迹和传说。民国时陈衍辑《金诗纪事》载有金章宗《仰山》诗一首："金色界中兜率景，碧莲花里梵王宫。鹤惊清露三更月，虎啸疏林万壑风。"[3] 并记曰："章宗游幸，有诗刻石。"[4]《佛祖历代通载》载："章宗驾游燕之仰山，御题有'金色界中'云云之句。"[5]《长安可游记》亦载："章宗屡游之，尝题诗刻石，今亡矣。"[6] 金章宗的《仰山》

---

1 见《长安客话》第 122 页，明·蒋一葵著，北京古籍出版社，2001 年 2 月。

2 见《归潜志》第 136 页，金·刘祁撰，中华书局，1997 年 12 月。

3 见《金诗纪事》第 8 页，陈衍辑撰，王庆生增订，上海古籍出版社，2003 年 12 月。

4 同上书，第 8 页。

5 同上书，第 9 页。

6 同上书，第 9 页。

题诗，据笔者推测，很可能为摩崖石刻。仰山即门头沟区的仰山，山上有唐代古刹栖隐寺。金大定年间，该寺成为金皇家寺院，金章宗时，又赐钱建造佛殿、佛像和藏经阁等。笔者曾两度前往踏勘，均因寺庙修缮未能遂愿。不知金章宗的御笔题刻还在否?

金代摩崖石刻虽然均为小品，体量不大，但数量开始增多，这与北京作为金中都后，其政治、文化地位的提升有关。其中有 3 则摩崖为游历佛教胜地时所题，是金中都崇佛风气的反映；1 则为道教内容的摩崖，镌刻于偏僻的北部山区，该地亦是北京地区通往北方的一条通道，从中可窥见道教在金中都的影响以及传播路线。大象石的金代摩崖地处通往金陵的路上，且距金陵不远，或许与金陵的兴建或谒陵活动有关。

（四）元代摩崖石刻

元代以来，北京作为统一多民族国家的首都——元大都，政治、经济、文化地位空前重要。元代的摩崖石刻数量开始增多，且别具特色。目前发现的能确定为的元代的摩崖石刻约 5 处 9 则，其一，即石景山区石景山半山处的本来洞上方崖壁，镌有 4 则元代摩崖石刻，即元至元三年（1266 年）的《汾州石匠题刻》、元至元三年（1266 年）四月八日的《河南府石匠题刻》、元至元三十年（1293 年）的《南京中路石匠题刻》以及《齐中路石匠题刻》。另外，元代古洞本来洞内还镌有“山神土地之”等字，可能亦为元代所题。其二，《元贞二年题刻》，在石景山区八大处秘魔崖。其三，《泰定三年石匠题刻》，在房山区云居寺石经山。其四，在房山区云水洞内摩崖造像北侧崖壁，有元至元廿九年（1292 年）和元至元卅年（1293 年）的摩崖题刻两则。其五，《南郑村石匠题刻》，在房山区黄元井村杵山北麓古溶洞洞顶石壁上。

这 9 则摩崖题刻几乎全是石匠随意刻写而成，字体草率，内容简略，基本上只有纪年和题名。石景山上的 4 则摩崖石刻可能与元代治理永定河（元代称浑河）及开金口有关，只有大规模的营建工程才有可能征调全国各地的石匠到此，并且持续几十年。其余的几则摩崖石刻则多刻于佛教胜地，应与当时的佛教活动如造像、刻经或修建寺庙有关。

元代还有一类很特别的摩崖石刻为前代所未见，即用梵文、藏文、蒙古文书写的摩崖石刻。最著名的当属位于密云县番字牌村的梵文、藏文、回纥式蒙古文摩崖石刻，在长 50 余米、高 7 至 8 米的小孤山的南面崖壁上，共镌有 12 组梵文、藏文、回纥式蒙古文摩崖，多为佛教咒语六字真言。据黄颢著《在北京的藏族文物》所收《番字牌村话“番字”》一文载，其中一则摩崖落款意为“（第）三阴火兔年”。（第）三阴火兔年为藏历年号，一般认为是元泰定三年（1326 年），一说为明代。《番字牌村话“番字”》一文还记载了番字牌村附近的西山脚下有一处刻有十相组合图的梵文图案（十自在画），高 90 厘米，宽 40 厘米。我们前往踏勘时未见。

昌平区和延庆县的关沟一带目前发现有 3 处 7 则梵文、藏文、蒙古文摩崖石刻，其一，《藏文六字真言摩崖》，在延庆县八达岭特区办事处院内。其二，延庆县五桂头古洞旁有 5 则梵、藏、蒙文摩崖石刻，其内容均为佛教咒语六字真言。其三，昌平区“仙枕石”西面岩壁上，在明嘉靖三十四年（1555 年）的《许论题刻》南侧，残存有藏文六字真言的最后两字。《许论题刻》是将藏文摩崖磨去后所刻，由此推知这则藏文摩崖石刻的年代应早于明嘉靖三十四年。该摩崖残存的卷草纹边框，具有元代风格。

这些梵文、藏文、蒙古文摩崖石刻的内容大多为佛教的六字真言，虽未有明确纪年，但笔者认为，这些石刻应当是元代所刻。其理由如下 ：

1. 据《元史》卷三十载 ：“（泰定三年）五月……遣指挥使兀都蛮镌西番咒语于居庸关崖石。”[1] 据此推测关沟一带的梵、藏、蒙文六字真言摩崖的摹刻时间应为元泰定三年（1326 年）五月。元熊梦祥著《析津志》载 ：“居庸在直都城之北，中断而为关，南北三十里，古今夷夏之所共由定，天所以限南北也。每岁圣驾行幸上都，并由此途。……关之南北有三十里，两京扈从大驾春秋往复，多所题咏。”[2] 可知，居庸关关沟为元朝皇帝在元大都和上都之间往返的必经之地，扈从大臣在这一带多所题咏，那么镌刻梵文、藏文、蒙古文六字真言摩崖也就不难理解了。

2. 据《番字牌村话“番字”》一文考证，番字牌村的摩崖石刻有一则藏文摩崖落款“（第）三阴火兔年”。（第）三阴火兔年为藏历年号，一般认为是元泰定三年（1326 年）。而这与元史载“（泰定三年）五月……遣指挥使兀都蛮镌西番咒语于居庸关崖石”的记载在时间上不谋而合，恐怕不仅仅是巧合。

3. 密云县番字牌村和延庆县五桂头一带的摩崖石刻中均有回纥式蒙古文出现，史金波在《中国少数民族文字文物综述》（见《文物》1991 年 6 期）一文中指出，回纥式蒙古文和后期的蒙古文的界限在明末清初，那么这些摩崖石刻的年代至少不晚于明代，“仙枕石”上残存的藏文摩崖石刻也证明了其镌刻年代不晚于明代。由于明朝和蒙古处于敌对状态，尤其是关沟一带，为明代军事要地，而番字牌村附近亦有明代军事城堡——白马关堡，主要防备的敌人就是蒙古人，因此明人刻写敌方文字的可能性很小。蒙古人虽然也曾攻下过居庸关，兵临北京城下，但在战争时期，恐怕没有闲情逸致刻写。

4.“仙枕石”残存的藏文摩崖，刻于明嘉靖三十四年（1555 年）之前，摩崖的卷草纹边框，具有元代风格。

5. 据《元史》卷二百二载 ：“元兴，崇尚释氏，而帝师之胜，尤不可与古昔同语。”[3] 元代统治

1 见《元史》第三册第 670 页，中华书局，2008 年 11 月。

2 见《析津志辑佚》第 251 － 252 页，元 · 熊梦祥著，北京古籍出版社，2001 年出版。

3 见《元史》第十五册第 4517 页，中华书局，2008 年 11 月。

者大力扶植藏传佛教（又称喇嘛教），特别是创立了旷世无匹的帝师制，从八思巴开端，终元之世，历朝皇帝都以喇嘛为帝师。新帝即位之前，必先就帝师受戒。帝师也是元中央政府的重要官员，领中央机构总制院事。帝师不仅是藏传佛教和西藏地方的领袖，也是全国佛教的首脑。喇嘛僧在元代享有各种政治、经济特权，现立于雍和宫的清乾隆帝御笔书撰的《喇嘛说》碑即一针见血地指出："元朝之曲庇谄敬番僧也"，"元朝尊重喇嘛，有妨政事之弊至不可问"。据《番字牌村话"番字"》载："六字真言虽初源于梵文，但在我国藏区却是最主要的流行区。"[1] 由此可推知，这类石刻应是喇嘛所为，这也解释了这类六字真言石刻尤其是单独刻写时多为藏文的缘由。这些梵文、藏文、回纥式蒙古文六字真言摩崖也是元代统治者大力扶植藏传佛教、"谄敬番僧"在石刻中的反映。在梵文、藏文、回纥式蒙古文合璧的摩崖石刻中，均是梵文在上，藏文居中，作为元代的统治民族的文字——蒙古文则位于最下方，这又为元代统治者的"曲庇谄敬番僧 "提供了佐证。而在清代，满文和其他文字共同书写时，满文一定是书写在其他文字前面，而且由于蒙古与满清的联盟关系，蒙古文也书于藏文之前。如前面提及的《喇嘛说》碑由满、汉、蒙、藏四体文字书写，满文刻于碑的阳面即南侧，汉文刻于碑阴即北侧，蒙文刻于碑东侧，藏文刻于碑西侧。清代其他四体文字碑的书写顺序也是大体如此。

综上所述，番字牌村和关沟一带梵文、藏文、蒙古文摩崖应是元代所刻，其摹刻时间大约在元泰定三年（1326 年）前后。

昌平区银山塔林的古佛岩，有一尊线刻弥勒佛摩崖造像，像东北处的岩壁上，镌有"弥勒佛"三字，其下方亦镌有二行藏文摩崖石刻，文字已漫漶，内容也为六字真言。此地距关沟不远，或许为元代所刻。

徐自强主编的《北京图书馆藏北京石刻拓片目录》收录有房山区石经山《梵文摩崖》拓片一种和石景山区八大处《藏文残摩崖》拓片一种，年代均不详。笔者据此线索实地踏勘，未见这两种摩崖的实物，但在房山区石经山七洞外北侧的崖壁上，新发现了一则《藏文摩崖》，现残存五个藏文字，分刻五行，每行存一字，均双钩，其镌刻年代亦不详。但其南侧五米处崖壁上有元泰定三年（1326 年）所刻的《泰定三年石匠题刻》，又是一个泰定三年，与番字牌村的"（第）三阴火兔年"和《元史》关于"（泰定三年）五月……遣指挥使兀都蛮镌西番咒语于居庸关崖石"的记载难道又是巧合吗？该藏文摩崖或许亦为元泰定三年所刻。

除上述提及元代的梵文、藏文、蒙古文六字真言摩崖石刻外，明代也有藏文摩崖，目前仅发现三则，在此一并述及。石景山区龙泉寺大门西侧崖壁上，镌有藏文六字真言摩崖两则。这两则摩崖均双钩，字体较大，一则字径高 25 至 56 厘米不等，宽 16 厘米，另一则字径高 13 至 46 厘米

1　见《在北京的藏族文物》第 90 页，黄颢著，民族出版社，1993 年 8 月出版。

不等，宽 10 至 22 厘米不等。龙泉寺东约 500 米处的法海寺内有吴谦撰书的明正统八年（1443 年）《法海禅寺记》，碑阴首题“敕赐法海禅寺助缘法王、上师、国师、禅师、僧官剌麻僧众官员人等”，其后列名的藏族僧侣有大慈法王释迦也失、西天佛子大国师哑蒙葛、西天佛子大国师班丹扎释、国师锁南释剌、国师舍剌巴、禅师锁南藏卜、禅师班卓儿等，可见这些藏族僧侣在这一带有过活动，龙泉寺的两则藏文摩崖很可能为法海寺建造时这些藏族僧侣所刻。

石景山区双泉寺村双泉寺遗址西北处一岩石上，有明成化七年（1471 年）四月四日镌“翠微山”和诗刻二首以及“佛”字等三则摩崖。在其中一首诗的后记中有多位藏族僧侣列名：“大明成化七年四月四日」奉直大夫协正庶尹礼部」员外郎谢宇为禅师都」细王管绰领占写并诗，其徒扎失坚桑星吉」藏卜绰吉领占桑吉」肖管绰奈亦失藏卜」也」”，另一首诗落款“成化辛卯夏四月初吉日”，诗刻后镌一藏文字，再后镌“绰吉藏卜」□□扎失」”。虽然该处仅刻一字，但该字可以说是有明确纪年的藏文摩崖石刻，推测该藏文字应是同行的藏族僧侣所题。从双泉寺的这几则摩崖可看到明朝官员和藏族僧侣间的交往和互动情形。

明政府废除了元代藏传佛教的特权，但继续给予喇嘛以优渥的礼遇，封授西藏的宗教首领为法王、王、西天佛子、大国师、灌顶国师、国师、禅师等名目繁多、品级各异的封号，从《法海禅寺记》的碑阴题名中可窥见端倪。明政府即以这种封授关系建立起中央政府与西藏地方的隶属关系，因此明代有许多喇嘛在北京活动，并得到明政府的礼遇。明代的两处三则藏文摩崖应与西藏喇嘛在京活动有关。我们也可从中看到明政府笼络西藏地区和藏传佛教以维护多民族国家统一与稳定的良苦用心。

元代的摩崖石刻多为佛教内容，但与前代不同的是元朝统治者崇奉藏传佛教即喇嘛教，并把喇嘛教奉为国教。前面提及的梵文、藏文和蒙文的佛教咒语摩崖石刻，便是这种时代特点在石刻中的反映，也从一个侧面体现了元代文化的多元性。

（五）明代摩崖石刻

有明一代，北京地区摩崖石刻的数量大为增加，目前可见约 90 则，其中门头沟区约 24 则，房山区 8 则，石景山区 14 则，海淀区 11 则，昌平区 9 则，怀柔区 15 则，密云县 4 则，丰台区 3 则，延庆县 2 则。明代摩崖石刻内容广泛，举凡军事、宗教、经济、修桥补路及体现民众社会生活和情趣的题榜、题咏、题刻等等，均有涉及。明代摩崖石刻的形式亦多种多样，碑形摩崖开始增多，并出现了连山碑。摩崖石刻的镌刻也比较讲究，并出现了一些体量硕大的巨型摩崖。这一时期摩崖石刻的体裁也多种多样，有诗词、碑记、对联、契约、题名、题刻、题榜等。书写者的身份亦多种多样，有皇帝、官员、太监、僧侣、文人、普通百姓等。在明代众多的摩崖石刻中，出现了诸多题名，其身份有文武官员、文人、和尚、喇嘛、太监、石匠以及尼姑和一些女性的题名等等，为研究明代北京的军事、政治、经济、社会生活、信仰状况提供了史料。明代北京地区开始出现了许多题榜摩崖，如怀柔渤海镇北沟村的《"观澜"摩崖》等十则摩崖题刻，北法海寺《"弘教禅林"摩崖》等，并出现了巨型题榜摩崖，如《"金汤"摩崖》，字径高、宽均近 2 米，《"天设金汤"摩崖》，字径高、宽均约 1 米，《"阿佛"摩崖》，字径高、宽均约 1.26 米，门头沟万佛堂村多处"佛"字摩崖的字径高、宽也多在 1 米左右。这些摩崖不再是随意刻就，其作用亦不仅仅具有题名、纪事、标记地点等作用，更是抒发了书写者对北京地区山水名胜的热爱和赞美之情。这些摩崖，装点了壮美的山川，也是兼具审美价值和书法艺术水准的佳作。虽然由于受馆阁体的影响，明代的书法整体上趋于保守拘谨、四平八稳，但仅就北京地区而言，明代摩崖的撰书者多为有相当高的文化修养和书法水平的官员、士人及高僧大德等，书体有楷书、隶书、篆书、行书及行草相间等多种形式，因此，明代摩崖石刻的整体书法水准超迈前代。《"金汤"摩崖》、《"天设金汤"摩崖》、《"仙枕"摩崖》、《"弘教禅林"摩崖》和《一庵诗刻》等为其代表作。一些碑文、题刻和诗刻，如《雷音洞永乐十四年题刻》、《一庵诗刻》、《徐旸诗刻》、《小西天叶森等诗刻二首》等，文采斐然。如《雷音洞永乐十四年题刻》中有"时□晴天空，林壑窈窕，解鞍盘陟，神情□」然"语；《弌菴诗刻》题曰："春山梵刹青天半，楼阁峥嵘北斗齐。曲径蓝宇环翠色，登临扫石记留题。"尤其读到《徐旸诗刻》那清新质朴的诗句"登山与临水，人在白云深；一曲南风畅，悠悠太古心"，回想这一年多来登山临水访求摩崖的经历，不禁"于我心有戚戚焉"。

明代摩崖石刻主要有以下几方面的内容：

其一，明代最重要也最具特色的一类摩崖即在长城关隘一带留题的军事类摩崖石刻。北京自古为军事重镇，地处华北平原与北方草原及东北平原的交通要冲，地势险要，关隘众多，为兵家必争之地。明灭元后，蒙古人退回漠北，但时时南下侵扰，威胁明朝的北部边境。后来，女真族又在东北崛起。因此，明朝非常重视北方的防务，举全国之力大修长城。明长城经京东、京北、京西的平谷县、密云县、怀柔区、延庆县、昌平区、门头沟区六个区县的山区，总长度为六百余公里。北京又是明代京师重地，因此北京境内的长城修建得格外坚固，长城沿线的防卫也异常重要，备受重视。因而在长城沿线及许多关隘、驻军城堡附近的山崖上留下了一些与戍边、修筑长城以及抵御蒙古侵扰的军事类摩崖。这类摩崖约 15 则。著名者如《守口千户李宫题刻》，明正德十四年（1519 年）刻于门头沟区柏峪村北古道的山崖上。此处距黄草梁长城约 15 里山路，明代官兵在此扼守要冲。摩崖记载明代修建军事关口及道路情况。《许论题刻》，明嘉靖三十四年（1555 年）镌于昌平区居庸关北关沟内的仙枕石上，记载了许论统兵由居庸关出关击退蒙古大军进犯事。许论为明代嘉靖年间兵部尚书，著有《九边图论》，以通晓兵法而负有盛名。《"天设金汤"摩崖》，明万历六年（1578 年）刻于怀柔区辖云岭村东"磨石口关"城堡西北，为许论之孙许茂杞所题。《"金汤"摩崖》，明万历七年（1579 年）刻于怀柔区黄花城村北"头道关"长城南侧。该摩崖气魄宏大，是明代字径最大的摩崖石刻。此外，延庆县天门关村东南的《“天门关”摩崖》，以及怀柔区北沟村的10则摩崖石刻，均是明朝官员视察边关防务时所题。另外，在海淀区温泉显龙山顶，有两则题刻，一为《左謀卫前所题刻》，洪武二十七年（1394年）镌，记载了该部队“占下石堂”事；一为《兵部左侍郎题刻》，嘉靖三十一（1552年）刻。这里北距居庸关南口不远，推测此地当设有卫所，即“左謀卫前所”，有军队驻守。此外，《门头沟文物志》载，门头沟区雁翅镇房良村东北二里许的山岩上有明嘉靖年间所刻《“房良口”摩崖》。“房良口”，《西关志》称作“方良口”，为居庸关所辖隘口之一，建有“正城一道，过门一空”，以及东山墩一座。此地山口宽阔，向北直达军事要地镇边城，南通石港口巡检司（今青白口），战略位置险要。遗憾的是该摩崖在上世纪50年代修建公路被毁。

其二，宗教类摩崖，其中以佛教类为最多，占明代摩崖石刻总数的半数以上。佛教类摩崖石刻，其形式可分为摩崖造像题刻、摩崖纪事碑或题刻以及佛名摩崖等。

摩崖造像题刻一般是作为摩崖造像的附属物，记载造像的名称、年代、镌刻缘起、发起人、捐资人以及雕造石匠的题名等。因此在论及造像题刻时，不能不提及摩崖造像。明代摩崖造像及题刻有：1.《正德九年摩崖碑》，明正德九年（1514年）刻于昌平区阳坊镇驻跸山南侧佛龛旁，龛内摩崖造像已不存。2.《石花洞造摩崖造像》，明正统十一年（1446年）镌于房山区石花洞西侧，共镌有有7尊佛教摩崖造像。据记载，造像附近曾有一座古刹，明正统十一年，圆广法师云游至此，发愿修造佛像。3.《三合庄摩崖造像》，明成化十五年（1479年）前后镌，在房山区三合庄村西北的深山里，共镌有五尊造像，其主体造像为三世佛，坐姿，两尊胁侍罗汉像，为立姿。4.《石佛村摩崖造像及题刻》，门头沟区石佛村东北断崖上，刻有16龛18尊摩崖佛造像，造像群开凿于明天顺年间（1457－1464年），完成于明嘉靖八年（1529年）。造像旁有四则摩崖题刻。5.《佛峪口造像及题刻》，明嘉靖十一年（1532年）镌于延庆县张山营镇佛峪口水库南侧河滩，佛像西侧镌题刻1则。6.《接引佛摩崖造像及题刻》，明万历十一年（1583年）镌，在石景山区双泉寺村万善桥北。7.《圣水峪摩崖造像及题刻》，明万历四十八年（1620年）镌于房山区圣水峪村东北山上，龛两侧镌有题刻。8.《凤凰岭玄元洞造像及题刻》，凤凰岭玄元洞内的三面洞壁上镌摩崖造像八尊，有明显的明代藏传佛教特征，应为明中期所作，东侧洞壁镌有功德主题名。此外，明代还有一种比较独特的摩崖对联形式造像题刻，即在造像龛的左右和上方分别镌刻对联及额，目前共发现4处，均在石景山区八大处，均镌于阿弥陀佛造像龛旁。如《阿弥陀佛摩崖造像及对联》，为嘉靖三十年（1551年）镌，龛内雕一尊阿弥陀佛坐像，其右左及上方刻联及额分别为“惟有路径修行”、“旦念阿弥陀佛”和“南无阿弥陀佛”。另外3处摩崖造像龛及对联其形式也大致如此。

从上述12处摩崖造像及题刻可知，明摩崖造像的数量较之前代和后来的清代为多。从这些摩崖像造及题刻的规模看，明代的摩崖造像及题刻均系民间行为，多由僧侣和信众发起，凿刻规模不大，分布亦较为分散。

明代佛教内容的纪事类摩崖有10余则，其中摩崖碑约5通。在戒台寺后山即现在的千灵山风景区，有刊刻得颇为讲究的三通连山碑。明万历三十七年（1609年）的《戒坛朝阳三慧洞建礼忏施茶功德摩崖碑》，记述了朝阳三慧洞历史及杨大林等信士捐资情况及镌碑缘起。明万历三十七年（1609年）的《佛龛山观音洞修造佛殿宇摩崖碑》，记述了捐资修造佛殿事。明万历年间的《极乐洞造四海云堂摩崖碑》，记述了建造四海云堂事。另外，昌平区沟崖有明隆庆六年（1572年）的《供奉观音菩萨题名摩崖碑》，记载太监供奉观音菩萨事，门头沟区齐家庄村北朝阳洞《齐家庄青楞山朝阳洞摩崖碑》，记载了朝阳洞附近寺庙修葺的情况。纪事类题刻亦有多处。如明宣德九年（1434）的《崇化寺买地文书摩崖》，刻于门头沟崇化寺遗址旁，记述了顺天府宛平县玉河乡城子村里长等人将一段90亩地卖与司设监太监吴亮，议定宝钞三十三万六百贯，并划定四至事。《卧龙岗买地文书摩崖》，明万历二十二年（1594年）刻于门头沟区卧龙岗村西南山崖上，其内容为："御马监太监张云用银十二两，买到京西宛平县新城耕田。此地一十七亩，舍与赐敕潭柘寺□业香火，供十方禅俗，永远归寺，当代住持亲同于万历甲午孟冬立"。[1] 另外，昌平区佛岩寺遗址旁的《张福兴等题刻》，明宣德四年（1429年）刻，记载了张福兴等僧人和信男若干人到佛岩寺山上修整安居、同证菩提事。

这些纪事类摩崖记录了明代寺庙及殿宇的创建和修建情况、寺庙的四至情况、僧俗信众供奉佛菩萨和隐居修行等佛事活动情况以及为寺庙捐资置地等经济活动情况等，是研究明代佛寺的沿革、寺院经济、民众的信仰状况以及普通民众与佛寺及僧人间的互动关系的珍贵史料。值得指出的是，从这些佛教摩崖石刻中看到，不仅民众积极参与寺庙的捐资、置地、修建殿宇、镌刻佛像等活动，僧人也积极参与民众的世俗活动，一些修桥补路摩崖记载了僧人积极倡导和参与修桥、补路等。如明万历六年（1578年）《石古崖修桥补路摩崖碑》载："有明安禅师者，乃晨京道行之高德也，公以修桥补路□□而勉志焉。凡有要津险路之处防难行人者，必与方便修治务使民间不致登涉之忧，由是功德人咸感仰。"《火村修路题刻》中也有僧人的参与和题名。

明代还出现了许多佛名摩崖。如房山区云居寺石经山上万历十三年（1585年）的《"念佛"摩崖》，孔水洞附近有太监张桢所立的《"念佛"摩崖》，门头沟区石佛村有《"阿佛"摩崖》和《"佛"字摩崖》，万佛堂寺一带有《"南无佛"摩崖》、《"念佛"摩崖》以及八处《"佛"字摩崖》。

这些内容丰富、形式多样、数量众多的佛教类摩崖石刻记载了明代北京地区佛教的兴盛状况，也反映了佛教在普通民众的社会生活和精神世界里占有重要地位。

此外，还有一些与道教和民间宗教相关的摩崖石刻。如海淀区温泉显龙山上的《山神大王、石将军摩崖》，明正德十年（1515年）刻。山神大王、石将军均属民间宗教神祇，应是开山石匠供奉

1 见《门头沟文物志》第219页，北京燕山出版社，2001年12月。

的神灵。门头沟区石佛村的《井泉龙王通海之神位摩崖碑》，明嘉靖四十二年（1563年）镌，从落款“会首比丘□□□”可知该摩崖的发起人为僧人。房山区大房山主峰茶楼顶的《茶楼顶摩崖造像及题刻》，明天启元年（1621年）镌，共两尊造像，左为武将，右为文臣。文臣旁竖刻“大明天启元年造土地爷」四川僧本心石匠李见」”二行文字。井泉龙王通海和土地爷均为道教神灵，而他们的建造者或发起人均为僧人，这两则摩崖反映了明代民间社会佛道杂糅的信仰状况。

其三，买地契约类摩崖。目前共发现两则，均在门头沟区，一为《崇化寺买地文书摩崖石刻》，一为《卧龙岗买地文书刻石》，均记载有买地契约。

其四，修桥补路类摩崖。目前共发现三则，均分布于门头沟区。一为《石古崖修桥补路摩崖碑》，明万历六年（1578年）开凿于石佛岭古道旁的崖壁上。摩崖碑为连山碑式，记述了该段道路的修筑经过及捐资人名。一为《火村修路题刻》，明嘉靖十三年（1534年）刻于火村南双龙峡风景区内仙女台南的山崖上。一为《珠窝湖修路摩崖》，明嘉靖四十三年（1564年）刻于斋堂镇桑峪村北八里珠窝湖附近的崖壁上。题刻曰：“嘉靖四十三年」二月内修道，人人方便。」张臣、尹会」仲善人人开心。」石匠赵月谷清。」”（该段文字据门头沟区桑峪村委会提供的该摩崖石刻的视频录文）记载了张臣、尹会等人修建从桑峪到珠窝、碣石等村道路事。

其五，太监题刻。太监留题或记载太监活动的摩崖石刻是北京地区明代摩崖石刻的特色之一。这类的摩崖石刻多与佛教有关，记载了太监们为寺庙捐资置地、建造或供奉佛菩萨、到寺庙进香以及退休后在寺庙归隐养老等活动，为研究明代太监社会生活情况和信仰状况提供了史料。这类摩崖现存约8则。昌平区驻跸山的《正德九年摩崖碑》，记载了某太监造佛龛事。怀柔甘涧峪村牛峪的《内官高良题刻》，明弘治十七年（1504年）刻，记述太监高良出宫后在此地颐养天年事。前面提及的《崇化寺买地文书摩崖》和《卧龙岗买地文书摩崖》，均记载了记载了太监为寺庙置地事。石景山区青龙山的《太监何某题刻》，明正德年间刻，应是何太监到附近寺庙进香时所题。前面提及的《供奉观音菩萨题名摩崖碑》，题刻首行题“□□宫近侍”，推知题名者应为太监。门头沟潭柘寺镇阳坡园村的《潭柘紫石塘官界摩崖》和房山区孔水洞万佛堂后的《“念佛”摩崖》，亦为太监所立。此外，明万历六年（1578年）《石古崖修桥补路摩崖碑》碑文中也有多位太监的题名。

其六，地标界石类摩崖。有地界四至和界石两种形式。《崇化寺买地文书摩崖》、《朝阳庵四至摩崖》、《敕赐弘恩寺地界摩崖》，记载了地界的四至。《潭柘紫石塘官界摩崖》，则为界石。

其七，诗刻类摩崖。从明代开始，北京地区开始较多地出现了摩崖诗刻，主要题刻于山水名胜和宗教胜地的山石崖壁间。诗刻的作者一般为具有较高文化修养的官员、文人、僧人等等，因此这类诗刻均有较高的文学价值和书法价值，也使这些山水胜迹大为增色。目前共发现5则6首明代摩崖诗作，即北法海寺后山的《一庵诗刻》和《徐旸诗刻》，双泉寺翠微山谢宇的摩崖诗刻二首，昌平区龙潭旁监察御史董学的《“龙门贤玉”摩崖及诗刻》,房山区石经山《小西天叶森等诗刻二首》等。

其八，题榜类摩崖。目前发现约25则，其中13则分布在怀柔区。这类摩崖多为明朝官员官员视察边关时所题，多与军事有关。

（六）清代摩崖石刻

清代摩崖石刻的数量居北京历代摩崖石刻之冠，其中大多数摩崖为乾隆皇帝所题。乾隆时期，堪称北京地区摩崖石刻空前绝后的高潮期。

清代摩崖石刻的突出特点是皇帝御笔题刻和诗刻居多，留题的皇帝有乾隆、嘉庆、道光以及慈禧太后等，尤以乾隆帝为最。乾隆帝在香山、清漪园（颐和园前身）、卧佛寺和樱桃沟、八大处、小汤山等地共留题摩崖石刻约75则，其中诗刻52则，题榜23则，加上题写在香山、清漪园、大觉寺等园林、寺庙内假山石上的诗刻和题榜，其总数不下百则，是北京地区题写摩崖石刻最多的人。另外,乾隆帝还在京畿一带如天津蓟县的盘山上题写了十余则摩崖诗刻和题榜。据不完全统计，乾隆皇帝在香山镌题诗刻17则，题榜10则，在清漪园镌题诗刻32则，题榜12则，在卧佛寺附近镌题诗刻2则，在八大处镌题诗刻1则，在小汤山镌题榜1则。另外，嘉庆皇帝在香山留题1则诗刻，道光皇帝在香山留下1则题榜，慈禧太后在颐和园留下2则题榜。这些御笔题刻的一个显著特点是多钤有印章，这在其他的摩崖石刻中比较少见。御笔题刻的钤印方式，题榜类摩崖多为横题，印章则钤于题榜的上方中部，若竖题，则钤于左侧落款的下方。诗刻类摩崖一般题于诗文左侧落款的下方，有时诗刻的右侧即起始处亦钤有印章。乾隆帝御制的摩崖石刻中所钤印章最常见者为“乾隆御笔”、“所宝惟贤”，其次为“古稀天子之宝”、“犹日孜孜”、“乾隆宸翰”等。

清代摩崖石刻从数量上看，以诗刻为最。据不完全统计，乾隆皇帝在香山、清漪园、八大处、卧佛寺等地留下摩崖石刻52则，嘉庆皇帝在香山留下摩崖诗刻1则。另外，位于门头沟区中门寺沟村西山沟西部半山处的“蛤蟆石”东、南、北侧岩面及东面二岩石上刻有唱和诗10首，共10则摩崖诗刻。石景山的青龙山福惠寺遗址北面的崖壁上镌摩崖诗刻或词刻6则。

清代摩崖石刻中题榜类摩崖的数量亦颇为可观，约57则，其中许多题刻字体巨大。乾隆帝在香山、清漪园等地留题24则御书题榜，多数为大字摩崖，如《“蔚秀”摩崖》、《“森玉笏”摩崖》、《“燕台大观”摩崖》、《“画峰”摩崖》、《“碧鲜”摩崖》、《“削玉”摩崖》、《“九华分秀”摩崖》等等。这些御书题榜类摩崖多为行书，字径高、宽均在30厘米以上。乾隆善书，师法赵孟頫，其书法丰满圆润，但无甚特点，为标准的馆阁体。《道光御书“写秋容”摩崖》字径高50厘米，宽40厘米，体量亦较大。

巍为巨制的题榜摩崖当属密云县云峰山山顶超圣庵后山的三处摩崖。《“尘外赏”摩崖》，字径高90厘米，宽60厘米，行书，落款为“沈阳范承勋”。范承勋为清代开国名臣范文程之子，官至康熙年间兵部尚书，其书法浑厚雄壮，气魄非凡。该摩崖刻工亦佳，保存完好。《“灵境”摩崖》，字径高 160 厘米，宽 147 厘米，隶书，有楷意，用笔不甚严格。《“苍王屏”摩崖》，据目测，其字径高、宽均在 150 厘米上下。

石景山区青龙山上也有三处大字摩崖，《“狮子窝”摩崖》，字径高、宽均约 40 厘米，《佛”字摩崖》，字径高 134 厘米，宽 160 厘米。《“普渡桥”摩崖》，字径高 56 － 70 厘米，宽约 50 厘米。

《“天险”摩崖及题刻》，在延庆八达岭南门外，距地约 30 米，无法量尺寸，据《中国文物地图集·北京分册》记载，“天险”二字字径高、宽均约 100 厘米。门头沟区南官园的《“撒手崖”摩崖》字径高 45 厘米，宽 30 厘米。

清代摩崖石刻中还有多处摩崖对联，如石景山福惠寺遗址旁的《“小蓬莱”摩崖对联》、门头沟妙峰山碧霞元君庙内的《佗古埵书摩崖对联》等。最为壮观的当属门头沟桃园村南的《福恩书摩崖对联》，该对联开光高 420 厘米，宽 285 厘米，字径高 42 厘米，宽 30 厘米，堪称巨制。

这些留题在北京名山大川间数量众多的摩崖诗刻、题榜、对联等多为皇帝、官员、文人、僧人所题，具有较高的文学和书法价值。

此外，清代摩崖石刻中还有许多纪事类摩崖，从内容上大致可分为宗教类、交通水利类、保护环境类、界石类等等。

其一，宗教类摩崖。这也是数量最多的摩崖，其中又可分为道教和民间宗教类以及佛教类两种内容。

道教和民间宗教类摩崖的数量在清代有所增加，大约有 20 余则，大多分布在门头沟区和石景山区。最为著名的当属妙峰山碧霞元君庙内的摩崖石刻及妙峰山古香道旁由进香香客留题的摩崖石刻。门头沟区涧沟村的“金顶”妙峰山上的“碧霞元君庙”，在明清民国时期曾经是远近闻名，香火极盛。有人说，当时的政治中心虽在北京城，而宗教中心却在妙峰山。到妙峰山“朝顶进香”成为京城和周边地区的民间习俗，逐渐形成从北京城到妙峰山五条香道：南道、中南道、中道、中北道、老北道。门头沟妙峰山碧霞元君庙内镌有多则摩崖石刻如《“八圣道分”摩崖》、《佗古埵书摩崖对联》、《“莲台”摩崖》等。另外，在妙峰山香道的南道即妙峰山乡桃园村南路边崖壁上，镌有巨幅的《福恩书摩崖对联》，为朝顶的香客所书。妙峰山香道的中北道即现在的海淀区阳台山风景区内有《“善来金阶”摩崖》和《“瞻云妙”摩崖》，也应为朝顶香客所题。这些摩崖石刻留下了关于碧霞元君信仰的珍贵资料，为研究北京地区的民间宗教和民众的社会生活提供了参考。

另外，据门头沟区东板桥村的《东板桥村重修桥路摩崖碑》和木城涧《继序修补道路功德摩崖碑》两碑碑文记载，这两处的修桥补路均有附近玉皇庙的住持或道人参与。门头沟区盛泉岩道观遗址附近的《盛泉岩捐资铸钟摩崖碑》，记载了附近村民为盛泉岩道观捐资铸钟的情况。在明代看到的佛教僧侣积极参与普通民众的经济和社会生活以及僧人和民众互动的生动场景，在清代，这种场景依旧，只不过僧侣则换作了道人。

石景山区青龙山的福惠寺也是道教类摩崖的集中之地。这里原为佛寺，同治年间，太监刘多升等人购得此寺，改作道教塔院。因此福惠寺摩崖石刻中既有道教色彩的摩崖题刻，如《素云道人题刻》、《“隐仙”摩崖》、《“小蓬莱”摩崖》、《“仙人洞”摩崖》等。也有佛教内容的《贾禄诗刻》和《“佛”字摩崖》等，还有一些读书人与道人的酬唱诗作，如《龄昌诗刻》。

顺义区顾家庄村椒园山的《椒园山连山碑》，高430厘米，宽350厘米。碑上捐资题名中有一些女性的名字，连山碑南还建有一座供奉道教女神女娲和西王母的拱券式砖石建筑。此地名椒园山，椒在古代乃多子的象征，此处可能是当时人们求子的场所。这里也是北京去往另一处碧霞元君信仰的胜地——丫髻山的必经之地，二者有无联系还有待进一步的考证。延庆县五桂头的《居庸关重修关帝庙创建魁星阁摩崖碑》，通高310厘米，宽188厘米，记载了武状元黄大元捐资修建关帝庙和魁星阁事。这两通摩崖碑的体量均甚为巨大。

清代佛教类摩崖有20余则，以石景山区青龙山一带较为集中。如青龙山上有一面巨型崖壁上刻一巨型“佛”字，其下有4则摩崖石刻。其中清乾隆十六年（1751年）镌《狮子窝开山修道建立庙宇功德题名摩崖》和清乾隆三十三年（1768年）刻《狮子窝太平院穆克登额修盘道摩崖》，记载了住持源方和穆克登额修建狮子窝太平院和附近盘道事及捐资题名情况。从狮子窝西行约百米，为《“普渡桥”摩崖　》。再西行约500米，即前面提及的福惠寺，也即前文中提及的“狮子窝太平院”，寺北面崖壁有佛教方面的摩崖，如《贾禄诗刻》、《“佛”字摩崖》等，还镌有穆克登额五言诗一首。海淀区的北法海寺后山，有清代僧人所题的摩崖石刻多则，如“潜拙地”书写的《“片石孤云”摩崖》，“震翁”题写的《“翠屏”摩崖》，“潜拙主人憨翁氏”书写的《“吾谷”摩崖》等。还有一则很特别的摩崖石刻即《“大震超地禅师寿藏”摩崖》，由此可知该摩崖附近应为“大震超地禅师”的埋骨处。前面提及的“潜拙地”、“震翁”、“潜拙主人憨翁氏”等可能为“大震超地禅师”的别号。据记载门头沟区的仰山栖隐寺约有10则摩崖，我们前去调查两次，均因寺庙修缮无功而返。

总的说来，清代道教类摩崖的数量较之前代有所增加，内容亦较为丰富，反映了清代道教和民间信仰的兴盛以及与普通民众的互动情形。佛教类摩崖则比明代有所减少。

清代宗教类摩崖的书写者和题名中多有满人的名字，说明了他们在北京的佛教、道教和民间宗教的信仰活动中是一支非常活跃的力量。

其二，交通水利类摩崖。主要分布在门头沟区。前面提及的《东板桥村重修桥路摩崖碑》，记载了玉皇庙住持张复兴主持捐资重修潘家涧、东板桥二村被山水涨发冲毁的桥梁及道路事。木城涧黑虎桥的摩崖石刻，一为清道光十一年（1831年）年仲夏刻《继序修补道路功德摩崖碑》，一为

《修黑虎桥捐资题名摩崖碑》。这两处摩崖碑记载了黑虎桥一带道路修缮及捐资情况，是清代京西交通方面的珍贵资料。《“醇亲王到此”摩崖》和《王德榜修筑永定河题刻》,在门头沟区丁家滩附近，记载了左宗棠部将王德榜主持修河事宜及醇亲王奕譞视察水利工程事。丁家滩为王德榜修建水利工程的地点之一，现在这一河段的水量很少，这两则摩崖也从一个侧面反映的永定河水位和周边环境的变迁。

其三，保护环境类摩崖。目前仅见《永禁开打驻跸山摩崖碑》一则。清光绪年十八年（1892）九月刻于昌平县驻跸山上，记载了西贯市村、羊坊镇两村共同禁止开打驻跸山，并勒碑晓众事，体现了村民自觉保护环境的意识。

其四，界石类摩崖，主要有《宛平怀来交界摩崖》、《“乐宅西界”摩崖》等，由于山崖具有不可移动性，成为镌刻界碑的绝佳载体。

（七）民国时期摩崖石刻

民国时期的摩崖石刻虽然不及明清时期多，但其数量也颇为可观，约 61 则，主要集中在门头沟区、石景山区和海淀区。其中门头沟区 15 则，石景山区 18 则，海淀区 20 则。民国时期的摩崖又以题榜类摩崖为多，占 41 则，其中门头沟区 11 则，石景山区 12 则，海淀区 13 则。

民国时期的摩崖石刻主要分布于北京的西山一带如海淀区的香山、樱桃沟、温泉显龙山、石景山区的八大处、慈善寺以及门头沟区的东部如西峰寺、潭柘寺等地。这一带是民国时期的达官贵人、名流、学者、富商等集中兴建私人别墅之地。民国时期，随着帝制被推翻，昔日的皇家禁苑和皇家寺庙所在地如香山、樱桃沟和八大处，兴建了了大量的私人别墅，这些地方也成为普通百姓的游览之所，因此民国时期的摩崖石刻呈现出精英化和平民化的双重特点。值得关注的当是许多的文化精英和政治名流留题的诸多摩崖，使得民国时期的摩崖石刻在格调、书法、气势上颇有值得称道之处。

门头沟区名刹西峰寺的东侧山沟内，有著名书画家溥儒在 1916 年所题的《“飞云岩”摩崖》等题榜摩崖四则和《溥儒“长空”诗刻》等诗刻三则。这七则摩崖石刻虽则体量不大，但溥儒的诗风清丽雅致，气象超逸，书法飘逸散淡，格调高雅，诗文和书法俱佳，堪称民国时期摩崖石刻的精品。

石景山区八大处的四照谷内巨石罗列，景致清幽，谷底岩石上镌有 1918 年林长民题写的《“濬波”摩崖》、《“临睨通壑”摩崖》、《“倚据崇岩”摩崖》、《“能仁”摩崖》、《“四照”摩崖》、《“神足游息”摩崖》、《林长民题刻》等摩崖石刻 7 则。除《“四照”摩崖》和《林长民题刻》字径稍小，其余五则摩崖的字径高、宽均超过 50 厘米，其书体有行书，有楷书，字体丰满，气势开张。四照谷谷底的巨岩和两旁的林木如山水长卷般向前延伸，林氏的摩崖题刻则如同气势恢弘的题跋，题刻之处皆点睛之笔，情景交融，别具意趣，置身谷中，有超然物外、流连忘返之感。林长民所题文字内容出自南朝王简栖《头陀寺碑文》。该碑文见载于《文选》，“文词巧丽，为世所重”。[1]明王世贞在他的文论著作《艺苑卮言》卷三中也极力推崇：“王简栖《头陀寺碑》，以北统之笔锋，发南宗之心印，虽极俳偶，而绝无牵率之病。”[2]林长民在这里引用王简栖《头陀寺碑文》，不仅仅因为该文“文词巧丽”，更是由于该文中用了佛教名词五十多个。林氏所引亦多为佛教用语，如“濬波”、“能仁”、“四照”等，这些佛教用语既表达了林氏礼佛的心境，亦与实景切合，语义双关，用典而不着痕迹，的确巧妙。民国年间的许多文化名流颇受佛教熏陶，其题刻及诗文中也往往用佛教用语在诗文中表情达意，点缀润色。如香山森玉笏的《熊希龄诗刻》中有“为念众生无量苦，万山深处一维摩”，表达了这位著名慈善家的悲悯情怀。

著名爱国将领冯玉祥也留下了摩崖石刻7则，其中在石景山区慈善寺一带留下“勤俭为宝”、“真吃苦”、“耕读”、“淡泊”、“谦卦”、“灵境”等六处摩崖。在海淀温泉显龙山南坡“辛亥滦州革命先烈纪念园”内崖壁上也留下了巨幅的《“大道之行”摩崖》。该摩崖隶书，节录了《礼记·礼运篇》关于大同的内容，规模宏大，气势雄伟。冯氏的这些摩崖当是其心境和理想的写照。

其他如英华的《“水流云在”摩崖》，1912年刻于海淀区温泉显龙山山顶。该摩崖堪称巨制，字径高、宽均近200厘米，刻字面积高325厘米，宽870厘米。樱桃沟的《周肇祥题刻》，用篆文书写，在北京地区稀见。《“退谷”摩崖》，在樱桃沟内鹿岩精舍大门外崖壁上，为著名政治家和学者梁启超所题。这些政治和文化名人的题刻，均有着较高的书法艺术价值，使北京的山川名胜大为增色。

海淀区车耳营凤凰岭的《“凤凰岭”摩崖》，字径高400厘米，宽300厘米，笔画宽20厘米，深10厘米，为山下沙涧村石匠刻，是北京地区字径最大和刻字面积最大的摩崖石刻。

值得一提的是海淀区樱桃沟的《“保卫华北”摩崖》、《“收复失地”摩崖》以及1941年秋镌刻于门头沟区妙峰山上的《挺进军题刻》，这几则摩崖虽然体量不大，字体刻划亦较为草率，但却是北京地区罕见的有关抗战的石刻，表达了北京地区抗日军民的心声，因而弥足珍贵。

在谈及民国时期的摩崖石刻时，还有一人不能不提，虽然其书法水平不过尔尔，那就是在北京地区留题摩崖石刻地点最多的人——陈兴亚。民国年间，陈兴亚曾任京师警察总监、东北宪兵司令等职，1931年后赴京闲居。他游历的足迹遍及海淀区的显龙山、香山、门头沟区的妙峰山、潭柘寺、戒台寺后山（现为丰台区的千灵山）、房山区的百花山、石经山、上方山兜率寺、云水洞等。陈兴亚在游历时有石匠跟随，因此在其兴致大发时的墨宝随时被摹勒上石。据不完全统计，北京

1 见《文选》第810页，梁·萧统编，中华书局，1990年8月。

2 见《艺苑卮言校注》第149页，明·王世贞著，罗新鼎校注，齐鲁书社，1992年7月。

地区共有其题刻约 16 则。

四、北京地区摩崖石刻的地理分布和地域特点

北京地区摩崖石刻不仅各个时代有着鲜明的特点，并且由于广泛分布于房山、门头沟、丰台、石景山、海淀、昌平、延庆、怀柔、密云、顺义、平谷等十一个有山的区县，各区县的摩崖石刻又有各自不同的地域特点。

房山区地处北京地区西南，是北京通往华北的门户。辽代以前的北京地处北方边陲，房山区处于得中原先进文化风气之先的地位。早期的摩崖石刻几乎都分布在这一地区。房山区的摩崖石刻数量亦较多，有 30 余则，其中隋代 1 至 2 则，唐代 2 则，辽代 2 则，金代 2 则，元代 5 则（包括 1 则藏文摩崖），明代约 8 则，民国 5 则，清代摩崖目前暂未发现。这些摩崖石刻多为佛教内容，主要与隋唐以来以云居寺为中心的佛教的兴盛和发达有关。房山区摩崖石刻集中分布于万佛堂孔水洞、云居寺石经山、上方山和云水洞等地。

门头沟区地处京西地区，其摩崖石刻的历史最为悠久，最早的摩崖石刻《武定摩崖石刻》就出自这里。该区摩崖石刻的内容也最为丰富，有巩固边防、守卫长城的军事类摩崖石刻，有修桥补路、修筑永定河的交通水利类摩崖石刻，有记载买地文书、捐资等内容的经济类摩崖石刻，有佛教、道教和民间宗教内容的宗教类摩崖石刻，也有名人的题榜、题刻、诗刻等文化艺术类摩崖石刻。该区摩崖石刻的形式也最为多样，并有数量不少的连山碑和碑形摩崖。门头沟区摩崖石刻的数量也较多，据不完全统计约有 90 则，其中北朝 1 则，明代 24 则，清代约 40 则，民国约 15 则，其余年代不详。门头沟区最具特色的摩崖石刻是明清时期留下的许多修桥补路及治理永定河的摩崖。门头沟区自古即为交通要道，山高路险，物产丰富，据《析津志》载，元代这里即以“烧煤、木植、大灰等物”出名。元明清时期，门头沟区出产的煤、木材、石灰、石材及其他农、副、手工产品运往京城，促进了山区道路的建设，也因此留下了众多的摩崖石刻，成为记录当时人们经济活动和社会生话的重要资料。门头沟区是北京通往山西、河北和北方蒙古高原的交通要道，也是长城防御的军事战略要地，因此又有一些军事类摩崖留存。门头沟区也是佛教的兴盛发达之地，有著名的千年古刹潭柘寺、戒台寺、西峰寺等，清代至民国年间妙峰山的碧霞元君信仰更是对北京周边地区的民间习俗产生了深远的影响，这些宗教胜地附近亦多镌有摩崖。门头沟区的东部地区由于距北京城区较近，交通方便，从清代至民国，一些官员或名流在此购置或营建别墅，并留下了一些题榜、诗刻等文学和书法艺术水准较高的摩崖石刻。

丰台区地处北京西南近郊，摩崖石刻主要分布于丰台区西部与门头沟区东南交界处的千灵山一带。千灵山即名刹戒台寺的后山，山上镌刻的明清民国时期的多则摩崖石刻均为佛教内容，与戒

台寺的佛教活动不可分割。一些书籍把千灵山的摩崖石刻归于门头沟区，从历史和文化的角度来看是可以理解的，但从行政区划上讲这里属于丰台区管辖。丰台区目前发现摩崖石刻 9 则，明代 3 则，民国 2 则，其余年代不详，均在千灵山上。

石景山区虽然占地面积不大，但地处北京西郊，区内多山，林泉优美，景致清幽，多寺庙和名人别墅。该区摩崖石刻的历史可追述至唐代的刘总刻经，但目前最早的摩崖石刻是位于八大处秘魔崖的金大定六年（1166 年）《解州石匠题刻》，石景山上孔雀洞附近的的元代石匠题刻年代亦较早。石景山区摩崖石刻有 60 余则，其中金代 1 则，元代 6 则，明代 14 则，清代 21 则，民国 18 则，主要集中在石景山、八大处、慈善寺、青龙山狮子窝等地。

海淀区亦地处北京西郊，西枕西山，风景秀丽，多园林山水名胜，最早的摩崖石刻为辽应历十年（960 年）刻于海淀区凤凰岭上方寺遗址的《上方院摩崖碑》。海淀区的摩崖石刻的数量居各区县之冠，有 140 余则，其中辽代 1 则，明代 11 则，清代约 90 则，民国约 20 则。该区的摩崖石刻以清、民国时期为多，主要集中在凤凰岭、温泉显龙山、香山、颐和园、樱桃沟等地。玉泉山上也有一些摩崖石刻,清孙承泽《天府广记》载“玉泉山……山顶悬崖旧刻‘玉泉’二字”,惜现为禁地，未能前往调查。海淀区摩崖最为集中之地当属香山和颐和园，据不完全统计两地均约有 46 则摩崖。海淀区多园林山水名胜，清代营建的皇家园林“三山五园”均在海淀区，因此北京地区的皇帝御笔题刻摩崖绝大多数分布在海淀区，尤以香山和颐和园为多，共约 70 则。民国以来，这些皇家禁苑又成为达官、名流和富人的别墅，因而又留下诸多的文化名人手笔，如梁启超、英华、冯玉祥、熊希龄、周肇祥等人的题榜、题刻等。海淀区的摩崖石刻多巨制，如《“凤凰岭”摩崖》，“凤凰岭”三字单个字径均高 400 厘米，宽 300 厘米，笔画亦宽 20 厘米、深 10 厘米，是北京地区字径最大、刻字面积最大的摩崖石刻。《“大道之行”摩崖》，刻字面积高 350 厘米，宽 930 厘米，正文字径高、宽均为 40 厘米。《“水流云在”摩崖》，字径高、宽近 200 厘米，刻字面积高 325 厘米，宽 870 厘米。

地处北京西北地区的昌平、延庆二区县相连，著名的关沟七十二景就位于二区县交界处的关沟内，这里也是摩崖石刻集中的地方，仙枕石、弹琴峡、八达岭、望京石等地分布有 15 则摩崖石刻，其中延庆县分布 11 则，昌平区 4 则。弹琴峡附近的石壁上有一通同治三年（1864 年）的碑形摩崖，高约 310 厘米，宽 192 厘米，堪称巨制。昌平区的驻跸山、佛岩寺遗址、银山塔林等地也有摩崖石刻分布。另外还分布有多处梵文、藏文和蒙古文摩崖石刻。昌平区目前共发现摩崖石刻 20 余则，其中金代 3 则，元代 2 则（均为藏文摩崖），明代 9 则，清代 2 则，民国 1 则。延庆县现存摩崖石刻 13 则，其中元代 6 则（均为梵、藏、蒙文摩崖），明代 2 则，清代 2 则。

怀柔区在北京的北部，亦为多山区，长城横贯该区的中部地区。怀柔区的摩崖石刻内容较为丰富，现存有 20 余则，其中金代 1 则，明代 15 则，清代 3 则，主要以守卫长城的军事类摩崖石刻为主，如“金汤”、“天设金汤”等。红螺寺及甘涧峪一带的佛教胜地分布有几则佛教内容的题刻。

另外还有两处道教内容的摩崖石刻，一则为金代所刻，一为清代所刻，均镌刻在天然岩洞的洞壁旁，对研究道教自金代以来在怀柔区的传播有一定参考价值。有意思的是这两地现在均改为佛教场所。

密云县地处北京地区东北，目前发现摩崖石刻约26则，其中元代12则，明代4则，清代1则，其余年代不详。主要分布在番字牌村和云峰山一带。番字牌村的12则元代梵文、藏文和蒙古文摩崖石刻对研究元代的喇嘛教有重要的价值，同时也是语言文字学方面的宝贵史料。番字牌村附近有明代古堡“白马关堡”，这里是北京地区通往河北以及北方的通道之一。云峰山上共发现摩崖石刻12则，多为明清时期镌刻，其中范承勋的题刻气势恢弘，刻工精良，堪称精品。古北口自古为重要的关口和交通要道，其东部的雾灵山分属北京市和河北省，雾灵山的北京境内部分今虽未发现重要的摩崖石刻，但河北境内的山上发现有多处摩崖石刻，是研究这条通道的重要石刻文物遗存。

京东的平谷区和顺义区，由于目前发现的摩崖石刻数量较少，兹不赘述，但与平谷区东南毗邻的盘山上却分布着数量众多的摩崖石刻。盘山在天津市蓟县西北，位于北京正东90公里处，有“京东第一山”之称。明清时期称蓟州，属京畿地区。盘山峰危壁峭，这里最早的摩崖石刻，据顾炎武辑《金石文字记》，当属“盘山题名”，该摩崖书“李靖舞剑台，李从简曾游”[1]十个大字。据笔者所见，盘山的山间崖壁和巨石上镌刻摩崖石刻不下几十则，多为清或民国时期所留题，其中乾隆帝御笔诗刻10余则，还有晚清时荣禄、唐廷枢、徐润以及民国时期傅增湘、周肇祥、陈兴亚等人的题刻若干，堪与北京西郊的香山媲美。

五、结语

北京地区摩崖石刻不仅有着悠久的历史、丰富的内涵和珍贵的史料价值，许多碑文、诗刻、题榜、对联等还具有较高的文化品位和文学水平，许多摩崖石刻书法精美，刻工精良，具有珍贵的书法艺术价值和审美情趣。此外，由于摩崖石刻的材料简单易得，这也为普通民众提供了刻石留名的条件。一些石匠、善男信女等留题的书法朴拙、甚至错字连连的摩崖石刻，固然是他们希望行善积德名垂千古的一种表现，也反映了他们渴望拥有被上流社会和知识阶层所垄断的话语权的强烈愿望。

这些留题在北京名山大川的数量众多的摩崖石刻诚如叶昌炽在《语石》中所言：“山川登眺，俯仰兴怀，选石留题，以纪鸿爪，其人其字，大都出自雅流。某水某山，从此遂留古迹。”[2]这些不同年代、不同民族文字的摩崖石刻，或富于天然之意趣，或体量巨大，气势恢弘，或为名家手笔，为北京秀美的自然风景增加了深厚的人文内涵，许多摩崖石刻本身就是一道美丽的风景，成为人

1 见《金石文字记》下册第356页，清·顾炎武辑，中华书局，1991年。

2 见《语石》第97页，清·叶昌炽著，上海书店，1986年8月。

们寻古探幽、登临抒怀的绝好去处。

附记

谈到摩崖石刻，不能不提及另外两种石刻，一为在天然岩壁上所题的墨书题记，一为镌刻于假山石或太湖石上的题刻或诗刻。这两类石刻姑可称之为另类摩崖石刻。

在天然岩壁上所题的墨书题记，据调查和相关文献记载，现存数量并不太多。如门头沟区齐家庄村北山朝阳洞内的岩壁上，有辽寿昌六年（1100 年）等墨书题记多则。房山区石经山藏经洞附近有墨书题记 2 处多则。这两处墨书题记，一处位于第三藏经洞洞门外，大安二年（辽大安二年（1086 年）或金大安二年（1210 年））书；另一处书写于唐开元廿一年《焦玄岩等礼佛题刻》下方 5 米处的岩壁上，字迹泐甚，目前能辨认出有 4 则，金代 1 则，明代 3 则。据《怀柔文物集成》记载，怀柔区的天华洞内有明清时期的墨书题记三则："一、昔日、至（？）初此洞并无人所住，外无门（窗），礼（里）无地居，非瑶（为）相致（至）。大清康熙四十一年，有宰相庄人杨守弘舍弃家绿（禄）大来此山。初立世界批研门填空作地，那山作苑生开道路，万为圣地礼供黄金。二、玉经圣相此乃焚修之人行功打坐持诵大法。皇经不息是也，住持杨守弘，大清康熙四十一年春月修建。三、家（嘉）靖二十五年十月初七日修行，刘万友死在正月初四日"。这种在天然岩壁上所题的墨书题记与摩崖石刻的区别在于一为用笔墨书写，一为刀石等工具刻制而成。这种墨书题记有些可能是没来得及凿刻的半成品的摩崖石刻。

堆山砌石是我国古代造园艺术的一大特色，许多的园林名胜均有人工堆砌的假山、溪涧，这些假山石多系从它处搬运而来，因此其体量均不甚大，错落点缀于庭院园林或溪涧流泉之间。许多"虽由人造，宛自天成"的假山、溪涧的山石上，也镌刻有题刻或诗刻。如颐和园香岩室石洞壁间刻乾隆御制"香岩室"诗刻 10 种；乐寿堂院内的北太湖石"青芝岫"上面镌有乾隆帝御题的"青芝岫"等以及大臣的题诗多首；谐趣园内玉琴峡山石上镌刻慈禧太后御题的"玉琴峡"、"松风"、"萝月"、"仙岛"、"堆云积翠"、"川流不息"等。大觉寺后山的假山石上，刻有乾隆御制诗刻多首。香山一些人工堆砌的山石上亦有不少乾隆御笔题刻，如"风味"、"卓笔"、"阆风"等。海淀北安河乡妙高峰东山麓的醇亲王陵寝北的"阳宅"——"退潜别墅"花园内有一石窟名"藏真"，其上有醇亲王所题"塞秋欢瀑"。这些石刻，与摩崖石刻的区别在于摩刻文字的载体一为人工堆砌，一为自然天成，叶昌炽曾赋以雅名曰"泉石小品"。

王晓静

孔水洞摩崖石刻

孔水洞位于房山区河北镇云蒙山南麓万佛堂村西磁家务煤矿院内，北纬39°47′20.52″，东经115°56′58.44″，海拔111米。孔水洞洞口面朝东北，上方有墩台，台上建有一座砖石结构歇山顶无梁殿，面阔三间，其券门上方石额题“大历古迹万佛龙泉宝殿”，落款镌“大明万历己丑春吉日重建”。因殿内墙壁上嵌有唐代镌刻的精美石刻浮雕《文殊普贤万菩萨法会图》，故俗名万佛堂。万佛堂孔水洞旁有两座古塔，一为辽代创建的花塔，通高约20米，一为创建于元代的八角形七级密檐式塔，名“龄公和尚舍利塔”，通高约18米。孔水洞为天然溶洞，洞口为人工砌成的石券门，洞内有泉，丰水期时水势汹涌，不能入内。孔水洞入口不远处岩壁上，雕有两龛佛像，其中一龛内雕一佛二菩萨，从其特征看，为隋代作品，另一龛内雕菩萨一尊，面部丰满，比例匀称，可能为晚唐作品。龛下镌有隋代摩崖刻经两种和金代题刻一则。孔水洞摩崖造像和刻经镌刻于崇山峻岭间的隐蔽溶洞中，其目的不仅仅是为了弘扬佛法，更重要的缘由是在佛教的末法时代保存佛教经典，起到护法的功用。有学者认为，孔水洞摩崖刻经开了北京地区刊刻石经之先河，为研究北京地区早期刻经提供了依据，也对探讨房山云居寺石经的镌刻缘由、发展脉络有所裨益。万佛堂孔水洞是房山区早期刻经地点之一，在“房山石经学”研究上占有重要位置。

万佛堂孔水洞全景

万佛堂和孔水洞

1.《孔水洞摩崖刻经》

隋大业十年（614年）四月刻于两龛佛造像下方约1米处。刻经内容据《北京万佛堂孔水洞调查》（见《文物》1977年第11期），为《大般涅槃经寿命品·第一之二》和《妙法莲华经观世音菩萨普门品》。刻经字径高、宽均约3厘米。《大般涅槃经寿

《文殊普贤万菩萨法会图》局部之一

《文殊普贤万菩萨法会图》局部之二

《文殊普贤万菩萨法会图》局部之三

辽塔

“念佛”摩崖

命品·第一之二》全文万余字，《北京万佛堂孔水洞调查》著录600余字，余漫漶或浸入水中。《妙法莲华经观世音菩萨普门品》全文2300余字，《北京万佛堂孔水洞调查》也著录600余字，文字亦多已漫漶或浸入水中。这两种经文相加有12000余字，现存文字至少千余字。

2.《乌林答□题刻》

金大定二十年（1180年）刻于孔水洞内摩崖刻经后，其内容为：“山陵北陲□」大房古刹全」佛殿应□□□」大定庚子廿年□」吏部尚书驸马都尉乌林答□题」婿曹河西完颜□」疙疸侍行」”。该题刻刻字面积约1平方米，字径高、宽均约3厘米。

3.《“念佛”摩崖》

在万佛堂后方西南侧未经打磨的崖壁上，竖镌“念佛”二大字，字径高、宽均约58厘米，双钩正书，其左下处有一长方形开光，高51厘米，宽8厘米，竖刻“钦差总理内官监太监平乡张桢立”一行文字，字径高、宽均约4厘米。从太监题款、附近的两通明代碑刻以及万佛堂明代匾额可推知该摩崖当摹刻于明代。

龄公和尚舍利塔

孔水洞摩崖造像

孔水洞摩崖刻经

迎风坡摩崖造像及题刻

《迎风坡摩崖造像》现安放于房山区燕山石化燕山公园西南角一院内，北纬39°43′32.58″，东经115°56′55.38″，海拔105米。该造像镌于一独立的花岗岩巨石上，造像外镌为龛形，通高160厘米，宽140厘米。龛上方居中镌一如意结，结下两条飘带沿龛左右两侧下垂，并各打一结。龛内镌一佛二菩萨三尊造像，佛像高110厘米，面部已剥蚀不清，两耳垂肩，体态匀称，左臂下垂，右臂弯曲，手扶胸际，双足赤踝立于须弥座上。左右二胁侍菩萨均高68厘米，左侧一躯拱手而立，右侧一躯左手扶胸，右臂下垂。据有关专家鉴定，该造像龛为隋代作品。造像龛内主尊佛像头部的右侧隐约可见两行题刻，第一行仅见一“三”字，第二行能辨认“石厂村信”等字。题刻镌刻年代不详。该造像原在燕山街道迎风六里附近，20世纪80年代中期，燕山石化兴建迎风西里住宅时被发现，1990年移至燕山公园内加以保护。

迎风坡摩崖造像

迎风坡摩崖造像旁题刻

云居寺石经山摩崖石刻

云居寺位于房山区西南张坊镇水头村白带山山麓，距北京 75 公里，是著名的佛教胜地。寺东北一公里处有石经山，因山中凿有石室，贮藏隋唐以来历代石刻佛经，故名，又称小西天。石经山半山共开凿有 9 个藏经洞，山顶有唐金仙公主塔等。石经山上藏经洞附近镌有历代摩崖石刻多则以及墨书题记两处。

唐金仙公主塔

石经山上的两处墨书题记，一处书于第三藏经洞门外上方向前突出的岩石下平面右侧崖壁，辽大安二年（1086 年）或金大安二年（1210 年）书，北纬 39°37′7.26″，东经 115°46′37.38″，海拔 374 米。题记用红笔竖题“大安二年⧄」□□县长乡⧄」□□文享刘⧄」”三行文字，部分文字墨迹模糊。该题记南侧不远处崖壁还有用红笔书写的“诸佛”二字，年代不详。另一处书写于唐开元廿一年《焦玄岩等礼佛题刻》下方 5 米处一粗糙的岩壁上，字迹泐甚，目前能辨认出四则题记，即金泰和六年（1206 年）题记一则和明代题记三则，最为珍贵的当属“大明国景教庆寿寺僧人超然”的题记。这四则题记分别为：其一书“泰和六年四[月]廿一日⧄”，其二书“正统⧄」小西天⧄」大藏 / 」”，其三书“大明国正统三」年三月二十三日住持」比丘嗔嗒嘫哩与」四众三提喹唎同」十方僧金台」比丘福恩⧄江」本荣」□□同游至此」小西天礼⧄」”，其四书“大明国景教庆寿寺僧人超然经匠道□四名游于□□”。

此外，徐自强主编的《北京图书馆藏北京石刻拓片目录》（书目文献出版社 1994 年 4 月版）收录了房山区石经山梵文摩崖拓片一种，拓片高 133 厘米，宽 68 厘米，年代不详，笔者实地踏勘未见实物。

石经山藏经洞附近历代摩崖石刻如下：

唐金仙公主塔门力士浮雕

藏经洞外景

1.《焦玄岩等礼佛题刻》

唐开元二十一年（733 年）十月刻于石经山上小西天去往金仙公主塔路边岩壁上，北纬 39°37′8.52″，东经 115°46′37.98″，海拔 388 米。题刻竖镌五行文字，文曰："开元廿一年」十月日，焦玄」岩、向惠」琛、王愁」礼拜佛」"。字径高 3.5 厘米，宽 3 厘米，正书。刻字面积高 17 厘米，宽 22 厘米。

2.《泰定三年石匠题刻》

元泰定三年（1326 年）刻于藏经洞第七洞右侧岩石上，北纬 39°37′7.98″，东经 115°46′38.58″，海拔 369 米。题刻东向，竖刻文字四行："泰定三年□」晋宁路月」石匠□年」赵府小奴」"。字径高 8 厘米，宽 7 厘米，刻字面积高 34 厘米，宽 33 厘米。

3.《藏文摩崖》

《泰定三年石匠题刻》北侧约五米的岩壁上，残存五个藏文字，位于北纬 39°37′8.28″，东经 115°46′38.34″，海拔 369 米。五个藏文字自上而下分刻五行，每行存一字，均双钩，刻字面积高 100 厘米，宽 25 厘米。该摩崖南 50 厘米处岩壁上，还镌一"佛"字，高 25 厘米，宽 24 厘米。该摩崖很可能如关沟一带和密云县番字牌村的藏文及梵文、蒙文摩崖石刻一样，镌刻于元泰定三年（1326 年），其旁边刻有《泰定三年石匠题刻》恐怕不仅仅是巧合。

朱书“诸佛”

“大安二年”墨书题记

焦玄岩等礼佛题刻

泰定三年石匠题刻

藏文摩崖

4.《雷音洞永乐十四年题刻》

明永乐十四年（1416 年）十一月刻于雷音洞门外上方岩石上，北纬 39°37′7.62″，东经 115°46′37.8″，海拔 370 米。摩崖东向，分上下两部分镌刻，上部横题三字，篆书，字体较大，三字上部因岩石剥蚀已毁损，现仅存字的下半部，无法辨识。下部目前能辨认十一行文字：“是境天造其秘地」□其灵幸出□□」神皋益启幽探之」迹故一至焉时□」晴天空林壑窈 窕」解鞍盘陟神情□」然然至者合章□」之英谓真游方」外可乎」大明永乐十四年 丙 」申冬十一月甲 ／ 」”，竖刻，正书，字体稍小，字径高、宽均 4 厘米。部分文字漫漶。

雷音洞永乐十四年题刻

小西天叶森等诗刻二首

5.《小西天叶森等诗刻二首》

明万历二年（1574 年）刻于藏经洞第七洞和第八洞之间通往金仙公主塔的山路北侧崖壁，北纬 39°37′8.82″，东经 115°46′38.58″，海拔 373 米。诗刻开光高 67 厘米，宽 95 厘米，共竖刻十四行文字，字径高约 6 厘米，宽约 5 厘米，行书。诗刻字口很浅，诗文多已漫漶，第六行镌“古歙新阳叶森书”，最后一行镌“万历甲戌春新安程鹤轩”。程鹤轩诗据溥儒《白带山志》（中国书店 1989 年 10 月第 1 版）补：“闻道西天景致清，□□」临眺果奇嵸。五台并峙」寒梅象，七洞咸藏古佛」经。举步白云生足下，陟」巅红日与头平。词章满刹多名笔，媿我才」疏莫与京。」万历甲戌春新安程鹤轩」”。

6.《“念佛”摩崖》

明万历十三年（1585 年）十二月初六日刻于藏经洞一洞和二洞之间的岩壁上，北纬 39°37′7.14″，东经 115°46′38.16″，海拔 363 米。岩壁东向，自右及左横镌“念佛”二字，“念”字高、宽均 62 厘米，“佛”字高 67 厘米，宽 65 厘米，双钩正书。其右竖镌“钦差总理工程▨」提▨」”两行文字，字径高 3 厘米，宽 4 厘米，部分文字漫漶，其左竖镌“万历十三年岁次乙酉十二月初六日”一行文字，字径高 4 厘米，宽 5 厘米，均正书。摩崖开光高 92 厘米，宽 155 厘米。

7.《“云居”摩崖》

民国二十一年（1932 年）七月刻于藏经洞第八洞南古井西侧岩壁上，北纬 39°37′9.12″，东经 115°46′39.48″，海拔 363 米。第八洞南有古井二眼，井西边岩壁上，镌两尊摩崖佛造像，高 120 厘米，佛像均坐姿，为释迦牟尼佛说法、多宝佛听经作证像。造像宝相庄严，比例匀称，衣纹流畅，充分体现了唐代的造像艺术风格。造像稍北偏上处，竖镌“民国壬申七月」云居」海城陈兴亚题」”三行文字，中间一行的“云居”两字较大，“云”字高 33 厘米，宽 29 厘米，“居”字高 30 厘米，宽 29 厘米，行书，两侧落款字径高 9 厘米，宽 8 厘米，正书。

陈兴亚（1885—1959 年），字介卿，辽宁铁岭人。曾留学日本，学习军事。民国后，曾任京师警察总监、东北宪兵司令等职。“九一八”事变后，赴京闲居。闲居时期他游历了海淀、门头沟、房山等区县的许多风景名胜并多有留题。陈氏在京郊一带游玩时还有石匠跟随，其兴致大发时的题字或题诗可随时被摹勒上石，因此，京郊许多风景名胜区的崖壁间都留有其题刻，房山区上方山云水洞内还留下了随从石匠申文海的名字。

“念佛”摩崖

“云居”摩崖及唐代摩崖佛造像

大峪沟摩崖造像及题刻

唐开元年间（713 － 741 年）镌于房山区张坊镇大峪沟村东约 100 米半山处岩壁上，北纬 39° 35′ 28.5″，东经 115° 44′ 10.08″，海拔 219 米。该摩崖造像面南，上方现盖有保护性房屋一间，因此镌刻造像的岩面现高 250 厘米，宽约 219 厘米，余在屋外，无法测量。岩面上镌摩崖造像两龛，西龛为唐代所刻，高 85 厘米，宽 100 厘米，龛中部为释迦牟尼坐像，两侧为二弟子、二菩萨、二金刚，顶部为二飞天，共镌造像 9 尊。摩崖题刻位于西造像龛两旁，龛左侧竖刻“照一天下」八月廿四日佛放光白豪」护佛神王」”三行文字，右侧竖刻“护法力士”，字径高、宽均约 2 厘米，均正书。该造像龛开凿于唐开元年间（713 － 741 年），题刻年代亦为唐开元年间。岩壁东侧还有一龛摩崖造像，通高 184 厘米，宽 94 厘米，为释迦牟尼垂足端坐像，较之前者时代稍晚，待考。

大峪沟唐代摩崖造像

大峪沟唐代摩崖造像旁题刻

云水洞外景

辽代摩崖造像

上方山位于房山区西南，风景优美，原始次生林密布，有九洞十二峰等名胜，峰以天柱峰最为险峻，洞以云水洞最妙。上方山也是著名的佛教胜地，相传这里的寺庙始建于东汉时期。隋唐时期，以兜率寺为中心，上方山诸寺初具规模，辽、金为其鼎盛时期，至明代进入全盛期，上方山寺庵数量据《帝京景物略》“上方山”一文载：“计里方五十，庵寺一百二十”。现兜率寺正殿后墙外壁嵌有明万历五年（1577 年）由冯保所书的《四十二章经》刻石 15 方。至清代康乾时期，上方山所存寺庵不足 72 座，民国时期进一步衰落，所存寺庵不足 50 座。上方山兜率寺附近的崖壁上，镌有二则摩崖石刻，一则镌于山神庙旁的崖壁，为陈兴亚所题的“幽燕奥室”，“幽燕奥室”四字竖刻，字体略大，其右上方竖刻“民国壬申十月”，其左下方竖刻“陈兴亚题”。一则在瓣香庵外的巨石上，自右及左横刻“阿弥陀佛”四字，年代不详。

云水洞在上方山兜率寺的西南部，距兜率寺约 4 公里，北纬 39°40′33.12″，东经 115°48′33.12″。云水洞为天然溶洞，洞口朝南，洞前建有大悲庵。从洞口往里约 30 米的东侧石壁，镌摩崖造像一躯，像高 223 厘米，宽 183 厘米，保存完好。佛像结跏趺坐，右手轻握拳举于胸前，左手平放于双足之上，结施无畏印，面相丰圆，有唐造像流韵。佛像略显扁平，比例稍欠匀称。据佛像左侧镌刻的二则造像题记“僧善伏做佛石匠吴世和」誓造佛同见人僧法空」”和“安次县何永寿赵祈二人」乾统六年三月五日」”，该造像镌于辽乾统六年（1106 年）。“僧善伏”和“石匠吴世和”的名字在“房山石经”辽代刻经中曾多次出现。

造像左右两侧镌有辽、元、明及民国等题记多则。从洞口往里，即从南往北依次为：

1．《徐敬宜等人题刻》

镌于该组摩崖石刻最南端洞壁上。题刻共竖刻五行文字，文曰：“丁丑四月佛诞日前三日」吉

徐敬宜等人题刻

林徐敬宜齐照岩」范云卿齐斐章罗伯杰」苗恩溥李泽人鄂杰民」成般若丁世豪同游」”。字径高4至8厘米不等，宽4至8厘米不等。刻字面积高85厘米，宽40厘米。该题刻年代不详，其风格似为晚清民国时期所刻。其左刻“弘治六年（1493年）”等字，字径高、宽均4厘米，但明显与丁丑四月题刻字体异样，弘治六年题刻内容已漫漶。

2.《何永寿等题刻》

辽乾统六年（1106年）三月五日镌于《徐敬宜等人题刻》下方岩壁。题刻竖镌“安次县何永寿赵祈二人」乾统六年三月五日」”两行文字，字径高、宽均5厘米，刻字面积高60厘米，宽16厘米。

3.《耶唯寿等题刻》

在前二则题刻北侧岩壁上方。题刻竖镌“此□耶唯寿」辛□□伍道正」”两行文字，字径高、宽均3厘米，刻字面积高13厘米，宽8厘米，字多漫漶。

4.《刘秀等游云水洞题刻》

在第三则题刻下方岩壁。题刻竖镌“固安县东」北强村□大祖刘秀二人同」来由洞前士千」公由马村尹从得」”文字四行。字径高、宽均3厘米，刻字面积高55厘米，宽14厘米。

5.《甘池村石匠题刻》

在第三、四则题刻北侧岩壁。题刻竖刻“□□石匠系」甘池村胡管□」弟兄四人」▨廿二年六月八日」”文字四行，刻字面积高67厘米，宽49厘米。

6.《贺北等题刻》

在第五则题刻下方岩壁。题刻竖刻“□平县贺北王忠孝刘捶担」李德元师□」”两行文字，刻字面积高33厘米，宽9厘米。

7.《僧善伏题刻》

辽代刻于第五、六则题刻北侧岩壁。题刻竖镌“僧善伏做佛石匠吴世和」誓造佛同见人僧法空」”两行文字，字径高10厘米，宽9厘米，刻字面积高115厘米，宽36厘米。该题刻北侧即为辽代摩崖造像。

8.《至元卅年题刻》

元至元卅年(1293年)正月十五日刻于辽代摩崖造像北侧岩壁。题刻竖镌“至元卅年正月十五□”一行文字，高35厘米，字径高4厘米，宽3厘米。

9.《石匠老赵三题刻》

元至元廿九年（1292年）正月刻于《至元卅年题记》北侧岩壁。题刻竖刻“四□□村□人石匠老赵三」至元廿九年正月□□旦」”两行文字，字径高、宽均4厘米，刻字面积高67厘米，宽20厘米。

10.《陈兴亚题刻》

民国二十一年（1932年）十月九日刻于前则题刻北侧岩壁。题刻竖刻“民国壬申十月九日」海城陈兴亚来游已达洞底」申文海刻」”三行文字，字径高、宽均9厘米，刻字面积高134厘米，宽46厘米。

11.《陶国祥题刻》

在《陈兴亚题刻》北侧岩壁，竖刻“杭州朝天门住人」陶国祥到此」□庆二年二」月二十日记耳」”四行文字，字径高9厘米，宽11厘米，刻字面积高59厘米，宽51厘米。“□庆二年”或为明代的隆庆二年，或为清代的嘉庆二年，该摩崖大体刻于明清时期。

羊耳峪大象石摩崖石刻

大象石位于房山区燕山石化羊耳峪东万路东侧的羊耳峪里小区，北纬 39°45′23.7″，东经 115°57′51.66″，海拔 165 米。在羊耳峪里小区 38 号楼南、40 号楼西空地处的岩石地面上，有一座形似大象的花岗岩巨石巍然屹立，石东西宽约 10 米，南北纵约 4 米，高约 6 米。巨石北面岩壁上镌摩崖石刻三则，自东向西依次为：

1.《贞元三年题刻》

在大象石东北处的岩壁上，镌金贞元三年（1155 年）二月二日所刻摩崖一则，文曰："右石异样」其形类象」问我生时」天地未判」贞元乙亥仲春二月二日立」"，正文字径高、宽均 10 厘米，款字径高、宽均 7 厘米，均正书。该题刻书法古拙，结构颇见功力。在题刻第三行末字即"时"字下边，还镌一"佛"字，字径高 17 厘米，宽 16 厘米，上半部已崩蚀。该题刻落款后还竖刻一行题名"李礼李顺褚义"，其与金代题刻落款的间距较前面几行文字间距不同，文字大小不一，书写较粗拙，可能是佛字的刻写者，时代应晚于《贞元三年题刻》。

大象石

2.《王□□题刻》

《贞元三年题刻》西侧不远处岩壁上，竖刻"王□□"一行文字，正书，字径高 7 厘米，宽 6 厘米，年代不详。

3.《"卓尔不群"摩崖》

民国十二年（1923 年）春刻于《王□□题刻》西侧岩壁。"卓尔不群"四字自右及左横题，字径高 48 厘米，宽 32 厘米，正书。其上自右及左横镌"□白琨题"，字较小，正书，有隶意。其右竖题"民国十二年春"一行文字，字径高 13 厘米，宽 14 厘米，正书。其左竖刻三行文字，泐甚，仅辨认最末一字为"刻"字。

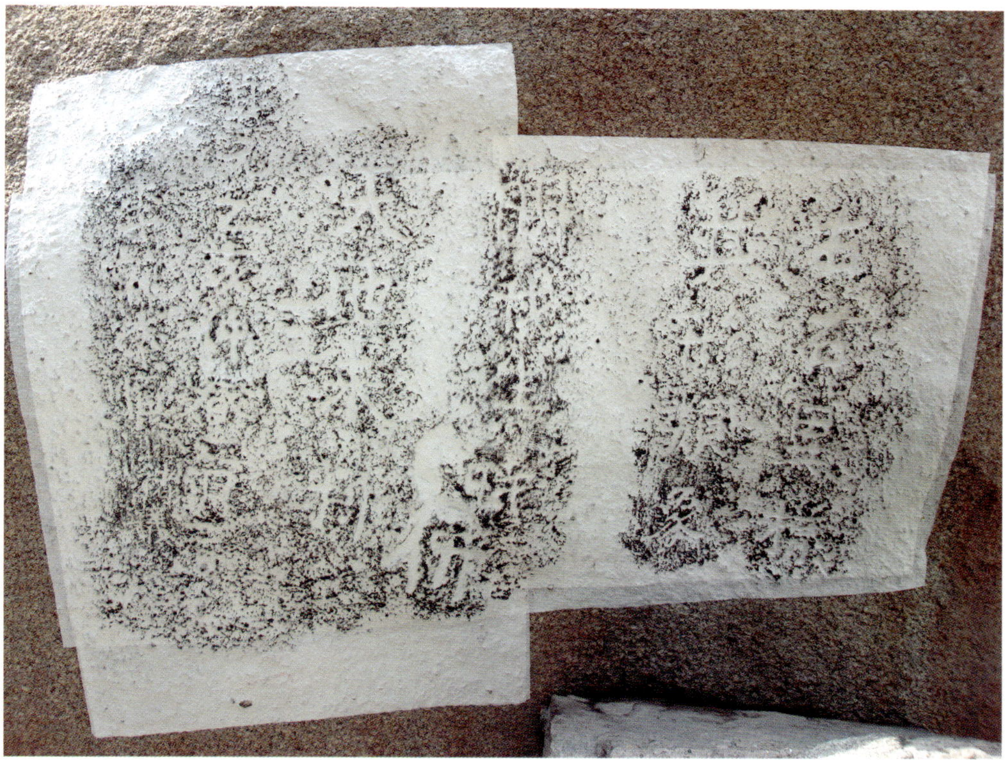

贞元三年题刻

“卓尔不群”摩崖

南郑村石匠题刻

杵山古溶洞外景

元代刻于房山区长沟镇黄元井村西北杵山北麓半山腰处的古溶洞内顶部，北纬 39°35′14.88″，东经 115°50′4.62″，海拔 176 米。溶洞洞口朝东，洞顶岩壁竖镌“大元国大都路房山县西南怀玉乡南郑村」石匠一行打涿州南☐」”两行文字，正书。洞口南侧上方石壁及洞顶石壁上，还镌有多则摩崖石刻，惜已风化剥蚀，漫漶不清，仅能辨认“清☐☐县”、“元贞”等字样，可能亦为元代所刻。据说该洞藏有珍宝，洞口外地面被村民向下挖掘出一个巨大的坑穴，因此进入该洞须攀附峭壁入内，十分不易。这里距著名的雕刻之乡大石窝村不远，以出产精良的石材远近闻名，附近山上今仍有采石场开山采石，山间堆满了石材。

圣水峪摩崖造像及题刻

明万历四十八年（1620年）正月十九日镌于房山区圣水峪村东北半山处的崖壁上，北纬39°40′34.62″，东经 115°47′29.64″，海拔352米。在村东北半山处一南向的断崖上，雕有摩崖造像龛一座，龛高53厘米，宽59厘米。龛内镌佛造像一尊，佛趺坐，高36厘米，宽34厘米。龛东侧镌“大明万历四十八年」正月十九日真寿立」”两行文字，字径高、宽均2.5厘米。龛西侧镌“石匠李见”一行文字，字径高、宽均1.5厘米。“石匠李见”的名字也见于明天启元年（1621年）镌于房山区大房山主峰上的《茶楼顶摩崖造像及题刻》，该处造像共两尊，左为武官，右为文官，文官旁竖刻“大明天启元年造土地爷」四川僧本心石匠李见」”两行文字。

龛西侧题刻

龛东侧题刻

“莲子峰”摩崖

“莲子峰”摩崖

民国二十三年（1934 年）仲夏刻于房山区史家营乡柳林水村莲花山（现为圣莲山风景区）莲子峰北面路旁崖壁，北纬 39°50′45.72″，东经 115°43′54.12″，海拔 890 米。莲子峰位于莲花山东南，为一独立山峰，其形状酷似莲子，山北面路旁崖壁竖镌“民国甲 戌 仲夏」王树常题」莲子峰」”三行文字，“戌”字现已漫漶。“莲”字高 21 厘米，宽 15 厘米，“子”字高 19 厘米，宽 13 厘米，“峰”字高 24 厘米，宽 19 厘米。题款字较小，字径高 5 厘米，宽 4 厘米。莲花山上还有有蟠桃宫、圣米石堂等多处佛教及道教遗迹。从蟠桃宫西门下山的路段称“十八盘”，为蟠桃宫第一景观。

王树常（1885—1960 年），字亭五，辽宁辽中人。早年毕业于日本陆军士官学校，民国时曾任河北省主席、东北第二军军长、平津卫戍司令、国民政府军事参议院副院长等职。新中国成立后，曾任全国政协委员、水电部参事等职。

莲子峰

门头沟区

武定摩崖石刻

武定摩崖石刻

东魏武定三年（545年）十月十五日刻于门头沟区王平地区河北村永定河畔一方半埋于地下的巨石上平面，又名《武定刻石》，位于北纬39°58′32.88″，东经115°59′0.54″，海拔202米。该石半埋于地下，仅露出上平面，呈不规则形，所刻内容为："大魏武定三年」十月十五日，平远将军」海安太守筑城都」使元勒又用夫一千五百五人，夫十人，乡豪都督三十一人，十日讫功」"。摩崖竖刻，共四行文字，字体大小不一，字径高、宽均约3厘米，书写也较为随意。刻字面积高65厘米，宽30厘米，头西尾东。据一位老文物工作者的回忆，石刻附近还有古代建筑的遗迹。《北史·齐本纪》载："（武定三年）十月丁卯，神武上言，幽、安、定三州北接奚、蠕蠕，请于险要修立城戍以防之。"石刻地处幽州的西部也即东魏的北部边境，此地为永定河的转弯处，三面环水，仅北面与道路相连，自古为交通之咽喉，地理位置非常险要。由于当时北方的少数民族库莫奚、蠕蠕（即柔然）时常南侵，威胁东魏的北部边境，在此修筑防御工事也就不难理解了。此石刻所载与史书吻合，印证了东魏在北部边境筑城设防的情况，具有重要的历史价值。《武定摩崖石刻》是北京地区目前已发现的年代最早的摩崖石刻。

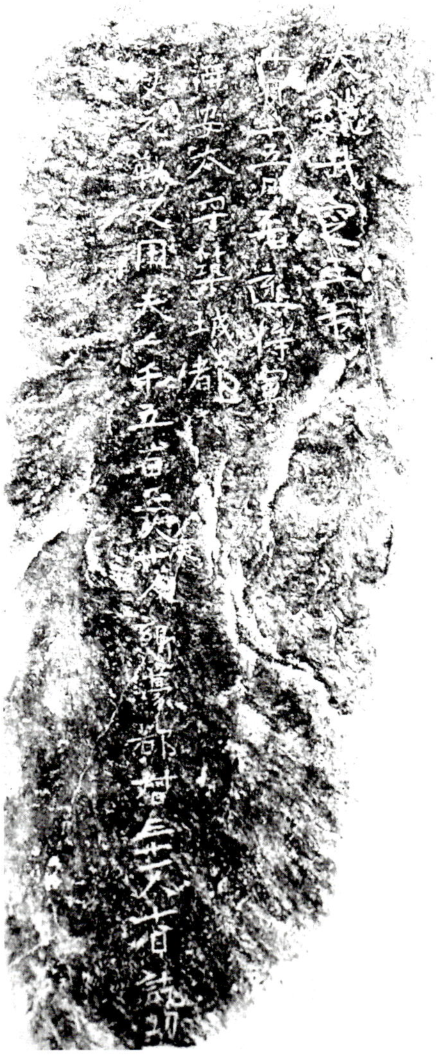

武定摩崖石刻拓片

武定摩崖石刻现状

崇化寺买地文书摩崖

明宣德九年（1434年）七月刻于门头沟区城子崇化寺遗址东北处一断崖上，北纬39°57′15.9″，东经116°04′33.18″，海拔214米。摩崖面南，距地约300厘米，所刻内容如下："宣德九年七月内今有」顺天府宛平县玉河乡」城子村里长邓三□民人」姚三等十名」姚斌姚□姚增姚□姚荣」孔玉周源索斌□□」□龙门山清水禅寺□旧」□□基□计地一段九十□□□」□□」司设监太监吴公亮同」住持长老续有管事僧宗□宗真宗□」议□宝钞三十三万六百贯□□一副」同□　保人张兴□（以左人名共七行）」⍁承当各不许退悔」⍁有退悔」⍁罚宝钞」⍁五千六百贯与□」⍁恐□无凭」今立⍁为」照」东至涧□石墙外」南至南山顶」西至□□寺山□北」□至北山顶□□□」"。摩崖竖刻，共24行文字，大字字径高8厘米，宽6厘米，小字字径高、宽均3厘米，正书。刻字面积高100厘米，宽280厘米。摩崖记述了宣德九年七月顺天府宛平县玉河乡城子村里长等人将地卖与司设监太监吴亮，议定宝钞三十三万六百贯，并划定四至事。

崇化寺遗址东北处断崖及塔

崇化寺过涧塔

崇化寺买地文书摩崖

1.《敕赐弘恩寺地界摩崖》

明弘治十□年（1498–1505 年）九月十九日刻于门头沟区潭柘寺镇南辛房村西北天门山山顶石洞东面北侧崖壁，北纬 39°53′，东经 115°59′13.32″，海拔 554 米。石洞位于天门山山顶，为一东西通透的石洞，据《宛署杂记》载：“石窟山山临浑河，壁立千仞，一径上通，仅可容足，俯视河水，最为险阻。有一石窟，名般若堂”。该摩崖竖刻于稍作打磨的石洞东北侧崖壁上，文曰：“敕赐弘恩寺地界」东至桑峪村」南至鲁家潭」西至天门山」北至蜂落岩」弘治十□年九月十九日顺天府委官通判□澍、宛平县委官主簿□□立」”。摩崖共六行文字，正书，正文字径高、宽均约 7 厘米，年款及题名字径高、宽均约 2 厘米。刻字面积高 53 厘米，宽 72 厘米。摩崖提及的“敕赐弘恩寺”建于明初，位于南辛房村北 200 米处。“鲁家潭”今作“鲁家滩”。

2.《“天门山”摩崖》

刻于门头沟区潭柘寺镇南辛房村西北天门山山顶石洞东面上方崖壁。“天门山”三字自右及左横刻，双钩正书，字径高约 16 厘米，宽约 15 厘米。开光高 18 厘米，宽 48 厘米。该摩崖年代不详，《敕赐弘恩寺地界摩崖》中有“西至天门山”字样，“天门山”作为地界标志，或许与《敕赐弘恩寺地界摩崖》为同一时期镌刻，或许年代更早。

天门山山顶石洞

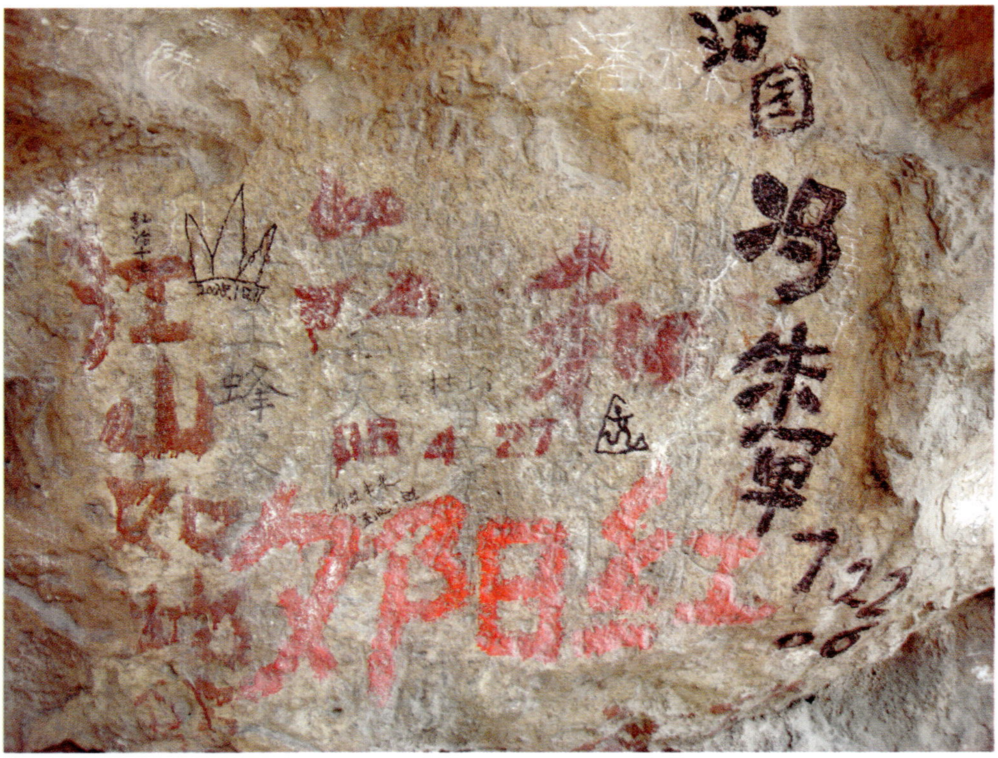

赖赐弘恩寺地界摩崖

“天门山”摩崖

守口千户李宫题刻

明正德十四年（1519年）孟夏刻于门头沟区斋堂镇柏峪村村北通往黄草梁古道旁的山崖上，北纬40°02′28.2″，东经115°35′49.5″，海拔1324米。此摩崖面向东南，距地约100厘米，文字刻于粗糙的岩面上，字体略显潦草，文曰：“旹正德岁次」己卯孟夏旦」守口千户」李宫修」”。字径高5－7厘米不等，宽6－7厘米不等，正书，刻字面积高36厘米，宽32厘米。该题刻记载了明代守军修建道路情况。当地村民称此地为榆木港，此地南距二道关城约2华里，距柏峪村约8华里，北距黄草梁长城约15华里山路，地势险要，明代官兵曾在此扼守要冲。

古道

二道关城遗址

守口千户李宫题刻

榆木港山崖及古道

石佛村摩崖石刻

1. 石佛村摩崖造像题刻

门头沟区石佛村村东北的断崖刻有16龛18尊摩崖佛造像，断崖面略朝西南方向，位于北纬39°52′14.4″，东经116°05′26.04″，海拔246米。根据造像风格及雕刻技法等分析，造像群开凿于明天顺年间(1457－1464年)，完成于明嘉靖八年(1529年)。石佛村摩崖造像群造型各异，比例匀称，雕刻技法较为精湛，并独具特色，是研究明代佛教造像艺术珍贵的实物资料，也是北京地区摩崖造像最集中之处。在摩崖造像旁，目前共发现五条文字题刻，按内容可分为四则。

(1)《清塔寺比丘成玉造像题刻》，在一圆形阿弥陀佛佛龛两侧崖壁，各竖镌一行文字，造像右侧镌“南无阿弥陀佛”，字径高、宽均8厘米，其左镌“京都清塔寺比丘成玉造”，字径高、宽均7厘米，正书。

(2)《嘉靖八年题刻》，于《清塔寺比丘成玉造像题刻》西北处崖壁，有三座并排雕造的摩崖造像龛，其左侧佛龛和中间佛龛间的隔梁上，隐约可见四行文字，现仅能辨认出“□靖八年十二月”等字，推知该组摩崖造像应雕造于明嘉靖八年（1529年）十二月。

(3)《西京华楼题刻》，前面提及的三座佛龛的左侧佛龛下方崖壁，镌“西京」华楼」东原」游此」”文字四行，字径高6－10厘米不等，宽均8厘米，正书。

(4)《张立等题刻》，前面提及的三座佛龛的中间佛龛下方崖壁，隐约能辨认出竖题的两行文字“▨张立」▨樊▨」”。

2.《“阿佛”摩崖》

位于门头沟区石佛村摩崖造像群北约500米处芦潭古道东侧，北纬39°52′18.9″，东经

石佛村摩崖造像全景

清塔寺比丘成玉造像题刻

三世佛摩崖造像及嘉靖八年题刻

西京华楼题刻

“阿佛”摩崖

“佛”字摩崖及井泉龙王通海之神位摩崖碑

116°05′13.02″，海拔 283 米。摩崖镌于一高 450 厘米、宽 330 厘米巨岩上，自右及左横刻“阿佛”二字，“阿”字高 120 厘米，宽 94 厘米，“佛”字高 126 厘米，宽 123 厘米，双钩正书。“阿佛”当为“阿弥陀佛”的简称。由于附近有明代摩崖造像群及题刻，推测该摩崖也可能镌于明代。

3.《井泉龙王通海之神位摩崖碑》

明嘉靖四十二年（1563 年）二月初十日刻于门头沟区石佛村西南山崖上，北纬 39°52′9.36″，东经 116°05′29.88″，海拔 226 米。摩崖碑方首云纹，素方座，通高 133 厘米，宽 65 厘米，其中身首高 96 厘米，宽 65 厘米。额题正书“碑记”两字，碑身中部竖题“井泉龙王通海之神位”，字径高 8 厘米，宽 7 厘米，其右竖刻三行小字，基本漫漶，其左侧上方竖刻“泾府信官”一行文字，下方竖刻题名四行，题名多漫漶。最左侧竖镌落款“大明嘉靖四十二年二月初十日具工会首比丘□□□”一行文字，字径高、宽均 3 厘米。

4.《“佛”字摩崖》

刻于门头沟区石佛村西南山崖上，北纬 39°52′9.39″，东经 116°05′29.88″，海拔 226 米。在《井泉龙王通海之神位摩崖碑》右侧约 100 厘米处岩壁上，镌一巨大的“佛”字，双钩正书，字径高 131 厘米，宽 119 厘米。由于附近有明代摩崖造像群及题刻，其旁又紧邻一则明代摩崖碑，该摩崖也可能镌于明代。明代摩崖碑中题名中有“会首比丘”等字，这一“佛”字或许为该僧人所题。

火村修路题刻

明嘉靖十三年（1534年）五月初十日刻于门头沟区斋堂镇火村南双龙峡风景区仙女台（原将军台）南路边崖壁上，北纬39°57′8.1″，东经115°42′41.88″，海拔479米。在仙女台南山路旁一高230厘米、宽240厘米的崖壁上，竖刻“嘉靖十三年五月初十日」□念香□□□□□」僧人同□刘氏妙□」石匠⧄同□」复河⧄王奉」”五行文字，字径高3至5厘米不等，宽3至4厘米不等，文字多漫漶。摩崖距地约150厘米，刻字面积高31厘米，宽22厘米。

火村修路题刻

题刻旁山路

齐家庄青楞山朝阳洞摩崖碑

朝阳洞内墨书题记

明万历五年（1577年）后刻于门头沟区清水镇齐家庄村北朝阳洞外崖壁，北纬40°35′19.68″，东经115°30′18.72″，海拔788米。齐家庄地处京西灵山脚下，村内有元代建筑灵严寺。在齐家庄村北不远处的青楞山上有朝阳洞。朝阳洞坐北朝南，自西向东并排有三个大洞、一小洞，洞内还有若干大小洞层层叠叠，互相通透。朝阳洞口附近还有建筑遗迹，仅剩下破砖碎瓦。从西数第二洞的崖壁上有墨书题记多则，一书“古处」弘业寺」”，一书“但行平等事合眼见如来」洗心⧄」”，一书“寿昌六年五月十二日脯时不雨」易州⧄」”，辽寿昌六年，即公元1100年。

朝阳洞从西往东数二洞和三洞之间崖壁上镌有一通摩崖碑，圆首，无座，碑通高204厘米，宽82厘米，首高39厘米，宽81厘米。碑首中部刻佛坐像，像右侧竖题“⧄帝道遐昌”一行文字，左侧亦竖题“⧄佛日增辉⧄”一行文字。碑身边框刻花纹，首题：“大明国□□顺天府宛平县齐家庄青楞山朝阳洞创⧄”。由于风化严重，碑文大部分已漫漶，落款亦漫漶。碑文中有“万历五年以来”字样，推知其镌刻年代应在明万历五年以后的晚明时期即1577年至1644年。

齐家庄青楞山朝阳洞摩崖碑

石古崖修桥补路摩崖碑

明万历六年（1578 年）镌于门头沟区王平地区色树坟石佛岭古道旁崖壁，北纬 39°58′27.66″，东经 116°00′24″，海拔 226 米。明代此地称“石窟崖”，又称“石古崖”，因西侧碑首雕刻有三世佛像，故又以石佛岭称之。这里地处著名的京西古道，此段道路在山崖上凿成，宽两米有余，一侧为绝壁，一侧为深渊，艰险异常，山里的煤炭及山货多由此道运出，并经此道运进生活必需品，至今古道上仍留有深深的车辙印及马蹄印。碑下的古道已毁，原距地约 650 厘米，2009 年 10 月，碑下方古道修复，现距地约 130 厘米，碑下方残留的古道距地约 20 厘米。

摩崖碑面向西南，隔铁路与山下的王平中学遥遥相对。碑依山崖雕凿成连山碑形，共四通，均刻于明万历六年（1578 年）。其中东侧三碑共一束腰须弥方座，均方首，上镌云纹，额题正书，从东至西依次为“万载芳名”、“十方诸佛”、“万善同归”。座高 90 厘米，宽 418 厘米，厚 5 厘米，碑高、宽从东至西分别为 250 厘米、117 厘米，292 厘米、139 厘米，244 厘米、116 厘米，厚均 4 厘米。最西侧碑高 233 厘米，宽 104 厘米，厚 2 厘米。额镌“十方诸佛”的摩崖碑记述了修路情况，余三碑均记载捐资人名。

记述修路情况的摩崖碑碑文如下：“石窟崖造桥补路碑记」盖谓金台之西去都城七十余里其地

石古崖修桥补路摩崖碑

摩崖碑下方新修道路

石古崖古道

则曰王平社乃我」圣朝畿内宛平之治□□而于山险之处其山石窟崖东西浑河暴流南北两山峡隘水凶山险涧陵沟深甚为樵猎」之中每□□□□人厄于颠雨滚坡坠崖殃于斯者多矣于是有明安禅师者乃晨京道行之高德也公以修桥补」路□□而勉志焉凡有要津险路之处防难行人者必与方便修治务使民间不致登涉之忧由是功德人咸感仰」□□善缘相约众鸠悦从有时过此而恻然叹曰危哉斯道防难久乎可以与方便之既蕴诸中必形诸外即具力」修□积日施工运土积石补下裁高历风霜而不倦冒寒暑以克勤犹赖十方资助成功越二三载方蒙遂志深涧」跨以坚桥悬崖横以坦路使千古行人臻余庆十方檀信沐洪庥以勒功德于石使往来君子知明安禅师之于此」流□于千古之下矣谨于序未仍一赋一律云骑山跨水石窟崖危路悬虚行者哀往往樵人厄雨难年年头畜苦登」□若无迳海凿山志谁有填沟塞涧才凭我庵公精进力山前山后道宏开信官□友赵朝用」(18行题名，锦衣卫、太监、住持等)」大明万历岁次戊寅季秋月下旬吉旦立」”。

万佛堂村摩崖石刻

过街楼

万佛堂村地处门头沟区永定镇西部，四周群山环抱，村西的万佛山腹地有古刹万佛寺遗址，村以寺得名。万佛寺始建于辽代，坐西朝东，明宣德七年（1432 年）曾重修。现寺址仅存断壁残垣，并有明天顺元年（1457 年）残碑及明万历十年（1582 年）《十方海会丛林碑》（碑阴镌“大功德主各衙门太监”）各一通，村口还有坐西朝东的过街楼一座，其东面券门上有“誓永不分爨”青石匾额一方。万佛堂村附近的山上有《“南无佛”摩崖》、《“念佛”摩崖》以及八处“佛”字摩崖，我们仅调查了三处“佛”字摩崖。由于明宣德年间曾重修该寺，现仍存有两通明碑，所见摩崖又均双钩字体，为明人惯常用刻石手法，推知这些摩崖可能镌于明代。

1.《“南无佛”摩崖》

镌于万佛堂村过街楼东古道路北山岩上，北纬 39°53′54.48″，东经 116°04′23.22″，海拔 260 米。摩崖面南，自右及左横刻“南无佛”三字，双钩正书。“南”字高 70 厘米，宽 57 厘米；“无”字高 57 厘米，宽 47 厘米；“佛”字高 60 厘米，宽 40 厘米。石高 140 厘米，宽 220 厘米。该摩崖原埋在土中，2008 年春天拓宽道路时被清理出来。

“南无佛”摩崖

2.《“念佛”摩崖》

镌于万佛寺遗址西北半山处一巨石上，北纬 39°53′57.24″，东经 116°04′6.78″，海拔 331 米。巨石面东，高 160 厘米，宽 150 厘米，居中竖刻“念佛”二字，“念”

字高 38 厘米，宽 47 厘米，“佛”字高、宽均 45 厘米，双钩正书。

3.《“佛”字摩崖之一》

镌于万佛寺遗址南山沟南侧一岩石的上平面，北纬 39°53′50.7″，东经 116°04′10.68″，海拔 301 米。“佛”字面朝上，其左侧略有残缺，字径高 90 厘米，残宽 95 厘米。

4.《“佛”字摩崖之二》

镌于万佛寺遗址南山沟南侧路旁一巨岩北侧崖壁，在第三处摩崖东不远处，位于北纬 39°53′50.94″，东经 116°04′12.06″，海拔 309 米。石高 300 厘米，宽 230 厘米，字径高 76 厘米，宽 78 厘米。

5.《“佛”字摩崖之三》

镌于万佛寺遗址东南处一巨岩上，西距第四处摩崖约 100 米，位于北纬 39°53′49.5″，东经 116°04′18.36″，海拔 285 米。字径高 92 厘米，宽 90 厘米。佛字所在岩石原应于后面山体相连，后因岩石断裂，“佛”字向右倾斜约 45 度。

“念佛”摩崖

“佛”字摩崖之一

“佛”字摩崖之二

“佛”字摩崖之三

宛平怀来交界摩崖

清雍正五年（1727年）八月一日刻于门头沟区西北白羊石虎村西部山谷孤山崖壁上，北纬40°06′31.98″，东经115°35′26.1″，海拔1119米。摩崖镌于面朝西北的岩石上，外有线刻边框，高90厘米，宽46厘米。石高130厘米，宽120厘米。摩崖居中竖题“顺天府宛平县交界”，字径高7－10厘米不等，宽7－10厘米不等，右竖题“孤山，西至麻黄」峪十里怀来」属」”，左上竖题“雍正五年八月一日立”，左下竖题“东至新」庄窠廿里宛平」属」”，字径高、宽均5厘米，正书，部分字迹漫漶。该摩崖是宛平县和怀来县的交界碑，白羊石虎山谷是当时宛平通往怀来盆地以至内蒙古的重要通道。

宛平怀来交界摩崖

南官园摩崖石刻

南官园位于门头沟区中门寺沟村西部半山处，清乾隆八年（1743年）时八旗贵族尤謦斋辟为山庄园林，名“乐静山庄”。南官园以石取胜，吸引了众多文人来此游玩，并留下许多摩崖石刻。

1.《“撒手崖”摩崖》

刻于南官园山顶处一巨岩上，北纬 39°55′8.16″，东经116°03′26.04″，海拔386米。“撒手崖”三字竖刻，正书，字径高45厘米，宽30厘米。摩崖开光高200厘米，宽65厘米，石高500厘米，宽700厘米。

2.《“待月崖”摩崖》

刻于南官园半山腰处首钢山区绿化指挥部院内一岩石上，北纬39°55′10.98″，东经116°03′38.28″，海拔310米。石高110厘米，宽250厘米，其南面自右及左横题“待月崖”三字，隶书。“待”字高18厘米，宽22厘米；“月”字高、宽均16厘米；“崖”字高19厘米，宽18厘米。

3.蛤蟆石摩崖诗刻一组

蛤蟆石位于位于中门寺沟村西山沟西部半山处，北纬39°55′18.54″，东经116°03′31.2″，海拔311米。“蛤蟆石”高700厘米，宽500厘米，其外形酷似蛤蟆。“蛤蟆石”东面正中刻“莫辞吟”三个大字，东、南、北侧岩面及东面二岩石上刻有十首诗，共十一则摩崖石刻。该组摩崖仅两则有年款，从《“莫辞吟”摩崖》有“过客不鄙赐翰是幸”词句以及过客酬唱诗的内容，推知另九首诗刻应作于道光二十二年（1842年）八月后，《昌兴诗刻》为“漱石翁”孙子所作，应与《漱石翁诗刻》同时，均作清道光二十二年九月。从南到北依次为：

（1）《漱石翁诗刻》，清道光二十二年（1842年）九月刻，在蛤蟆石南侧崖壁，竖刻七言诗一首：“余不吟诗有年矣，壬寅菊月」携孙昌兴访云樵弟于西山之麓，登临作此。」白发纷纷老渐侵，尘劳消」尽少年心。不图健饭人犹」昔，马上还能强自吟。」漱石翁」”。刻字面积高66厘米，宽52厘米，字径高、宽均5厘米，正书。

（2）《眠云樵子诗刻》，蛤蟆石东侧崖壁南端，竖刻七言诗一首：“开怀辄醉欧阳酒，寄兴时」操靖节琴。如此云山如此」趣，好登临处莫辞吟。」眠云樵子题」”。刻字面积高55厘米，宽25厘米，字径高、宽均5厘米，正书。

（3）《“莫辞吟”摩崖》，清道光二十二年（1842年）八月刻于“蛤蟆石”东面崖壁正中、《眠云樵子诗刻》北侧。“莫辞吟”自右及左横题，正书，字径高20厘米，宽16厘米，其右竖题“过客不鄙赐」翰是幸」”，其左竖刻“道光壬寅桂月书”。

（4）《一笑书生诗刻》，“蛤蟆石”东面崖壁北端、《“莫辞吟”摩崖》北侧，竖刻七言诗一首：“远观山势」疑无路，一片」菁葱写密林。」不到个中佳境出，」书生到此敢辞吟。」一笑书生题」”。刻字面积高47厘米，宽36厘米，字径高7厘米，宽6厘米，正书。

（5）《模棱子诗刻》，“蛤蟆石”北面崖壁东侧，竖刻七言诗一首：“平生最喜是山水，今」得遨

"撒手崖"摩崖

蛤蟆石全景

蛤蟆石东侧

"待月崖"摩崖

“莫辞吟” 摩崖

游乐不禁，何必」声华等班马，就无才」也莫辞吟。」模棱子题」”。刻字面积高 60 厘米，宽 43 厘米，字径高 8 厘米，宽 7 厘米，正书。

（6）《不虚生诗刻》，“蛤蟆石” 北面《模棱子诗刻》西侧崖壁，竖刻七言诗一首：“桃花坞在白云□，逸」世流芳梦里寻。」（予于登山」之先梦游此地也，见有精舍三楹，额曰：‘逸世流芳’。）得与山」翁共游赏，虽无妙句」敢辞吟，」不虚生题」”。刻字面积高 65 厘米，宽 59 厘米，诗文正文字径高、宽均 6 厘米，括号内文字为作者原注，字较小，字径高 4 厘米，宽 3 厘米，均正书。

（7）《春农氏诗刻》，“蛤蟆石” 北面《不虚生诗刻》西侧崖壁，竖刻五言诗一首：“意在云山住」，清闲乐有余。」若非俗累重，」即此结茅庐。」春农氏题。」□□山住□不

一笑书生诗刻

模棱子诗刻

蛤蟆石东侧下方岩石

□多余」⧄茅庐」⧄有诗也□□遂」镌之□□□其石也」”。刻字面积高 46 厘米，宽 51 厘米，诗正文和落款隶书，字径高 6 厘米，宽 7 厘米。后记正书，字径高、宽均 4 厘米。

（8）《星□诗刻》，“蛤蟆石”北面《春农氏诗刻》西侧崖壁，镌星□题五言诗：“□奇须□□□□莫辞吟」石□人⧄」泉清□太古□老□□□」不到忘□处写此虑不得」星□题」”。刻字面积高 58 厘米，宽 35 厘米，字径 6 高厘米，宽 5 厘米，正书。

（9）《昌兴诗刻》，清道光二十二年（1842 年）九月刻。在蛤蟆石东南一低矮岩石的东壁上，竖刻五言诗一首：“登高舒远望，」云水共徘徊。」放眼尘氛净，」清秋山色开。」十五童子」昌兴题」”。石宽 200 厘米，高 42 厘米，刻字面积高 29 厘米，宽 35 厘米，字径高、宽均 5 厘米。

（10）《星碍僧诗刻》，蛤蟆石东一岩石西立面，竖刻七言诗一首：“人情每见更朝暮，山」色何曾变古今。□利浮」名东流水，但逢高赏莫辞吟。」星碍僧题」”。石高 123 厘米，宽 110 厘米，刻字面积高 37 厘米，宽 20 厘米，字径高 5 厘米，宽 4 厘米。

（11）《岩□壬诗刻》，《星碍僧诗刻》所在岩石东立面，镌“岩□壬题诗”，文字基本漫漶。石高 90 厘米，宽 110 厘米，刻字面积高 34 厘米，宽 32 厘米，字径高、宽均 4 厘米。

东板桥村重修桥路摩崖碑

东板桥村重修桥路摩崖碑

清乾隆六十年（1795年）五月十三日刻于门头沟区东板桥村村东公路东侧崖壁，北纬39°56′49.8″，东经115°53′46.5″，海拔367米。公路东侧为清水涧，有金锁桥横跨于涧上，越金锁桥而东的崖壁上，镌《东板桥村重修桥路摩崖碑》，碑方首素面，无座，通高125厘米，宽50厘米，刻于高280厘米、宽240厘米的岩面上。碑额题正书“流芳千古”。碑文正书，字径高3厘米，宽2厘米。

碑文如下：“重修桥路碑记」兹因潘家涧、东板桥二村桥梁忽于」乾隆五十四年山水涨发，将桥梁被水冲坏。募化众善施资重」修。今将年月日期勒碑以记。众善芳名、施资另有碑碣志焉。是」以为序。」领修人（其下人名五行从略）」监工人（其下人名四行从略）」玉皇庙住持张复兴」大清乾隆陆拾年五月十叁日记立。」”

金锁桥

木城涧黑虎桥摩崖石刻

门头沟区木城涧煤矿公路桥南西行不远处路南山崖上，有两处摩崖碑，位于北纬 39° 57′ 8.46″，东经 115° 54′ 36.72″，海拔 342 米。这里崖高涧深，原有黑虎桥一座，木城涧所产煤须经此地运出，可谓交通咽喉。民国年间修门斋铁路支线时将黑虎桥覆盖。黑虎桥现已毁，现连接涧两岸的有公路桥一座。这两处摩崖碑记载了黑虎桥一带道路修缮及捐资情况，是清代京西交通方面的珍贵资料。

1．《继序修补道路功德摩崖碑》

清道光十一年（1831 年）年仲夏刻。石刻面北，依山崖刻成碑状，方首素面，无座，碑下部已没入土中，露高 188 厘米，宽 98 厘米。额双钩正书“名垂千古”。碑文正书，字径高、宽均 2 厘米，部分文字漫漶。

碑文如下：“继序修补道路功德碑记」盖闻积德行善人之同心也，修补道路人无竭□之劳。兹者黑虎桥东西道路渐塌损〼」驰驱，经理人不忍坐视废弛，于是动修补路之心。奈工程浩大，独力难成，不得不善者〼」□，共襄盛事。施者具列芳名于后，众布施开清。」蔚州至樊山堡壹带村庄，共布施钱四拾七千四百八十文」寨口外至仓平□壹带村庄，共布施钱玖拾壹千□百四十文」山东至青龙桥海甸壹带村庄共布施钱六拾柒千□百卅文」门头沟至大峪壹带村庄，共布施钱七拾五千四百二十文」大寒岭至三坡壹带村庄，共布施钱七拾捌千八百六十文」千军台至清水涧壹带村庄，共布施钱七拾七千七百五十文」王平口东至峰口庵西壹带村庄，共布施钱八拾二千零五十文」罗锅岭东至长新店西至赵家台壹带村庄，共布施钱四拾五千七百五十文」严庆州至怀来县壹带村庄，共布施钱拾贰千四百文」安家庄北至□□壹带村庄，共布施钱叁拾六千七百五十文」王平村至牛角岭西壹带村庄，共布施钱贰拾七千八百文」下苇店至东山，孟窝壹带村庄，共布施钱贰拾六千七百九十文」牛角岭东至□店勿壹带村庄，共布施钱贰拾贰千六百五十文」纠首经理人，潘仲仁，潘有荣、韩玉泽、乔永兴、韩玉涧、王玉福、彭起会、王玉禄。」玉皇庙道纳李复山，」书笔人魏德爵，」铁笔先生魏进忠。」大清道光岁次辛卯年仲夏望未日辛卯时吉立谷旦。」”碑首题中“序”字当为“续”字之误。

2．《修黑虎桥捐资题名摩崖碑》

在《继序修补道路功德摩崖碑》以东 9 米的山崖上镌有摩崖三连碑，三碑并列雕刻于高 600 厘米、宽 720 厘米的山崖上，亦面朝北方。现西侧一碑碑首仅余左下角，碑身亦仅余左下角，并残存有部分卷草纹边框，残高 214 厘米，残宽 94 厘米；中碑存碑首和右上角碑文，方首云纹，碑首有卷草纹边框，通高 255 厘米，宽 113 厘米；东碑已全部剥蚀，但在山崖上留有方首的轮廓。西碑残存碑文如下：“〼十数〼」〼」〼舍地盖桥恁意修长内有□□士徐大银乃」〼倒山崖大石扑顶块块经手□约有万斤」〼」〼路内通京师外通宣大□」（以左残存三行题名）」”，字径高、宽均 3 厘米。中碑碑额双钩正书“题名碑记”，碑身首题为“通造西山伍社□□□口各□□助建桥众信士”，其左残存二十行题名。西碑镌有碑文和题名，中碑均题名，东碑可推知亦为题名，三碑应视为一体，所刻其内容当是修黑虎桥的缘起、经过及捐资建桥信士的题名。

继序修补道路功德摩崖碑

修黑虎桥捐资题名摩崖碑

盛泉岩捐资铸钟摩崖碑

清道光二十三年（1843 年）刻于门头沟区木城涧岩里沟盛泉岩道观遗址附近崖壁，北纬 39° 56′24.48″，东经 115° 55′40.2″，海拔 497 米。此碑为摩崖碑，镌于盛泉岩道观从南往北数第二洞和三洞之间的崖壁，距离第二洞约 30 米。摩崖碑面东，通高 123 厘米，宽 56 厘米。碑方首刻云纹，额双钩正书“万古流芳”，无座。碑文正书，竖刻正文 10 行及题名 8 行，记载附近村民为盛泉岩道观捐资铸钟的情况。遗址北去不远，有古道通往王平口关城，再北行里许为玉成桥。

碑文如下：“伏以善台若问碑碣所写何故次道光己亥年有南土洪都尹喜祖派玄门弟子久在」京都白云观常住丙申年天仙戒考诸子三十八名号玉明子发慧归山游方到此山」口见广慧门□合我情也又见岩篇先世明朝加靖释子创立优见殿上香炉二世大」清康熙二十一年玄门弟子重修中世弟子只望到此函养谁知德浅事搅乱因铸钟」前事未成后从化王平口村置钟一口衲者坐思前后事务立碑一块为记中世人不」能责修以等后世有福人到来乘修先世之福地办买平阜门玉皇阁钟一口」沿柳沟盛泉岩次立重修□后摆□数载衲者自来开山募化安门王平口合村施钱拾」三吊五柏文禅堂白道小店王平口四村共施香灯月米大台村牛升毕常施费用」廿一年同至廿二年住持钱粮短少无法可化因尤铸钟出帖更改卧龙山赛天宫募」化十方善台首士开列于左」(以下八行为捐资题名，列有村落名、人名及捐资数目，略)」大清道光二十三年上春月吉日立」”。碑文中“明朝加靖”的“加”字当为“嘉”之误。

盛泉岩山洞

盛泉岩捐资铸钟摩崖碑

玉成桥

“醇亲王到此”摩崖

清光绪七年（1881 年）十月二十日刻于门头沟区丁家滩村京门铁路 2 号道口东北的巨石上，北纬 39°59′32.16″，东经 116°01′54.48″，海拔 150 米。该巨石距永定河约 50 米，距铁路约 5 米，开光高 160 厘米，宽 80 厘米。摩崖自右至左竖刻“光绪七年十月二十日」醇亲王到此」前宣福建使王德榜敬立」”三行文字，正书，中间一行字较大，字径高、宽均 26 厘米，左右落款字径高 13 厘米，宽 10 厘米。清光绪七年，左宗棠部将王德榜主持修永定河事宜，他率其所部及招募来的石匠开赴治河工地，用 8 个月时间共修建丁家滩、下苇甸、水域嘴等 5 处水利工程，对于防止永定河水患、开渠灌溉农田等起到了重要作用。丁家滩为王德榜修建水利工程的地点之一，该摩崖是醇亲王奕譞来此地视察时，王德榜为纪念此事而题。

“醇亲王到此”摩崖

王德榜修筑永定河题刻

清光绪八年（1882 年）孟春刻于门头沟区丁家滩陇驾庄东桥东南侧永定河东岸京门铁路 2 号隧道西侧石壁上，北纬 39° 58′ 41.22″，东经 116° 03′ 37.98″，海拔 137 米。摩崖石刻距地面约 420 厘米，开光高 210 厘米，宽 100 厘米，文字自右至左竖刻文字五行："钦命头品顶戴赏穿黄马褂奏办直隶顺天河务前福」建布政使达冲阿巴图鲁楚南王德题榜」统师徒，杀水势，燕」民从此乐熙熙。」光绪捌年孟春月谷旦立于野西河」"。第一二行字径高、宽均 6 厘米，三四行字径高、宽均 22 厘米，第五行字径高、宽均 10 厘米。其中"钦"、"品"二字现已漫漶。该摩崖当为王德榜主持修筑永定河完工时所题。

王德榜修筑永定河题刻

妙峰山碧霞元君庙摩崖石刻

门头沟区妙峰山镇涧沟村“金顶”妙峰山主峰上的“碧霞元君庙”（俗称娘娘庙），在明清民国时期曾经是远近闻名，香火极盛。有人说，当时的政治中心虽在北京城，而宗教中心却在妙峰山，到妙峰山“朝顶进香”成为京城和周边地区的民间习俗，从北京城到妙峰山逐渐形成五条香道：南道、中南道、中道、中北道、老北道。

妙峰山碧霞元君庙附近的山岩上，镌有多处摩崖石刻。

1.《“八圣道分”摩崖》

位于北纬 40°04′0.42″，东经 116°01′31.98″，海拔 1046 米。在娘娘庙内一棵大松树旁的巨石上，自右至左横刻“八圣道分”四字，字径高 42 厘米，宽 30 厘米，正书。

2.《佗古埵题摩崖对联》

位于北纬 40°03′59.94″，东经 116°01′32.46″，海拔 1048 米。《“八圣道分”摩崖》东南不远处的石阶旁一砌筑在墙内的凸凹不平的岩面上竖刻一副对联，联曰：“几生修到朝金顶”、“万古长留此妙峰”，联双勾隶书，字径高 18 厘米，宽 17 厘米，字形随山岩起伏。对联左下方镌落款“佗古埵”，正书，字略小。

3.《“莲台”摩崖》

庙南门即“妙峰胜境”门外西侧石墙下方岩壁，竖刻“莲台”二字，字径高 32 厘米，宽 24 厘米，正书。摩崖现被砌筑在墙内，位于北纬 40°04′0.06″，东经 116°01′29.88″，海拔 1040 米。

碧霞元君庙殿后一角

“八圣道分”摩崖

4.《“灵山佐迹”摩崖》

民国十八年（1929年）镌于“莲台”摩崖东南不远处一高430厘米、宽320厘米独立巨石上，北纬40°04′0.12″，东经116°01′30.18″，海拔1040米。岩石西侧岩面上自右至左竖刻“灵山」佐迹」”两行文字，字径高30厘米，宽22厘米，落款题“民国十八年吴树□、孙□山、赵□□题篆”，竖刻，正书。文字多漫漶。

碧霞元君庙南门外沿山路下行不远，在路西一巨石的南面岩壁上，自左至右镌四则摩崖石刻，位于北纬40°04′0.12″，东经116°01′29.16″，海拔1037米。

1.《黄叶村题刻》，民国二十一年（1932年）四月八日刻。题刻竖镌三行文字，正书，文曰：“壬申浴佛日，三游妙高峰，偕内子刘」月贞，及大兴赵文奎、北镇肖桐年、

佗古堙题摩崖对联

“灵山佐迹”摩崖

“妙境同登”摩崖等

宿」松黄叶村等礼佛毕，书此以志鸿爪」”。字径高、宽均5厘米，刻字面积高82厘米，宽25厘米。

2.《孙孝先题刻》，题刻竖刻“孙孝先”一行三字，正书，字高12厘米，宽10厘米，正书。

3.《“妙境同登”摩崖》，摩崖竖刻“妙境同登”一行四字，字径高28厘米，宽25厘米，落款竖刻“海城陈兴亚题”一行文字，字径高、宽均10厘米，均正书。

4.《挺进军题刻》，1941年秋刻。紧挨《“妙境同登”摩崖》西侧崖壁，竖镌“坚持持」久战」”二行大字，字径高21厘米，宽20厘米。第二行即“久战”下方竖刻“坚决抗」战到底」”两行文字，字略小，字径高13厘米，宽9厘米。“久战”西侧竖镌落款“挺进军宣」卅年秋张为操制」”两行文字，字径高、宽均9厘米。文字均正书。

挺进军题刻

福恩书摩崖对联

清代刻于门头沟区妙峰山镇桃园村南路边崖壁上，北纬 40°00′27.48″，东经 116°02′53.58″，海拔 230 米。对联刻于距地 4 米的崖壁上，上联竖刻“古出奇峰遮日月”，下联竖刻“岸有幽背表神灵”，横批“静与天游”，其左下方竖镌落款：“福恩书写”。对联开光高 420 厘米，宽 285 厘米，字径高 42 厘米，宽 30 厘米，落款高 11 厘米，宽 7 厘米，均正书。此摩崖对联位于妙峰山香道南道途中，为清代朝顶的香客所刻，堪称巨制。清朝和民国年间，妙峰山碧霞元君庙香火盛极一时，形成五条朝顶香道，南道即经由三家店、琉璃渠、担礼，最后直达妙峰山金顶。

福恩书摩崖对联

西峰寺溥儒摩崖石刻

西峰寺位于门头沟区永定镇岢罗坨村西一公里处的山坳内。寺始建于唐代，初名慧聚寺，元代时称玉泉寺。明正统年间重建时，英宗赐名西峰寺。清代寺院衰败，清末时为恭亲王奕䜣子载洵产业。西峰寺东侧山沟内，有载洵之子溥儒在1916年秋留题的多处摩崖石刻。溥儒(1896—1963年)，姓爱新觉罗，字心畬，号西山逸士，满族人，恭亲王奕䜣之孙。曾赴德国柏林大学留学，获博士学位。回国后，任北京师范大学和北京国立艺术专科学校教授。1949年去台湾，在台湾师范大学任教。为近代著名书画家。

溥儒留题的摩崖从南至北依次为：

1.《“飞云岩”摩崖》

1916年秋镌于西峰寺北墙东北不远处山谷内断崖南面一高110米、宽60厘米的岩石上，北纬39°53′10.38″，东经116°04′20.16″，海拔250米。“飞云岩”三字自右及左横刻，“飞”字高15厘米，宽11厘米，“云”字高15厘米，宽11厘米，“岩”字高13厘米，宽11厘米，行书，无落款，从其书法风格推知为溥儒书。

2.《溥儒“长空”诗刻》

1916年秋刻。在《“飞云岩”摩崖》所在断崖上方一高55厘米、宽85厘米的岩石南面，竖刻

西峰寺内一景

“飞云岩”摩崖

有溥儒五言诗一首：“长空无片云，」皎皎一轮月。得」□□西山，千峰」尽成雪。」丙辰秋月。」心畬」”。字径高、宽均4厘米，行书。

3.《“倚云”摩崖》

1916年秋刻。沿谷旁小道北行约百米，在谷内嶙峋的乱石上又有多处溥儒留题的摩崖石刻，位于北纬39°53′14.76″，东经116°04′20.1″，海拔283米。《“倚云”摩崖》刻于一岩石的西南立面，石面高50厘米，宽80厘米。“倚云”二字自右及左横题，行书，字径高15厘米，宽13厘米，落款竖刻“心畬”，亦行书，字径高、宽均5厘米。

4.《溥儒“云静”诗刻》

1916年秋刻。《“倚云”摩崖》所在岩石的上平面，竖刻五言诗一首：“云静石梁悬，」花疏竹篱短。」秋雨一夜寒，」山中红叶满。又题」”。诗正文高11厘米，宽9厘米，落款字径稍小，高、宽均7厘米，行草相间。该诗刻虽无落款，从其诗文和书法的风格不难看出亦为溥儒所作。

5.《“翛然”摩崖》

1916年秋刻。在《“倚云”摩崖》东不远处一岩石的西南立面，横刻“翛然”二字，“翛”字高12厘米，宽11厘米，“然”字高12厘米，宽9厘米，其左竖刻“心畬”二字，字径高、宽均6厘米，均行书。石面高70厘米，宽80厘米。

6.《“滚雪”摩崖》

1916年秋刻。《“翛然”摩崖》所在岩石的上平面，竖刻“滚雪”二字，行书，“滚”高11厘米，宽9厘米；“雪”高10厘米，宽9厘米，石面高70厘米，宽30厘米。

7.《溥儒“趺坐”诗刻》

1916年秋刻。《“倚云”摩崖》北不远处的岩石东面，镌溥儒五言诗一首：“趺坐岩树」间，松下云」来往。不闻人」语喧，但听」钟声响。」丙辰秋月」题石。」心畬」”。诗文字径高、宽均5厘米，落款字径高、宽均3厘米，行草相间。岩面高35厘米，宽90厘米。

“长空”诗刻

“倚云”摩崖

“云静”诗刻

“滚雪”摩崖

“趺坐”诗刻

潭柘寺摩崖石刻

潭柘寺位于门头沟区潭柘寺镇潭柘山，因寺前植柘树、后山有龙潭而得名。在寺东侧通往龙潭的山路上和东观音洞附近山崖上镌有摩崖石刻多则。

1.《“佛”字摩崖》

在潭柘寺东侧通往龙潭的路边，有一天然形成的岩洞，位于北纬 39°54′22.14″，东经 116°01′35.76″，海拔 358 米。岩洞南侧崖壁上刻有一“佛”字，高 59 厘米，宽 52 厘米，正书，年代不详。

2.《“海蟾石”摩崖》

《“佛”字摩崖》往北，在通往龙潭的路上继续前行不远，路西巨石南面上刻有“海蟾石”三字，位于北纬 39°54′28.8″，东经 116°01′31.14″，海拔 447 米。摩崖自右及左横刻，正书，字径为高 17 厘米，宽 14 厘米，开光高 21 厘米，宽 53 厘米，年代不详。

3.《“龙潭”摩崖》

民国二十一年（1932 年）端午刻。从《“海蟾石”摩崖》继续前行，在山路拐弯处一岩石上，刻有海城陈兴亚书写的《“龙潭”摩崖》，位于北纬 39°54′36.66″，东经 116°01′26.44″，海拔 490 米。岩石高 150 厘米，宽 320 厘米，摩崖直接摹刻于粗糙的石面上，自右及左竖刻三行文字：“民国壬申年端午」龙潭」海城陈兴亚题」”。刻字面积高 82 厘米 ，宽 97 厘米。“龙潭”二字较大，“龙”字高 37 厘米，宽 38 厘米，“潭”字高 29 厘米，宽 35 厘米。其中除“端午”二字未被描红外，其他字均被描成红字。另外在“民国壬申”旁依稀能看出有三行小字：“□年闰月（其上被陈兴亚题记掩盖）」上元许□□□言亻（漫漶，后二字被“端午”掩盖，仅能看见言亻）」□丙莹」”，其余字被“龙潭”二字掩盖，字迹漫漶。被覆盖的摩崖字径高、宽均 6 厘米，其年代应比陈兴亚的字

潭柘寺山门

迹要早。

4.《陈兴亚诗刻》

民国二十一年（1932 年）六月镌于潭柘寺东观音洞西入口处东侧岩壁，北纬 39°54′14.52″，东经 116°01′33.48″，海拔 337 米。该诗刻正文竖镌陈兴亚五言诗一首，共四行文字，行书，字径高、宽均 9 厘米，文字泐甚，无法辨识。落款竖镌“□民国壬申六」月□□□□感」海城陈兴亚」”三行文字，正书，字径高、宽均 6 厘米。刻字面积高 72 厘米，宽 76 厘米。

5.《黄叶邨诗刻》

民国二十一年（1932 年）端午镌于东观音洞西入口处东侧、《陈兴亚诗刻》西侧岩壁上。诗刻为黄叶邨五言诗一首：“泉韵答幽篁」灵潭古柘荒」山梁足禅味」香积泛□觞」壬申端阳宿松」黄叶邨题」”，竖刻，共六行文字，正书，字径高 8 厘米，宽 6 厘米。刻字面积高 42 厘米，宽 48 厘米，诗刻前有竹林掩映。在东观音洞西出口西侧红墙外面的山崖上镌有“音”和“马冀良”等字，其他字迹有可能是砌墙时被掩盖。再向西不远的山石上还刻有“拥”、“翠”、“□□良”、“枕□”、“善书”等字，字径高、宽均 10 厘米。

6.《“流水清音”摩崖》

民国二十一年（1932 年）六月刻。在潭柘寺东观音洞北、财神殿南门外一朝西的崖壁上竖镌三行文字：“民国壬申六月重游」流水清音」海城陈兴亚」”，刻字面积高 60 厘米，宽 110 厘米。“流水清音”居中竖刻，字体较大，字径高、宽均 20 厘米，落款高 7 厘米，宽 6 厘米，均正书。

“佛”字摩崖

“海蟾石”摩崖

“龙潭”摩崖

黄叶邨诗刻

“流水清音”摩崖

“锦簇攒天”摩崖

1934年仲夏镌于门头沟区百花山主峰顶一巨石上，海拔1991米。巨石高、宽均210厘米，居中竖刻“锦簇攒天”四字，正书。“锦”字高22厘米，宽17厘米；“簇”字高22厘米，宽14厘米；“攒”字高21厘米，宽17厘米；“天”字高18厘米，宽15厘米。其右竖题“民国甲戌年仲夏”，其左竖题“海城陈兴亚题”，字径高9厘米，宽8厘米，均正书。

（该文为门头沟区黄安坨村干部郝敏东撰写，并提供照片）

千灵山摩崖石刻

千灵山位于丰台区西北隅，为马鞍山东南部在丰台区境内部分，现已辟为千灵山风景区。马鞍山地处门头沟区与丰台区交界处，明时即名马鞍山，其东有古刹戒台寺，千灵山即戒台寺后山。戒台寺夙以古洞出名，《帝京景物略》记“戒坛”云：“西上……上极乐峰道也。道，岩壁不可计，而洞者八”。这八个古洞即观音洞、朝阳三慧洞、极乐洞、罗汉洞等，均在千灵山。千灵山现存明万历年间至民国时期摩崖多处，多摹刻在古洞附近的崖壁上。千灵山摩崖石刻在历史与文化上与戒台寺有着不可分割的联系，为研究戒台寺的历史沿革和寺庙文化提供了参考。

佛龛山观音洞修造佛殿宇摩崖碑

1.《戒坛朝阳三慧洞建礼忏施茶功德摩崖碑》

明万历三十七年（1609年）刻于千灵山三慧洞东不远处山路北侧崖壁，北纬39°52′2.76″，东经

戒坛南阳三慧洞建礼忏施茶功德摩崖碑

极乐洞外景（有机玻璃罩内为《极乐洞造四海云堂摩崖碑》）

116°04′2.22″，海拔505米。该摩崖碑南向，为连山碑，方首云纹，方座，通高202厘米，宽105厘米，厚17厘米。额题正书“万古流芳”。碑文竖刻共26行，行38字，正书。首题“戒坛朝阳三慧洞建礼忏施茶功德碑记”。碑文记述了朝阳三慧洞发展历史及杨大林等信士镌碑缘起。撰文人为沙门真能，镌碑石匠为徐忠，徐忠亦是后文中提及的“极乐洞造四海云堂摩崖碑”的镌刻者。

碑文如下：“戒坛朝阳三慧洞建礼忏施茶功德碑记」夫释迦垂世无非为一大事姻缘，故而应迹也。设以经、律、论三藏，示以戒、定、慧三字。欲人人入功德」林，证菩提果，为出世之津梁尔。畿地西南六十里许有万寿马鞍山者，我」明圣主垂统之后，德化均赍，贤才并育，建立戒坛一座。寰宇之内，披缁学佛之徒风行云跸，来此」受毘尼之范者无限矣。坛之西侧有朝阳三慧洞者，本山禅人能者卓锡独居，专注禅观，岩护毘」尼，足不入鄽，心应澹泊，真缁辈中之出类也。都城善士杨君大林、谢君爵、薛君恭卫、吴君等，弱」冠之年，崇善好览，访参妙道，游履戒坛，登禅师之阃域，受师之阐道，豁然妙契，欣然踊跃，遂起诚」心，纠众捐赀，于每年四月初八日恭命三学禅流，礼」梁皇之宝忏，作赵州之功勋，结四海之万缘，植一期之福果，为一世之遗芳，启建后览之善心者，」岂小补哉！杨君恐岁久年深，以泯众君之功德，命以为言。吁！然功非独力，福假众贤，积善虽行于」一世，而馨芳垂于万年，寔谓不出尘劳而作佛事也。是故书之，以记□□云尔。」旹」大明万历岁次己酉季夏上旬十日立石。临济正宗嗣祖沙门真能书。」(以左13行均为人名，从略)」”。

2.《佛龛山观音洞修造佛殿宇摩崖碑》

明万历三十七年（1609年）刻于千灵山道孚修行洞上洞北侧岩壁上，东距道孚塔约6米，北纬39°51′58.98″，东经116°03′52.44″，海拔553米。道孚修行洞亦称观音洞。该摩崖刊为碑形，方首云纹，方座。碑高205厘米，宽90厘米；座高58厘米，宽106厘米。额题“千载不泯”。碑文竖刻，正书。由于碑外有玻璃罩，无法录文。

3.极乐洞摩崖石刻

极乐洞位于北纬39°51′57.42″，东经116°03′50.46″，海拔600米。洞内外的石壁上镌摩崖石刻四则。

（1）《极乐洞造四海云堂摩崖碑》，明万历年间刻于极乐洞外南侧崖壁上。摩崖面北，为碑形，方首云纹。碑通高240厘米，宽101厘米。额双勾正书“万古流芳”，字径高15厘米，宽14厘米。碑外已加玻璃罩，无法录文。据张云涛著《北京戒台寺石刻》载，该碑与万历三十七年《戒坛朝阳三慧洞建礼忏施茶功德碑》的刻碑石匠同为徐忠，由此推断该碑镌刻年代也应为万历年间。

（2）《“登峰造极”摩崖》，民国二十一年（1932年）刻于极乐洞外南侧《极乐洞造四海云堂摩崖碑》西侧崖壁上。居中竖题“登峰造极”，字径高、宽均11厘米，其右竖题“民国壬申六月”，其左竖题“海城陈兴亚”，字径高、宽均5厘米，均正书。刻字面积高63厘米，宽35厘米。

（3）《“石门”摩崖》，刻于极乐洞洞口上方向外伸展的巨岩的下平面上。“石门”二字横刻，尺寸无法丈量。年代不详。

（4）《极乐洞摩崖碑》，年代不详，位于极乐洞内洞顶。摩崖刊成碑形，方首方座，均雕云纹。碑文仅可识一“李”字。

4.《重修道路题名摩崖碑》

民国九年（1920年）冬月刻于极乐洞东不远处路北崖壁上，北纬39°52′0.18″，东经116°03′50.94″，海拔590米。摩崖呈碑形，上圆下方，高47厘米，宽34厘米，字径高、宽均3厘米，正书。碑文曰：“重修道路，万古流芳。」诸善人等信女」邓门周氏、」王大姑娘、」梁门李氏、」骆门唐氏、」功德无量。」中华九年冬月上旬吉日立。」”在该碑东侧下方崖壁上还有一碑形开光，高72厘米，宽44厘米，无字。

5.《“罗汉洞”摩崖》

镌于千灵山风景区达摩洞洞口上方崖壁，北纬39°51′58.92″，东经116°04′0.6″，海拔479米。

极乐洞门上石匾

重修道路题名摩崖碑

达摩洞原称罗汉洞。“罗汉洞”三字镌于距地430厘米的岩壁上，面西，横刻，字径高、宽均约20厘米。

6.《“南无阿弥陀佛”摩崖》

观音洞位于千灵山风景区东门西不远处，北纬39°52′4.26″，东经116°04′6.54″，海拔487米。洞内西壁上竖镌“南无阿弥陀佛”一行六字，字径高8厘米，宽6厘米。洞内顶部偏东处还有一长方形开光，镌题刻一则，字迹漫漶严重，仅能辨认一“佛”字。

八大处摩崖石刻

八大处是指位于石景山区卢师山、平坡山、翠微山之间的八座庙宇，即一处长安寺，二处灵光寺，三处三山庵，四处大悲寺，五处龙王堂，六处香界寺，七处宝珠洞，八处证果寺。八大处地处三山之间，山势逶迤，岩壑幽深，林泉优美，八座古刹掩映其间，素有“三山八寺十二景”之称，早在隋唐时期就有僧人在此建寺栖息，现存寺庙多为明清时期重修。这里现辟为八大处公园。在八大处的山林岩壑间镌有多处摩崖石刻和造像，石景山区现存最早的摩崖石刻就出自八处证果寺的秘魔崖，这里也是石景山区摩崖石刻最为集中之地。

1. 秘魔崖摩崖石刻

秘魔崖位于八大处公园八处证果寺西北，北纬 39°57′38.64″，东经 116°10′48.42″，海拔 168 米。秘魔崖为一悬空的巨岩，东侧下方有岩壁支撑，向西伸展，状如“青芝”，距地 2 至 3 米，巨岩的下平面上迄今发现有四则摩崖石刻。

（1）《“天然幽谷”摩崖》，在秘魔崖巨岩下平面较偏南的岩壁上，自右及左横镌“天然幽谷”一行文字，正书，字径高、宽均 12 厘米，刻字面积高 12 厘米，宽 70 厘米，年代及题刻者不详。该摩崖字口描红，较为醒目。

证果寺

秘魔崖

“天然幽谷”摩崖和解州石匠题刻

解州石匠题刻

（2）《解州石匠题刻》，金大定六年（1166 年）四月七日刻于《“天然幽谷”摩崖》以东 50 厘米处的崖壁上，题刻曰：“解州石匠」因修□□」都□□丙」戌大定六」年四月七」日▨」”，竖刻，共六行文字，字径高、宽均 8 至 10 厘米不等，正书。刻字面积高 34 厘米，宽 55 厘米。

（3）《□□元年题刻》，前二则摩崖北侧约 2 米处的岩面上，镌题刻一则，文字多漫漶，仅见“□□元年”等字，字径高、宽均 9 厘米。

（4）《元贞二年题刻》，元元贞二年（1296 年）四月二十日刻，在《□□元年摩崖》稍北 10 厘米处，镌“元贞二年四月二十」日□□□□」▨」”三行文字，竖刻。第三行隐约可见“石匠”二字，但不能确认。字径高、宽均 9 厘米。

2. 摩崖谷摩崖造像及题刻

八大处公园去往八处的山路中途有一条去摩崖谷的岔道，沿谷中道路北行不远，有山与八处证果寺隔谷相望，在该山半山腰处朝东的岩壁上，镌有两组摩崖造像，其旁镌题刻和对联。

摩崖谷造像及题刻（其一）

摩崖谷造像及题刻（其二）

摩崖谷造像及题刻（其二南侧）

摩崖谷造像及题刻（其二北侧）

其一，在半山腰处一朝东的岩壁上，居中镌一佛龛，左右各镌一摩崖碑，位于北纬 39°57′36.72″，东经 116°10′46.44″，海拔 200 米。

（1）《阿弥陀佛摩崖造像及对联》，该摩崖造像龛呈长方形，高 156 厘米，宽 125 厘米，居该组摩崖石刻中部。龛中雕一尊阿弥陀佛坐像，高 110 厘米，高 75 厘米。龛右、左两侧竖刻对联“惟有路径修行”、“旦念阿弥陀佛”各一行文字，龛上方自右及左横刻“南无阿弥陀佛”一行文字，字径均高 8 厘米，宽 6 厘米，正书。

（2）《信士信官题名摩崖碑》，明嘉靖三十年（1551 年）刻于该组石刻南侧崖壁，摩崖镌为碑形，高 64 厘米，宽 48 厘米，方首云纹方座，碑身中间竖刻“嘉靖三十年□□十一日”一行文字，其右竖刻信士“麦钦”等人题名三行，其左竖刻信官“时忠”等人题名四行，文字多已漫漶。年款字径略大，高 6 厘米，宽 4 厘米，题名字径高、宽均 2 至 4 厘米不等，正书。

（3）《摩崖残碑》，位于该组石刻北侧崖壁，亦镌作碑形，高 66 厘米，宽 50 厘米，方首云纹，方座，文字基本漫漶。

其二，从《阿弥陀佛摩崖造像及对联》沿山路下行不远，有一高 250 厘米、宽 410 厘米的巨石，巨石朝东的崖壁上并列雕二佛龛，位于北纬 39°57′37.26″，东经 116°10′46.68″，海拔 195 米。

（1）《阿弥陀佛摩崖造像及对联》，位于崖壁北侧，龛为长方形，上方抹角，龛高 97 厘米，宽 64 厘米，龛内雕阿弥陀佛坐像一尊，像高 90 厘米，宽 60 厘米，龛外右、左两侧竖刻对联“惟有路径修行”和“但念阿弥陀佛”各一行文字，字径高、宽均 8 厘米，正书。

（2）《阿弥陀佛摩崖造像、对联及石匠题刻》，位于崖壁南侧，龛呈圆形，径 83 厘米，龛内雕阿弥陀佛坐像一尊，高 79 厘米，宽 55 厘米，龛上方自右及左横刻“南无阿弥陀佛”一行文字，龛右侧竖刻“惟有路径修行”一行文字，龛左侧镌“但念阿弥陀佛」▨」造佛石匠徐本金」”三行文字，中间一行文字漫漶。联及额字径高、宽均 9 厘米，石匠题刻字径高、宽均 6 厘米，正书。

3.《阿弥陀佛摩崖造像龛及对联》

位于八大处公园五处通往六处的山路旁巨石上，北纬 39°57′37.2″，东经 116°10′20.4″，海拔 262 米。摩崖镌于路旁树林中一高 370 厘米、宽 220 厘米巨石南面，石居中偏上处雕佛龛一座，龛内佛像应为阿弥 陀佛造像，现已不存，龛高 95 厘米，宽 65 厘米，深 32 厘米。龛上方及左右两侧刻对联及额，右侧为上联，镌“接四生同登宝所”一行文字，左为下联，镌“导三有共诣莲方”一行文字，均竖刻，横批“阿弥陀佛”一行文字，自右及左横刻。上下联均高 97 厘米，宽 23 厘米，横批高 24 厘米，宽 70 厘米，字径高、宽均 8 厘米，正书。巨石下方不远处有清乾隆四十五年（1780 年）五月十五日立“悬灯会□纪”碑一通。该造像龛和对联未刻年代，但这种在阿弥陀佛造像龛外镌对联的形式，与前文中提及的摩崖谷的两组阿弥陀佛摩崖造像及对联风格相类，所刻文字内容亦相类，摩崖谷一造像龛旁的《信士信官题名摩崖碑》镌于明嘉靖三十年（1551 年），推知该处摩崖的镌刻年代也大致在明嘉靖年间前后。

4.《乾隆御制八大刹诗刻》

清乾隆十三年（1748 年）十月刻，爱新觉罗·弘历撰并书，位于八大处公园七处以东、“欢喜地”（坚固林）牌楼西侧路北的岩石上，北纬 39°57′48.06″，东经 116°10′12.84″，海拔 387 米。该岩石高 290 厘米，宽 328 厘米，上镌乾隆皇帝御制诗三首：“极顶何来洞穴深，」仙风吹送八琅音。」个中疑有天龙护，」时作人间六月霖。」是处真称迥出凡，」天花𣯶毿落云岩。」恰如观象谈

阿弥陀佛摩崖造像龛及对联

乾隆御制八大刹诗刻

周易，」六位成章索得咸。」天半轩斋一倚楹，」初冬风物值晴明。」即今一晌拈吟处，」何似去年望里情。」乾隆戊辰初冬」题」”。最后一行即“题”字下方钤一圆印（现已剥蚀）和两个方形印章，二方印内各镌一字依次为“乾”、“隆”，篆文。诗刻字径高 10 厘米，宽 8 厘米，行书。诗文部分文字漫漶，录文据《北京图书馆藏中国历代石刻拓本汇编》第 70 册所收《八大刹诗摩崖》拓片补录。

5. 四照谷摩崖石刻

四照谷位于八大处公园大悲寺北，谷内林木森森，巨石罗列，景致清幽。距谷口不远处尚有一泉眼，泉水汩汩，常年不绝。在泉眼附近及以北的谷底岩石上，镌有摩崖石刻多则，除《“燕玉”摩崖》外，均为林长民来此游玩并礼佛时所题。林长民（1876—1925 年），字宗孟，福建闽侯（今福州）人。曾留学日本。民国时期，曾任北洋政府司法部总长、福建大学校长等职。林长民所题文字内容出自王简栖《头陀寺碑文》。据《昭明文选卷五十九碑文下·墓志》载：“王简栖，《姓氏英贤录》曰：王巾，字简栖，琅邪临沂人也。有学业，为头陀寺碑，文词巧丽，为世所重。起家郢州从事征南记室。天监四年卒。碑在鄂州，题云：齐国录事参军琅邪王巾制。”明王世贞在他的文论著作《艺苑卮言》对王简栖《头陀寺碑文》非常推崇：“王简栖《头陀寺碑》，以北统之笔锋，发南宗之心印，虽极俳偶，而绝无牵率之病。”

（1）《“燕玉”摩崖》，刻于四照谷内泉眼南不远处一巨石上，北纬 39°57′33.42″，东经 116°10′32.34″，海拔 166 米。巨石高 215 厘米，宽 315 厘米，居中自上而下刻竖刻“燕玉”二字，“燕”字高 65 厘米，宽 60 厘米，“玉”字高 40 厘米，宽 45 厘米，正书。年代及作者均不详，据有关专家推测，可能为民国年间刻。

（2）《“濬波”摩崖》，1918 年 7 月林长民题，刻于四照谷内泉眼北侧岩石上方，北纬 39°57′33.84″，东经 116°10′32.16″，海拔 167 米。石纵 100 厘米，横 290 厘米，自右及左横刻“濬波”

四照谷

“燕玉”摩崖

二字，“濬”字高 54 厘米，宽 48 厘米，“波”字高 60 厘米，宽 50 厘米，正书。“濬波”语出自《头陀寺碑文》中“遥源濬波，酌而不竭”。遥源濬波，喻法海也。

(3)《“临睨通壑”摩崖》,1918 年 7 月林长民题,刻于四照谷谷底岩石上,在《“濬波”摩崖》北侧，北纬 39°57′34.08″，东经 116°10′32.34″，海拔 167 米。摩崖竖刻“临睨」通壑」”四字，共二行文字，每行二字，正书。“临”字高、宽均 60 厘米，“睨”字高 50 厘米，宽 54 厘米，“通”、“壑”二字均高 64 厘米，宽 53 厘米。

(4)《“倚据崇岩”摩崖》,1918 年 7 月林长民题,刻于四照谷谷底岩石上,在《“临睨通壑”摩崖》北侧，北纬 39°57′34.08″，东经 116°10′32.34″，海拔 167 米。摩崖竖刻“倚据」崇岩」”四字，共两行文字,每行二字,正书。“倚”字高 69 厘米,宽 70 厘米,“据”字高 68 厘米,宽 63 厘米,“崇”字高 72 厘米，宽 54 厘米，“岩”字高 87 厘米，宽 68 厘米。“临睨通壑”、“倚据崇岩”二语出自《头陀寺碑文》中“倚据崇岩，临睨通壑”。

“濬波”摩崖拓片

“濬波”摩崖

“临睨通壑”摩崖

“倚据崇岩”摩崖

（5）《“能仁”摩崖》，1918 年 7 月林长民题，刻于四照谷谷底岩石上，在《“倚据崇岩”摩崖》北，北纬 39°57′34.2″，东经 116°10′32.34″，海拔 168 米。摩崖竖刻“能仁”二字，“能”字高 82 厘米，宽 73 厘米，“仁”字高 66 厘米，宽 54 厘米，行书。“能仁”语出自《头陀寺碑文》中“皇矣能仁，抚期命世。”《不退转法经》中也有“能仁如来，兴此三道之教”语。

（6）《“四照”摩崖》，1918 年 7 月林长民题，刻于四照谷谷内一高 36 厘米、宽 230 厘米的岩石立面上，北纬 39°57′34.5″，东经 116°10′32.22″，海拔 170 米。“四照”自右及左横题，“四”字高 16 厘米，宽 27 厘米，“照”字高 18 厘米，宽 19 厘米，正书。“四照”语出自《头陀寺碑文》中“夕露为珠网，朝霞为丹雘。九衢之草千计，四照之花万品”。《山海经》亦云：“南山经之首曰鹊山……有木焉，其状如穀而黑理，其华四照，其名曰迷穀，佩之不迷。”

（7）《“神足游息”摩崖》，1918 年 7 月林长民题，刻于四照谷谷内《四照摩崖》所在岩石的上平面，北纬 39°57′34.5″，东经 116°10′32.22″，海拔 170 米。摩崖竖刻“神足游息」灵心」往还」”文字三行，字径高约 67 厘米，宽约 52 厘米，行书。刻字面积纵 250 厘米，横 150 厘米。“神足游息，

“能仁”摩崖

“四照”摩崖

“神足游息”摩崖

林长民题刻

灵心往还”语出自《头陀寺碑文》。

（8）《林长民题刻》，1918年7月林长民题，刻于四照谷谷底岩石上，北纬39°57′35.52″，东经116°10′31.98″，海拔172米。题刻竖刻“戊午七月」林长民到」此用王简」栖语刊」石以纪」胜游并」礼释迦」”七行文字，行三至四字不等，字径高18厘米，宽14厘米，行书。刻字面积高76厘米，宽165厘米。

王简栖《头陀寺碑文》如下：“盖闻挹朝夕之池者，无以测其浅深。仰苍苍之色者，不足知其远近。况视听之外，若存若亡；心行之表，不生不灭者哉！是以掩室摩竭，用启息言之津。杜口毗邪，以通得意之路。然语彝伦者，必求宗于九畴；谈阴阳者，亦研几于六位。是故三才既辨，识妙物之功；万象已陈，悟太极之致。言之不可以已，其在兹乎。然爻系所筌，穷於此域，则称谓所绝，形乎彼岸矣。彼岸者，引之于有，则高谢四流；推之于无，则俯弘六度。名言不得其性相，随迎不见其终始。不可以学地知，不可以意生及，其涅槃之蕴也。夫幽谷无私，有至斯响；洪钟虚受，无来不应。况法身圆对，规矩冥立；一音称物，宫商潜运。是以如来利见迦维，托生王室。凭五衍之轼，拯溺逝川。开八正之门，大庇交丧。于是玄关幽揵，感而遂通。遥源濬波，酌而不竭。行不舍之檀，而施洽群有。唱无缘之慈，而泽周万物；演勿照之明，而鉴穷沙界。导亡机之权，而功济尘劫。时义远矣，能事毕矣。然后拂衣双树，脱屣金沙。惟恍惟惚，不皦不昧，莫系于去来，复归于无物。因斯而谈，则栖遑大千，无为之寂不挠。焚燎坚林，不尽之灵无歇。大矣哉！正法既没，象教陵夷。穿凿异端者，以违方为得一；顺非辨伪者，比微言于目论。于是马鸣幽讚，龙树虚求。并振颓纲，俱维绝纽。荫法云于真际，则火宅晨凉。曜慧日于康衢，则重昏夜晓。故能使三十七品有尊俎之师；九十六种无藩篱之固。既而方广东被，教肄南移。周鲁二庄，亲昭夜景之鉴；汉晋两明，并勒丹青之饰。然后遗文间出，列刹相望。澄什结辙于山西，林远肩随乎江左矣。头陀寺者，沙门释慧宗之所立也。南则大川浩汗，云霞之所沃荡。北则层峰削成，日月之所回薄。西眺城邑，百雉纡余。东望平皋，千里超忽，信楚都之胜地也。宗法师行絜珪璧，拥锡来游。以为宅生者缘，业空则缘废。存躯者惑，理胜则惑亡。遂欲舍百龄于中身，殉肌肤于猛鸷，班荆荫松者久之。宋大明五年，始立方丈茅茨，以庇经像。后军长史江夏内史会稽孔府君讳觊。为之薙草开林，置经行之室。安西将军郢州刺史江安伯济阳蔡使君讳兴宗，复为崇基表刹，立禅诵之堂焉。以法师景行大迦叶，故以头陀为称首。后有僧勤法师，贞节苦心，求仁养志。纂修堂宇，未就而没。高轨难追，藏舟易远。僧徒阒其无人，榱橑毁而莫构，可为长太息矣！惟齐继五帝洪名，纽三王绝业。祖武宗文之德，昭升严配；格天光表之功，弘启兴服。是以惟新旧物，康济多难。步中《雅》《颂》，骤合《韶》《护》。炎区九译，沙场一候。粤在于建武焉，乃诏西中郎将、郢州刺史、江夏王，观政藩维，树风江汉。择方城之令典，酌龟蒙之故实。政肃刑清，于是乎在。宁远将军长史江夏内史行事彭城刘府君，讳喧，智刃所游，日新月故。道胜之韵，虚往实归。以此寺业废于已安，功坠于几立；慨深覆篑，悲同弃井。因百姓之有余，间天下之无事。庀徒揆日，各有司存。于是民以悦来，工以心竞。亘丘被陵，因高就远。层轩延袤，上出云霓。飞阁逶迤，下临无地。夕露为珠网，朝霞为丹雘。九衢之草千计，四照之花万品。崖谷共清，风泉相涣。金资宝相，永藉闲安。息心了义，终焉游集。法师释昙珍，业行淳修，理怀渊远，今屈知寺任，永奉神居。夫民劳事功，既镂文于钟鼎。言时称伐，亦树碑於宗庙。世弥积而功宣，身逾远而名劭。敢寓言于雕篆，庶仿佛于众妙。其辞曰：质判玄黄，气分清浊。涉器千名，含灵万族。淳源上派，浇风下黩。爱流成海，情尘为岳。皇矣能仁，抚期命世。乃睠中土，聿来迦卫。奄有大千，遂荒三界。殷鉴四门，幽求六岁。亦既成德，妙尽无为。帝献方石，天开渌池。祥河辍水，宝树低枝。通庄九折，安步三危。川静波澄，龙翔云起。耆山广运，给园多士。金粟来仪，文殊戾止。应乾动寂，顺民终始。法本不然，今则无灭。象正虽阑，希夷未缺。于昭有齐，式扬洪烈。释网更维，玄津重枻。惟此名区，禅慧攸托。倚据崇岩，临眄通壑。沟池湘汉，堆阜衡霍。膴膴亭皋，幽幽林薄。媚兹邦后，法流是挹。气茂三明，情超六入。眷言灵宇，载怀兴葺。丹刻翚飞，轮奂离立。象设既辟，睟容已安。桂深冬燠，松疏夏寒。神足游息，灵心往还。胜幡西振，贞石南刊。”

6.《〈庄子·秋水篇〉摩崖》和《〈红楼梦〉“陋室空堂”诗刻》

八大处公园摩崖谷西侧山谷内距谷口约百米的东面山麓即摩崖谷造像所在小山的背面，有三面岩石上镌有文字，位于北纬 39°57′31.32″，东经 116°10′43.68″，海拔 127 米。该处摩崖从其布局和书法风格来看，应是同一人所书，内容为《红楼梦》“陋室空堂”诗和《庄子·秋水篇》的部分节录，由此推知，其镌刻年代最早不应早于《红楼梦》的成书时期，当为清中期以后或民国年间所刻。

其一，最靠南的一处，刻于一高 225 厘米、宽 360 厘米面西的岩壁上，岩壁偏上处镌一不规则的方框，高 19 厘米，宽 27 厘米，现仅能辨认一“唐”字，字径高、宽均 9 厘米。其下所刻文字为两部分：

（1）《〈红楼梦〉“陋室空堂”诗刻》，镌于该岩壁南侧，其内容为：“陋室空堂，当」年笏满床；衰」草枯杨，」曾为歌舞场；」蛛丝儿▨」▨蓬窗上。说什▨」么脂正浓、粉」正香，转眼」乞丐人皆谤」”。诗刻共九行文字，竖刻，行间无界格，字径高约 9 厘米，宽约 10 厘米。刻字面积高 78 厘米，宽 120 厘米。该诗刻为《红楼梦》第一回中甄士隐对《好了歌》解注的节录，与书中原文对照，略有出入，该诗原文为：“陋室空堂，当年笏满床；衰草枯杨，曾为歌舞场；蛛丝儿结满雕梁，绿纱今又在蓬窗上。说什么脂正浓、粉正香，为何两鬓又成霜？昨日黄土陇头埋白骨，今宵红绡帐底卧鸳鸯。金满堂，银满箱，转眼乞丐人皆谤。正叹他人命不长，哪知自己归来丧！训有方，保不定日后作强梁。择膏粱，谁承望流落在烟花巷！因嫌纱帽小，致使锁枷扛；昨怜破袄寒，今嫌紫蟒长：乱烘烘你方唱罢我登场，反认他乡是故乡。甚荒唐，到头来都是为他人作嫁衣裳”。

（2）《“惠子相梁”摩崖》，镌于《〈红楼梦〉“陋室空堂”诗刻》北侧崖壁，文曰：“惠子相梁，

《红楼梦》"陋室空堂"诗刻

"惠子相梁"摩崖

"庄子与惠子游于濠梁"摩崖之一

濠梁和以道观之摩崖全景

庄子往见」之。或谓惠子曰：」庄子来，欲代之相。于」是惠子恐，搜于国中，」三日三夜。庄子往见」之，曰：南方有鸟，其名」为鹓鸰，子知之乎？夫」鹓鸰，发于南海而」飞于北海，非梧桐不止，」非练实不食，非醴泉」不饮。于是鸱得腐鼠，」鹓鸰过之，仰而」视之曰：嚇！今」子欲以子之」梁国而嚇我邪？」"摩崖竖刻，共十五行文字，行间有竖刻界格，字径高、宽均约 11 厘米。刻字面积高 150 厘米，宽 164 厘米。该摩崖内容出自《庄子 · 秋水篇》。

其二，《"庄子与惠子游于濠梁"摩崖之一》，镌于前处岩石的下方稍北处一高 70 厘米、宽 140 厘米岩石上，文字竖刻，无界格，字径高约 8 厘米，宽约 11 厘米。刻字面积高 68 厘米，宽 100 厘米。文曰："庄子与惠子」游于濠梁之」上。庄子曰：儵鱼」出游从容，是」鱼之乐也？惠」子曰：子非鱼，安」知鱼之乐？」庄子曰：子。」"该摩崖内容出自《庄子 · 秋水篇》，对照《庄子 · 秋水篇》原文，知后面还有一段文字如下："非我，安知我不知鱼之乐？惠子曰：我非子，固不知子矣；子固非鱼也，子之不知鱼之乐，全矣。庄子曰：请循其本。子曰汝安知鱼乐云者，既已知吾知之而问我。

我知之濠上也”。

其三，前二处岩石往北 5 米，在一巨石的北面，镌摩崖二则，竖刻，刻字面积高 180 厘米，宽 142 厘米，字径高 12 厘米，宽 14 － 16 厘米不等。该岩壁的右侧上方，残存一个“乐”字，高 12 厘米，宽 14 厘米。

（1）《“庄子与惠子游于濠梁”摩崖之二》，镌于“乐”字左侧，其内容上接《“庄子与惠子游于濠梁”摩崖之一》，文曰：“曰：子非我，安知我不知鱼之乐？惠」子曰：“我非子，固不知子矣；」子（笔者按:《庄子》原文有“固”字，该摩崖缺）非鱼也，子之不知鱼之乐，全矣。庄子曰:请循」其本。子曰汝安知鱼」乐云者,既已知」吾知之而问我。我知」之濠上也」”。该摩崖内容上接《“庄子与惠子游于濠梁”摩崖之一》，亦出自《庄子 · 秋水篇》。

（2）《“以道观之”摩崖》,紧邻《“庄子与惠子游于濠梁”摩崖之二》左侧岩壁上竖镌三行文字：“以道观之,」物无贵贱不在己。」以物观之,自贵而相贱。」”其后的文字竖镌于前面文字的下方岩石，其内容与前面相接，文曰：“□观之□」□观之，因其所[大][而]」大之，则万物[莫][不]」大；因其所[小][而]」小之，则万物[莫][不][小]　」”。摩崖共刻五行文字，文字多漫漶。该摩崖内容出自《庄子·秋水篇》，但与原文略有出入，原文为：“以道观之，物无贵贱。以物观之，自贵而相贱。以俗观之，贵贱不在己。以差观之，因其所大而大之，则万物莫不大；因其所小而小之，则万物莫不小”。

7.《无字摩崖碑》

位于八大处公园二处招仙塔塔基西边水池西侧崖壁，北纬 39°57′17.28″，东经 116°10′36.36″，海拔 128 米。摩崖镌为碑形，方首云纹，方座，露高 220 厘米，宽 89 厘米，碑身未镌文字。

石景山摩崖石刻

石景山区西部，有一座海拔 183 米的石景山，西临永定河，石景山区即因此山而得名。据明万历四十八年（1620 年）许用宾撰书的《重建石景山天主宫碑》载："神京之西四十里许，山曰石经，又云湿经，亦名石景，惟山雄峙一方，高接云汉，钟灵秀之气，郁造之英，真为燕都之第一仙山也。"石景山历史悠久，两晋隋唐时期建造了当时名刹金阁寺，山上还有石经台、普观洞、普安洞、孔雀洞等众多古迹。旧时洞中藏有许多石经，故石景山曾名石经山。据《日下旧闻考》卷一百四载："孔雀洞左右门上截题识曰佛本行集经卷第三十一，幽州卢龙两节度使刘相公敬造，元和十四年四月八日建，下截刊佛经语。"此题刻疑为摩崖石刻，现已不存。

在石景山半山腰处孔雀洞附近，有两处摩崖石刻集中的地方。一在本来洞上方的西向石壁上，

孔雀洞内菩萨造像

本来洞

元代摩崖石刻全景

"灵根古柏"摩崖

镌有四则元代摩崖石刻，一在孔雀洞上方石洞东面两个石洞东侧的崖壁上镌“灵根古柏”等五则摩崖石刻。

其一，本来洞上方距地约 4 米的西向石壁上，镌有四则元代摩崖石刻，位于北纬 39° 55′ 1.68″，东经 116° 08′ 30″，海拔 138 米。这四则摩崖题刻中，三则有线刻的边框，其中两则还有装饰性的线刻云纹。在四则摩崖下方和北侧靠下的岩壁上，隐约还有两则摩崖石刻，但文字泐甚，推测也应属元代石匠题名摩崖。这些摩崖石刻现距地约 4 米。本来洞及洞口西侧古井原为瓦砾土石掩盖，瓦砾土石一直堆积至摩崖石刻下方，有部分文字还被掩埋于土石中。2005 年时本来洞及古井被清理出来。本来洞为元代古洞，洞内岩壁上还镌有“山神土地之”等字，也应为元代摹刻。

本来洞上方的摩崖石刻自南向北依次为：

1.《汾州石匠题刻》

元至元三年（1266 年）刻，其内容为“汾州」石匠」至元三年」”，共三行文字，竖刻。“汾州石匠”四字双钩正书，字径高 14 厘米，宽 16 厘米，年款字径较小，正书。刻字面积高 50 厘米，宽 87 厘米。

2.《河南府石匠题刻》

元至元三年（1266 年）四月八日刻，其内容为“河南府石匠」二十四名，」至元三年」四月八日记耳」”，共四行文字，竖刻，正书，刻字面积高 49 厘米，宽 60 厘米。

3.《南京中路石匠题刻》

元至元三十年（1293 年）刻，其内容为“南京中路石匠」三名，至元卅」年伍月廿六日」”，共三行文字，竖刻，正书，刻字面积高 42 厘米，宽 27 厘米。

4.《齐中路石匠题刻》

元代刻，其内容为“齐中路石匠三」名到此造」”，共两行文字，竖刻，正书。该题刻未刻年代，但与前三则题刻刻于同一崖壁，并相距甚近，风格及文字内容亦相类，也应为元代题刻。

其二，在元代几则摩崖石刻所在岩壁北侧上方稍西处，有两个南向的古洞，位于北纬 39° 55′ 2.04″，东经 116° 08′ 29.58″，海拔 145 米。洞东侧高 5.6 米、宽 6 米的崖壁上镌有“灵根古柏”等五处摩崖石刻，上面三则，下二则，目前能辨认的仅有二则。

1.《“灵根古柏”摩崖》

明万历初年刻。摩崖外有长方形开光，高 22 厘米，宽 56 厘米。“灵根古柏”自右及左横刻，字径高 12 厘米，宽 9 厘米，双钩正书。据查慎行《人海记》（北京古籍出版社 2001 年 2 月版）载：“石经山亦有古柏一，万历初，上过之，御书灵根古柏四字。”可知该摩崖为明万历皇帝御笔，题于万历初年。《“灵根古柏”摩崖》东侧岩壁，镌摩崖石刻二则，均漫漶剥蚀严重。靠西的摩崖开光高 28 厘米，宽 26 厘米，东侧摩崖开光高 34 厘米，宽 35 厘米。

古洞及摩崖石刻

2.《古柏诗刻》

《“灵根古柏”摩崖》下方，刻“古柏”诗一首，开光高 22 厘米，宽 34 厘米。诗刻下部有残缺，文字多漫漶，诗曰 :“古柏灵根□」□遗树□□」六祖□□□」⧄」⧄」⧄」⧄」君王⧄」”。诗竖刻，共八行文字，行楷相间。《古柏诗刻》东面，有一圆首摩崖碑，开光高 72 厘米，宽 43 厘米，文字亦漫漶。

龙泉寺藏文六字真言摩崖

龙泉寺位于石景山区模式口村北的蟠龙山上，其东约500米处为法海寺。该寺甚为古老，在法海寺初建时的明正统年间，龙泉寺已被当时的人称为“龙泉古寺”了。明末清初，龙泉寺改称碧霞元君祠。清康熙年间，重修碧霞元君祠，改称圣母祠。清乾隆年间重修时，易名天仙圣母庙。在龙泉寺大门外西侧的崖壁上，镌有藏文六字真言摩崖二则，位于北纬39°56′23.82″，东经116°09′5.04″，海拔166米。崖壁前有一座已废弃的水井，水井上方依北面崖壁建有房屋，屋檐上方和下方的崖壁上各镌有藏文六字真言一则。这二则摩崖未刻年款。由于该寺在明末清初以后已改为碧霞元君祠或曰圣母祠，天仙圣母也即碧霞元君，是道教神祇，因此该寺改建为道教庙宇后镌刻佛教内容尤其是藏传佛教内容的摩崖的可能性较小，该二则摩崖的摹刻年代大致在明末清初以前。龙泉寺东面的法海寺院内立有吴谦撰书的明正统八年（1443年）《法海禅寺碑》一通，碑阴首题“敕赐法海禅寺助缘法王、上师、国师、禅师、僧官剌麻僧众官员人等”，其后列名的藏族僧侣有大慈法王释迦也失、西天佛子大国师哑蒙葛、西天佛子大国师班丹扎释、国师锁南释剌、国师舍剌巴、禅师锁南藏卜、禅师班卓儿等，可见这些藏族僧侣在法海寺一带有过活动，龙泉寺的藏

龙泉寺大门外西侧

龙泉寺藏文字真言摩崖之一

龙泉寺藏文字真言摩崖之二

文六字真言摩崖可能为法海寺建造时藏族僧侣所刻。

1.《**龙泉寺藏文六字真言摩崖之一**》

明代镌于屋檐上方高130厘米、宽160厘米岩壁上。摩崖自左及右横刻，双钩，阴刻，字径高25至56厘米不等，宽16厘米，最后一字下部有残缺。该摩崖为藏文，所刻内容为六字真言。

2.《**龙泉寺藏文六字真言摩崖之二**》

明代镌于屋檐下面的岩壁上，因房檐和墙壁的遮挡，岩面现高110厘米，宽300厘米。该摩崖自左及右横刻，双钩，阴刻，字径高13至46厘米不等，宽10至22厘米不等。该摩崖亦为藏文，所刻内容为六字真言。

双泉寺翠微山摩崖石刻

“翠微山”摩崖及谢宇诗刻

石景山区双泉寺村的双泉寺由来已久，据《日下旧闻考》载，金章宗明昌五年“诣其寺潜暑”，说明最迟至金明昌年间，该寺已存在了。双泉寺遗址西北约 200 处的岩石上镌有三处摩崖石刻，位于东经 39°58′19.14″，北纬 116°09′6.36″，海拔 275 米。

1.《“翠微山”摩崖及谢宇诗刻》

明成化七年（1471 年）四月四日镌于双泉寺遗址西北一高 350 厘米、宽 530 厘米的岩石上，“翠微山”三字自右及左横

双泉寺

题，隶书，字径高、宽均 50 厘米，刻字面积高 50 厘米，宽 150 厘米。摩崖下方刻七绝一首："转壑攀云」路不迷，宦情」尘虑暂相」违。老禅究竟」真空想，特为」磨崖写翠微。」大明成化七年四月四日」奉直大夫协正庶尹礼部」员外郎谢宇为禅师都」细王管绰领占写并诗」相从者顽子谢吴并」其徒扎失坚桑星吉」藏卜绰吉领占桑吉」肖管绰奈亦失藏卜」也」"，竖刻，共 15 行文字，字径高 10 厘米，宽 7 厘米，正书。刻字面积高 50 厘米，宽 110 厘米。

2.《谢宇再用前韵诗刻》

明成化七年（1471 年）四月初吉日镌于前则摩崖下方稍偏西一高 230 厘米、宽 400 厘米的岩石上，其内容为谢宇用前首诗韵所做七绝一首："再用前韵」我亦常嫌世务迷，」清泉白石久相违。」朝回拄笏频西望，」黛色参天空翠」微。菊坡道人谢宇题」刻石者东鲁张纯」磨石者士人杨清也」成化辛卯夏四月初吉日」"。其后镌一藏文字，再后镌"绰吉藏卜」□□扎失」"。字径高 9 厘米，宽 8 厘米，正书。刻字面积高 70 厘米，宽 120 厘米，

3.《"佛"字摩崖》

在《"翠微山"摩崖》及《谢宇诗刻》以东约 150 厘米处，镌有一巨大的"佛"字摩崖，双钩正书，高 85 厘米，宽 70 厘米。"佛"字字口很浅，部分笔画漫漶。从摩崖布局和刻写风格推测，其年代似应与诗刻同时代，或许亦为谢宇所书。

谢宇再用前韵诗刻

藏文字

"佛" 字摩崖

接引佛摩崖造像及题刻

万善桥

明万历十一年（1583年）十一月初一日刻于石景山区双泉寺村南万善桥北黑陈路北侧的花岗岩石上，北纬39°58′14.64″，东经116°09′15.18″，海拔255米。岩石面南，上凿一佛龛，龛中雕接引佛（即阿弥陀佛）立像，佛像高134厘米，宽64厘米。岩石右下方竖镌“双泉寺僧人圆喜发心」造接引」佛一尊」万历十一年十一月初一日造」”四行文字，题刻高51厘米，宽30厘米，正书。佛龛上方现砌筑一座青砖小屋，屋前植有两株古柏，题刻露在屋外。

接引佛造像

造像旁题刻

太监何某题刻

明正德年间（1506 – 1521 年）刻于石景山区青龙山上一向东突出的岩石上平面，当地人称此地为老虎嘴，位于北纬 39°58′1.86″，东经 116°11′8.94″，海拔 296 米。老虎嘴为一向东突出岩石，其东侧下方即陡峭的悬崖绝壁，西距狮子窝摩崖石刻约 200 米。该岩石上面平坦，东西宽 200 厘米，南北纵 150 厘米，上刻一“佛”字，字径高 20 厘米，宽 22 厘米，“佛”字东面刻“正德年」太监何」到此王运高」八月二十三日」”四行文字，字径高、宽均约 10 厘米，正书，字体较为草率随意。

太监何某题刻

青龙山狮子窝摩崖石刻

石景山区青龙山普渡桥东北处有一面巨崖，位于北纬 39°58′6″，东经 116°11′4.08″，海拔 298 米。崖壁分上下两层，上层高 5 米，宽 8 米，刻有“狮子窝”三字。下层高 5 米，宽 6 米，最上刻一“佛”字，其下镌四则摩崖石刻。

1.《“狮子窝”摩崖》

清代刻于上层岩壁上。“狮子窝”三字自右及左横题，正书。“狮”字高 39 厘米，宽 47 厘米；“子”字高 49 厘米，宽 44 厘米；“窝”字高 48 厘米，宽 35 厘米。

2.《“佛”字摩崖》

清代刻，位于下层岩壁上方。“佛”字高 134 厘米，宽 160 厘米，正书。

3.《狮子窝开山修道建立庙宇功德题名摩崖》

清乾隆十六年（1751 年）镌于佛字下方右侧岩壁上，其内容为：“乾隆十六年僧源方住狮子

青龙山狮子窝摩崖石刻全景

穆克登额修盘道摩崖

狮子窝开山修道建立庙宇功德题名摩崖

窝」虽有庙基并无房舍自本年」同穆克登额开山修道建」立庙宇功德施主万古流芳」健锐营」月未」施主」”。“健锐营」月未」施主」”三行文字均靠下镌刻，其上其左共刻有十行人名，现在均被凿毁。“健锐营」月未」施主」”三行文字再往左两行，在凿毁的人名下方，镌刻有“门头村」赵开、泰闰、李德禄」汇成估衣甫赵德华」王具布甫麻应健」”四行题名，字径高 7 厘米，宽 6 厘米。摩崖末尾题“万人舍万人行结万人善缘」十方来十方去成十方功德」”两行文字。正文字径略大，高 10 厘米，宽 8 厘米，题名字径略小，高 7 厘米，宽 6 厘米，均正书。刻字面积高 210 厘米，宽 220 厘米。

4.《狮子窝太平院穆克登额修盘道摩崖》，清乾隆三十三年（1768 年）刻。在“佛”字正下方、《狮子窝开山修道建立庙宇功德题名摩崖》左侧崖壁，镌“乾隆三十三年狮子窝太平院」穆克登额修此盘道住持」源方镌讫」道人张勇」石匠胆徒亮、新拙手」”共五行文字，大字字径高 10 厘米，宽 8 厘米，小字字径高、宽均 5 厘米，正书。刻字面积高 160 厘米，宽 120 厘米。

5.《嘉庆捌年题刻》，清嘉庆八年（1803 年）二月刻，在“佛”字稍下偏左，竖镌“嘉庆捌年二月庆魁重修”小字一行，字径高、宽均约 4 厘米，正书。

6.《“乐宅西界”摩崖》，在乾隆十六年（1751）摩崖下方崖壁，竖镌“乐宅西界”四字，字径高 13 厘米，宽 15 厘米，正书。年代不详。

“普渡桥”摩崖

清乾隆三十三年（1768年）刻于石景山区青龙山狮子窝摩崖石刻西100米处一高约200厘米、宽约300厘米的岩石上，北纬39°57′51.36″，东经116°10′57.96″，海拔298米。“普渡桥”自右及左横题，“普”字高70厘米，宽48厘米，“渡”字高60厘米，宽55厘米，“桥”字高56厘米，宽52厘米，左下角竖刻“乾隆三十三年修建」住持源方」”两行文字，字径高、宽均4至7厘米不等，正书。

“普渡桥”摩崖

福惠寺摩崖石刻

福惠寺坐落在石景山区八大处证果寺北2公里许的青龙山上。余棨昌《古都变迁纪略》载：“狮子窝在秘魔崖北青龙山，上有寺曰福慧寺，为明之太平院。清同治年间有太监刘、张、张三內监购而有之，建筑宏丽。旧日东面有长廊，凡四十八间，后倾圮。……红叶至美。”福惠寺现仅存狮子窝塔院山门一座，坐西朝东，位于北纬39°58′13.02″，东经116°10′51.24″，海拔390米。山门两侧镌石刻对联“三生慧石无量净”、“万古灵风窣堵波”，门额榜书自右及左横题“狮子窝塔院”一行文字，其右竖题“光绪壬辰冬月”，即光绪十八年（1892年）。其左竖题“龄昌敬书”。门洞用石砌筑为八角形，上浮雕暗八仙图案。山门北不远，有仙水洞，仍有泉水流出。再北，紧依北面的山崖有古石桥一座，东西走向，桥上方北侧为仙人洞，洞门上镌“仙人洞”三字。仙人洞西的崖壁上，刻有十余则摩崖石刻，部分已没入土中，位于北纬39°58′16.56″，东经116°10′50.16″，海拔390米。福惠寺遗址现为某部队使用。

该组摩崖自西至东依次为：

1.《“小蓬莱”摩崖及对联》

“小蓬莱”三字自右及左横题，“小”字高14厘米，宽16厘米，“蓬”字高21厘米，宽16厘米，“莱”字高24厘米，宽15厘米，正书。其下自右及左横题对联二行：“福地真阆苑」仙境小蓬莱」”，字径高8厘米，宽7厘米，正书。

2.《穆克登额诗刻》

清乾隆年间（1736−1795年）刻于《“小蓬莱”摩崖及对联》东侧崖壁上，诗刻竖镌“□额到此游，」□望古燕都。」□□云霭霭，」□□蓬莱洲。」▨」”五行文字，为五言诗一首，正书，字径高、宽均约5厘米。刻字面积高26厘米，宽24厘米。石面上部残缺，部分缺字为岩石残缺造成。“□额”据前面的狮子窝摩崖石刻中的题名知应为“登额”，即在乾隆十六年（1751）开山修道建庙、乾隆三十三年修狮子窝太平院盘道的“穆克登额”，从名字看似为旗人。

3.《“隐仙”摩崖》

《穆克登额诗刻》东侧有一向南突出的岩石，其西面崖壁上方镌“隐仙”二字，自右及左横题，“隐”字高21，宽19厘米，“仙”字高17厘米，宽20厘米，正书。其下方左侧原为“克已复礼修身正己”八字组成的魁星图摩崖石刻，据《石景山文物》收录的官庆培《龄昌其人》一文载：“魁星图高一尺三寸”。2004年魁星图摩崖被盗。

4.《龄昌诗刻》

清光绪年间（1875−1908年）刻于《“隐仙”摩崖》下方右侧崖壁，紧邻魁星图，魁星图摩崖被盗时，该摩崖诗刻亦被毁，现仅存诗刻的下部。诗竖刻正书，字径高、宽均约3厘米。刻字面积残高26厘米，宽52厘米。诗曰：“云溪大方丈吾师，招游青龙山，」次苏文忠公寒食诗韵□□。」我宿青龙山，惟时过寒食。古寺」斂深翠，春暮最堪惜。暝色忽已」交，风声送萧瑟。晚来荡」

虚谷，乱洒梨花雪。清景参动」机，狂饮入酒力。更汲山中水，闲」□白石白。排闼」开夏云,群山碧未已。」流水中山霁,」鸟声鸣□里。石榻一梦觉,披书枕竹」苇。题诗不成句，挥洒墨满纸。危栏一倚眺,」胸吞几百里。得此山水娱，吾道功且起。」旃蒙协洽礼部郎中龄昌题壁。」”（方框中文字据官庆培《龄昌其人》一文补）。文中提及的云溪大方丈即白云观律堂第二十代法裔高明峒，也是《素云真人道行碑》的撰文书丹者。

5.《素云道人题刻》

清1862年至1895年间刻。在《“隐仙”摩崖》东南岩壁上镌一则题刻，正文残存三行文字，已漫漶，仅能辨认出“风明月”三字，落款一行镌“素云道人题”，竖刻，字径高6厘米，宽5厘米，正书。刻字面积高45厘米，宽40厘米。“素云道人”即余棨昌提及的同治年间购置福惠寺的刘姓太监刘诚印。北京图书馆金石组编《北京图书馆藏中国历代石刻拓本汇编》第87册（中州古籍出版社，1990年12月第1版）收录了《素云真人道行碑》和《素云刘先师墓碑》拓本两种。据二碑碑文可知：“素云道人”或曰“素云真人”法名诚印，道号符合子，又字德印，素云道人为其道号，1895年卒。

6.《善斋对句摩崖》

在《素云道人题刻》东侧一面东的崖壁上,镌“花开花落树」自闲。善斋对句」”两行文字,竖刻，字径高、宽均6厘米，正书。刻字面积高30厘米，宽12厘米。《善斋对句摩崖》所在岩石下方还残存二字，字下方岩石已残断。

7.《福惠寺词刻》

清光绪十九年（1893）三月廿三日刻。该摩崖石刻为词作,镌于《善斋对句摩崖》东侧崖壁上，

福惠寺山门

福惠寺古桥

摩崖全景

“小蓬莱”摩崖

“隐仙”摩崖

龄昌诗刻

其右上方部分文字残缺，词曰：“□一榻」□霞半照风月」凭险开眼界遥指」天逕宫阙云外湖山」光绪癸巳三月念三日」白云主人题于」碧云天山壁」”。该词刻共残存七行文字，竖刻，行书，正文字径高约8厘米，宽约7厘米，款高、宽均约3厘米。刻字面积高63厘米，宽48厘米。落款“念三日”的“念”字，当为“廿”字之误。

8.《“奇观”摩崖》

在《福惠寺词刻》东侧接近地面的崖壁上镌“奇观”二字，自右及左横题，“奇”字高24厘米，宽18厘米，“观”字高、宽均20厘米，其左落款“毓堃”，字径高、宽均4厘米，竖刻，正书。

9.《贾禄诗刻》

在《“奇观”摩崖》东侧崖壁上，竖刻“要知前世因，」今生受者是。」要知未来果，」今生作者是。」贾禄刻」”五行文字，诗文字径高6厘米，宽5厘米，款字径高4厘米，宽2厘米，均正书。

福惠寺词刻

“奇观”摩崖

润斋霍信祥诗刻

10.《润斋霍信祥诗刻》

《贾禄诗刻》东侧一向南突出的岩石东壁镌“云蒙沙过显星河，」岩石上边好人多。」未开皇坛先有意，」百日圆满乐清和。」润斋霍信祥题」”五行文字，为七言诗一首，竖刻，诗字径高、宽均4厘米，款字径高、宽均3厘米，正书。刻字面积高37厘米，宽30厘米。

11.《“留神”摩崖》

《润斋霍信祥诗刻》东侧面南的崖壁上镌“留神”二字，自右及左横题，“留”字高17厘米，宽10厘米，“神”字高26厘米，宽15厘米，其左落款“李俭”，竖刻，字径高5厘米，宽4厘米，正书。该石刻上方还残存一“佛”字，残高19厘米，宽17厘米，正书。

12.《鹤亭诗刻》

《“留神”摩崖》东侧下方的崖壁上镌七言诗一首，清光绪二十年（1894）孟秋刻。诗曰：“寻幽高上碧云天，俯观千□」树万千。好雨难来风□□，」青山流水涤尘缘。」□□甲午孟秋访」云溪师至此，得览其」胜，真快事也。」鹤亭□□题。」”诗竖刻，正文高、宽均7厘米，题款字径高5厘米，宽4厘米，正书。诗文下部有若干文字已埋入土中。刻字面积露高70厘米，宽49厘米。

13.《“仙人洞”摩崖》

“仙人洞”三字自右及左横题于洞口上方，字径高7厘米，宽约11厘米，正书。

天泰山慈善寺冯玉祥摩崖石刻

慈善寺位于石景山区天泰山主峰西侧的平台上，始建年代不详，一说始建于明，一说建于清初，以供奉魔王和尚肉身闻名，在清代及民国年间，香火盛极一时。在慈善寺南面山坡和寺后山沟北面的山崖上，镌有冯玉祥书丹的“勤俭为宝”、“真吃苦”、“耕读”、“淡泊”、“灵境”、“谦卦”等六则摩崖石刻。据冯玉祥《我的生活》载，这些摩崖是冯氏在1924年来天泰山慈善寺居住时所题。冯玉祥（1882—1948年），原名基善，字焕章，民国时期军事家、爱国将领。

“勤俭为宝”摩崖

1.《“勤俭为宝”摩崖》

1924年刻于慈善寺南山坡将军亭南面巨石上，北纬39°58′36.66″，东经116°09′3.6″，海拔315米。在高约300厘米、宽约450厘米的巨石上，自右及左横刻“勤俭为宝”四字，字径高66厘米，宽55厘米，正书。

“真吃苦”摩崖

2.《“真吃苦”摩崖》

1924年刻于慈善寺南山坡《“勤俭为宝”摩崖》上方不远处岩石上，北纬39°58′37.02″，东经116°09′3.9″，海拔318米。在高约180厘米、宽约270厘米的岩石上，自右及左横刻“真吃苦”三字，字径高约70厘米，宽60厘米，正书。

“耕读”摩崖等

3.《“耕读”摩崖》

1924年刻于潭峪沟村东山沟的北面山坡半山处山岩上。在三方品字形相邻的巨岩上，镌“耕读”、“淡泊”、“谦卦”三则摩崖石刻，摩崖面南，正对慈善寺的北墙，位于北纬 39°58′49.02″，东经 116°09′1.08″，海拔 298 米。最上方者为《“耕读”摩崖》，摩崖自右及左横刻，“耕”字高 64 厘米，宽 67 厘米，“读”字高 75 厘米，宽 62 厘米，刻于高 265 厘米、宽 400 厘米的岩石上。

4.《“淡泊”摩崖》

1924 年刻。在《“耕读”摩崖》下稍偏西的岩石上，自右及左横刻“淡泊”二字，“淡”字高 60 厘米，宽 45 厘米，“泊”字高 60 厘米，宽 48 厘米，刻于高 200 厘米、宽 280 厘米的岩石上。

5.《〈易经·谦卦〉摩崖》

1924 年刻。在《“耕读”摩崖》右下方

“淡泊”摩崖

《易经·谦卦》摩崖

一高 209 厘米、宽 550 厘米的岩壁上，镌《〈易经·谦卦〉摩崖》，刻字面积高 129 厘米，宽 340 厘米。摩崖分上下两部分，上部镌“谦卦”的符号（下艮上坤），下部刻文字，内容为“谦卦”的卦辞、象辞和六爻全文，凡 209 字，分刻二十四行，每行九字，字径高、宽均 8 厘米，正书。录文如下：“谦：亨，君子有终。彖曰：谦，」亨，天道下济而光明，地」道卑而上行。天道亏盈」而益谦，地道变盈而流」谦，鬼神害盈而福谦，人」道恶盈而好谦。谦尊而」光，卑而不可踰，君子之」终也。象曰：地中有山，谦；」君子以裒多益寡，称物」平施。初六：谦谦君子，用」涉大川，吉。象曰：谦谦君」子，卑以自牧也。六二：鸣」谦，贞吉。象曰：鸣谦贞吉，」中心得也。九三：劳谦君」子，有终吉。象曰：劳谦君」子，万民服也。六四：无不」利，㧑谦。象曰：无不利，㧑」谦；不违则也。六五：不富，」以其邻，利用侵伐，无不」利。象曰：利用侵伐，征不」服也。上六：鸣谦，利用行」师，征邑国。象曰：鸣谦，志」未得也。可用行师，征邑」国也。」”

6.《“灵境”摩崖》

1924 年刻于潭峪沟村东山沟“耕读”等三处摩崖石刻东约 100 米处半山坡上一面南的岩石上，北纬 39°58′49.44″，东经 116°09′4.38″，海拔 300 米。“灵境”二字自右及左横刻，“灵”字高 66 厘米，宽 55 厘米；“境”字高 62 厘米，宽 59 厘米。文字正书。

“灵境”摩崖

凤凰岭摩崖石刻

1.《上方院摩崖碑》

辽应历十年（960年）刻于海淀区凤凰岭上方寺遗址东北处山崖上，其旁凿有圆形和方形蓄水池各一，北纬40°06′45.42″，东经116°04′19.8″，海拔631米。石刻为线刻碑形，碑首圭形，身长方形，下部有榫，碑身刻“上方院，」应历十年十」月□日」”。碑高80厘米，宽31厘米，字径高、宽均约8厘米。上方院是辽金时期的古刹，曾以妙峰为名。该题刻是目前北京地区发现最早的碑形摩崖。

2.《玄元洞造像题刻》

玄元洞位于凤凰岭龙泉寺东北，北纬40°06′14.16″，东经116°05′5.28″，海拔631米。玄元洞洞口朝南，洞内北壁镌一长方形龛，上方刻帷幔，其下刻三尊佛像，为三世佛摩崖造像，皆结跏趺坐于束腰莲座上。洞西壁镌两坐佛和一立者共三尊摩崖造像，洞东壁镌一坐佛和一立者共两尊摩崖造像。玄元洞内的八尊摩崖造像有明显的明代藏传佛教特征，应为明中期所作。其中东壁北侧竖镌“孟安信□□”一行文字，应为功德主的题名，字径高、宽均10厘米。

3.《“凤凰岭”摩崖》

民国年间刻于凤凰岭半山处面东崖壁上，北纬40°06′35.88″，东经116°05′11.16″，海拔216米。“凤凰岭”三字由北至南横刻，行楷。字径高400厘米，宽300厘米。字口宽20厘米，深10厘米。该摩崖是北京地区字径和刻字面积最大的摩崖石刻，为山下沙涧村石匠刻。

上方院摩崖碑

玄元洞

玄元洞内东壁造像及题刻

“凤凰岭”摩崖

温泉显龙山摩崖石刻

显龙山位于海淀区温泉镇北京老年医院北部，是西山大阳山的一条支脉，自白家疃南山长岭蜿蜒逶迤地伸向东北方，恰似一条巨龙横卧，由此而得名显龙山。山上岩石嶙峋，盛产花岗岩，其旁有村名石窝，后因村中有温泉涌出，又名温泉。显龙山上镌有明清至民国时期摩崖石刻多则。

1.《左谌卫前所题刻》

明洪武二十七年（1394 年）刻于显龙山顶北侧石壁。摩崖北向，分四行竖刻于线刻框内："左谌卫前所」占下石堂」洪武二十七年五月日」高手石匠五十名开山」"。开光高 80 厘米，宽 49 厘米，字径高、宽 10 均厘米左右。字迹手书无体，笔道直挺。

左谌卫前所题刻

2.《山神大王、石将军摩崖》

明正德十年（1515 年）刻于显龙山顶北侧石壁。摩崖北向，分四行竖刻："山神大王」石将军」正德十年」开山」"。前二行在线框内，后二行在线框东侧。线框高 37 厘米，宽 25 厘米。线框东侧文字刻字面积高 30 厘米，宽 15 厘米。字径高、宽均约 8 厘米。

山神大王、石将军摩崖

3.《兵部左侍郎题刻》

明嘉靖三十一年（1552 年）刻于山顶东侧崖壁，北纬 40°02′58.2″，东经 116°09′26.76″，海拔 99 米。摩崖东向，镌于未经打磨的石面上，竖刻"嘉靖壬子九月十二日」兵部左侍郎」"两行文字，字径高 11 厘米，宽 10 厘米。刻字面积高 74 厘米，宽 20 厘米。此题刻下方距石壁 2 米处地面有两个石窝，《左谌卫前所题刻》

有“占下石堂”语，此处是否为“石堂”所在，待考。

4.《“水流云在”摩崖》

1912 年刻于显龙山山顶巨形山岩的北壁，北纬 40°02′58.2″，东经 116°09′25.8″，海拔 99 米。该摩崖镌于高约 6 米、长约 15 米的巨岩上，面北，自西向东横刻，距地约 5 米。“水”字高 180 厘米，宽 190 厘米，“流”字高 160 厘米，宽 160 厘米，“云”字高 100 厘米，宽 170 厘米，“在”字高 200 厘米，宽 150 厘米。“水流云在”四字下有英敛之题刻。石面似经打磨，中间部位有未被磨掉的线刻碑形印迹。题刻镌于“水流”二字下方，竖刻十行文字，题曰：“英敛之」偕内子」淑仲、小儿」千里，游此」偶取杜句」寄意。」时宣统」退位之次」年正月」也」”。字径高、宽均约 38 厘米。刻字面积高 120 厘米，

兵部左侍郎题刻

“水流云在”摩崖

宽370厘米。该摩崖总刻字面积高325厘米，宽870厘米。英敛之，名英华，字敛之，号安蹇斋主，晚号万松野人。满洲正黄旗人，近代学者。曾筹办《大公报》，自任社长。民国后，隐居香山，办静宜女校。后上书朝廷，请办大学，1925年秋，公教大学成立，被聘为国学部（名辅仁社）主任，又任北平慈幼局局长、辅仁大学校长。据焦雄著《北京西郊宅园记》（北京燕山出版社）载：民国时期，马鸿烈等二十人曾集资在显龙山南麓建红叶山庄，英敛之在山庄未建成之前，曾在此居住。该摩崖或许就是他在此居住期间所题，时在溥仪退位后不久，多少反映出英华这位皇族近亲当时的感触。

陈兴亚避寿题刻

5.《陈兴亚避寿题刻》

1933年刻于《“水流云在”摩崖》东侧凹进崖面上，北纬40°02′58.38″，东经116°09′26.04″，海拔99米。摩崖北向，分上下两部分刻于线刻框内，上题“国破」家亡」何寿」之有」”四行文字，竖刻，字径高16厘米，宽14厘米。下为落款八行：“海城陈」兴亚于」九一八」纪念二」周年前」一日避」寿于此」题」”，竖刻，字径高10厘米、宽8厘米。开光高98厘米，宽127厘米。

“结庐纯顶”摩崖

6.《“结庐纯顶”摩崖》

镌于“水流云在”题刻东北处一低矮山石上。摩崖南向，在高190厘米、宽300厘米的岩石上，竖刻两行文字：“结庐纯顶」花面僧」”。“结庐纯顶”字径高36

厘米，宽 39 厘米，落款字径高 20 厘米，宽 22 厘米。

7.《“鹏莺”摩崖》

1935 年刻于显龙山山顶《“水流云在”摩崖》北 5 米处下方崖壁北侧，北纬 40°02′58.68″，东经 116°09′25.8″，海拔 95 米。摩崖镌于未经打磨的青石崖面上，“鹏莺”二字自西向东，双钩横题。“鹏”字高 79 厘米，宽 70 厘米，“莺”字高 82 厘米，宽 50 厘米，正书。其东镌“工成书」于廿四年新秋」”，正书，字体较小。该摩崖前有植物遮挡不易发现。

“鹏莺”摩崖

8.《“大道之行”摩崖》

1936 年 11 月刻，冯玉祥书丹，位于显龙山南坡“辛亥滦州革命先烈纪念园”内，北纬 40°02′59.28″，东经 116°09′30.96″，海拔 70 米。该纪念园是 1936 年冯玉祥为纪念滦州起义殉难烈士而建，1937 年落成，是北京地区重要的近代史迹。纪念园依山而建，《“大道之行”摩崖》就镌刻于山腰处高约 10.5 米、宽约 16 米的崖壁上。摩崖石刻南侧台阶下为韩复榘书“辛亥滦州革命先烈衣冠冢铭并序”八棱经幢式纪念碑，再南为冯玉祥书“辛亥滦州革命诸先烈纪念碑”。其北即为八角七级密檐式的“辛亥滦州革命纪念塔”。摩崖竖刻十八行文字，隶书。第一行纪年和末行“冯玉祥”字径稍小，高 20 厘米，宽 26 厘米。中间十六行正文排列整齐，满行七字，字径高、宽均为 40 厘米。刻字面积高 350 厘米，宽 930 厘米。该摩崖节录了《礼记 · 礼运篇》关于大同的著名文字。

录文如下：“民国二十五年十一月」大道之行也，天下」为公选贤与能，讲」信修睦。故人不独」亲其亲，不独子其」子，使老有所终，壮」有所用，幼有所长，」矜、寡、孤、独、废、疾者」皆有所养，男有分，」女有归，货、恶其弃」于地也，不必藏于」己；力恶其不出于」身也，不必为己。是」故谋闭而不与，盗」窃乱贼而不行。故」外户而不闭，是谓」大同。」冯玉祥。」”

9.《历山子安诗刻》

位于显龙山南坡半山腰林中、东北距《水流云在摩崖》约 200 米处青石岩壁上，北纬 40°02′57.24″，东经 116°09′23.46″，海拔 83 米。石高约 260 厘米，宽约 170 厘米，石面有横向

“大道之行”摩崖

历山子安诗刻

石纹三道。诗曰 :“现龙山底老龙眼,」龙卧深藏别有天。」但愿老龙作霖雨,」冀教一心决平川。」戊子元旦,」历山子安」刻。」”诗竖刻七行,隶书,字径高 13 厘米,宽 18 厘米。落款字径高 11 厘米,宽 8 厘米。刻字面积高 110 厘米 , 宽 120 厘米。诗刻南约 10 米处地面有泉眼,已被石块和落叶掩盖,但周围有明显水迹，当是诗刻中提及的老龙眼，其四周有百十平米较为平坦的林地，小径从林中穿过。该诗刻似为近人所题，戊子年可能为 1888 年或 1948 年。

北法海寺摩崖石刻

北法海寺位于海淀区万安山山脊上，为与石景山区法海寺有所区别而称为北法海寺。北法海寺建成于清顺治十七年，其前身是明代弘教寺。在寺后山上遗存有明清时期的摩崖石刻十三则。

1．“弘教禅林”摩崖一组

北法海寺后山西墙内有一巨石，位于寺庙的中轴线上，北纬39°58′51.36″，东经116°11′23.76″，海拔200米。石高300厘米，宽330厘米，石东面形成高低错落的三个面，共镌六则摩崖。巨石底部有一石窝，窝后壁镌二则摩崖。

（1）《“弘教禅林”摩崖》，明永乐至洪熙年间（1403 － 1425年）刻于该巨岩上方。“弘教禅林”自北向南横刻，字径高、宽均36厘米，行书。其南镌落款“一庵书”，竖刻一行，字径高17厘米，宽18厘米。刻字面积高50厘米，宽208厘米。一庵，据明河编《补续高僧传》载：“一庵（1352—1425），名一如，字一庵，号退翁，浙江上虞人。精通《法华经》，被姚广孝称为‘两浙一人’。”洪熙元年圆寂于京师海印寺，年七十四。

（2）《一庵诗刻》，明永乐至洪熙年间（1403 － 1425年）刻于《弘教禅林摩崖》下方右侧石面上。诗曰：“春山梵刹青天半，楼」阁峥嵘北斗齊。曲径」蓝宇环翠色，登临」掃石记留题。」一庵。」”诗竖刻五行文字，满行八字，字径高、宽均3.5厘米，行楷。刻字面积高30厘米，宽24厘米。

（3）《徐旸诗刻》，明正统十二年（1447年）前后刻于《“弘教禅林”摩崖》下方右侧、《一庵诗刻》右上方石面上。诗曰：“登山与临水，人在白」云深。一曲南风畅，悠」悠太古心」四明徐旸书。」”诗竖刻四行文字，满行八字，字径高、宽2.5均厘米，正书。刻字面积高20厘米，宽13.5厘米。

徐旸生平不详。据国图藏原立于朝阳区大屯村的明正统十二年（1447年）闰四月十三日《真武庙碑》拓片，碑文为四明徐旸正书并篆额。四明即浙江绍兴的四明山，两位四明徐旸籍贯相同，名字相同，并都在北京活动，为同一人的可能性很大。因此徐旸诗刻应镌于正统十二年（1447年）前后。

（4）《“念佛”摩崖》，镌于《“弘教禅林”摩崖》左（南）侧下方石面。“念佛”二字竖题，“念”字高21厘米、宽26厘米；“佛”字高19厘米、宽21厘米，正书。

（5）《“壁观”摩崖》，在《“念佛”摩崖》南侧崖壁，二摩崖紧挨，“念”字和“壁”字笔画相交。“壁观”两字竖刻，“壁”字高28厘米，宽29厘米；“观”字高32厘米，宽43厘米，正书。壁观应作“壁观”，为佛教用语，

（6）《“回光台”摩崖》，在《“壁观”摩崖》南侧崖壁。“回光台”三字竖刻，“回”字高22厘米，宽25厘米；“光”字高27厘米，宽28厘米；“台”字高31厘米，宽25厘米，正书。《“念佛”摩崖》、《“壁观”摩崖》、《“回光台”摩崖》自右及左并排竖刻于《弘教禅林摩崖》左（南）侧下方高320厘米、宽240厘米的石壁上。此三则摩崖均无款，并列镌刻，布局紧凑，“念佛”与“回光台”字体一致，但与《“弘教禅林”摩崖》及二诗刻在布局和形式上相去甚远，应不是同一时期摹刻。从书法风格

“弘教禅林”摩崖等

“弘教禅林”摩崖

一庵诗刻

上看，疑为清代法海寺时期遗物，《“璧观”摩崖》应晚于另两则摩崖。

（7）《“眠云窝”摩崖》，“眠云窝”三字竖刻于《“弘教禅林”摩崖》等六则摩崖所在巨石下方的石窝后壁，字径高、宽均13厘米，正书。

（8）《“返照岩”摩崖》，在《“眠云窝”摩崖》南侧石壁。“返照岩”三字竖题，字径高19厘米，宽24厘米，正书。石窝面东，高90厘米，宽160厘米，由上方二长条青石及右侧卧石形成，窝后壁石面光滑，镌“眠云窝”、“返照岩”二则摩崖，总刻字面积高65厘米，宽36厘米。“返照岩”与“念佛”、“回光台”在字体和书写风格上极为相像，书者似为同一人。

“回光台”摩崖

2.《“大震超地禅师寿藏”摩崖》

清初刻于法海寺后山《“弘教禅林”摩崖》北30米处山石上，北纬39°58′52.62″，东经116°11′23.46″，海拔200米。摩崖面东，镌于寺西墙东约10米处一孤立山石上，石露高115厘米，宽180厘米。石卧于土中，南侧有树一株，石前有南北向小径，石北10米处即寺的北墙。摩崖竖刻“大震超地禅师寿藏”文字一行，字径高9厘米，宽7厘米，正书。

3.《“眠云岩”摩崖》

位于《大震超地禅师寿藏摩崖》北约5米处，再北5米为寺北墙。摩崖面东，在高95厘米、宽220厘米的岩石上竖刻“眠云岩”三字，字径高11厘米，宽12厘米，正书。

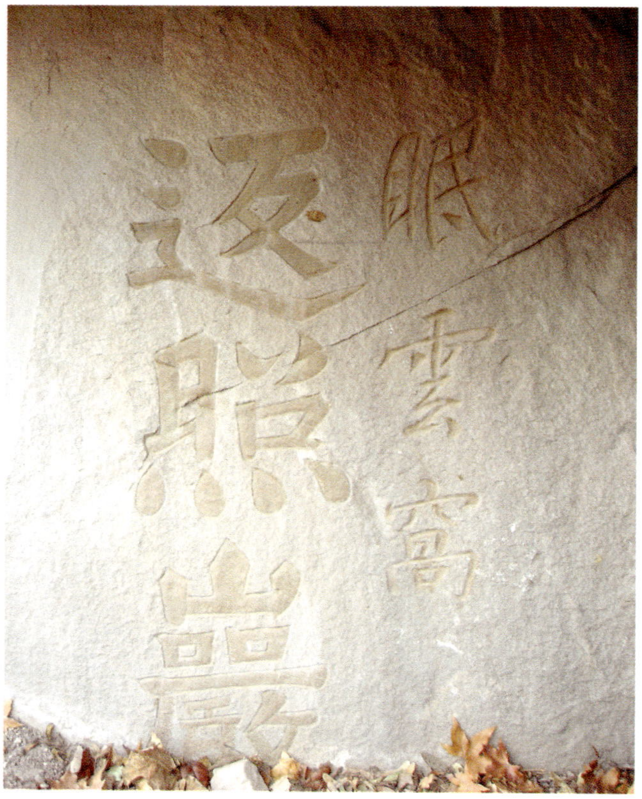

“返照岩”摩崖

4.《“片石孤云”摩崖》

清初刻于寺北墙内侧高台东侧下方小路旁岩石上，北纬 39°58′52.56″，东经 116°11′25.5″，海拔 183 米。石后一株枯死榆树，径有尺余。石东北向，露高 72 厘米，宽 140 厘米，上有长方形开光，高 32 厘米、宽 63 厘米。开光内镌“片石孤云”四字，自右及左横刻，字径高 15 厘米，宽 10 厘米，行书。题款镌于开光外左右于两侧，竖刻，其右镌“潜拙地书”，其左镌“于万安山”，字径高、宽均 7 厘米，篆书。

5.《“翠屏”摩崖》

镌于《“弘教禅林”摩崖》东北方向的巨石上，北纬 39°58′52.2″，东经 116°11′25.14″，海拔 182 米。摩崖面东南，竖刻“翠屏」震翁题」”两行文字。“翠”字高 15 厘米，宽 10 厘米；“屏”字高 15 厘米，宽 11 厘米。行书，落款正书。刻字面积高 40 厘米，宽 21 厘米。

6.《“吾谷”摩崖》

清初刻于《“弘教禅林”摩崖》东北约 30 米山坡处一半埋于土中的山石上，北纬 39°58′51.96″，东经 116°11′24.54″，海拔 196 米。石高 60 厘米，宽 110 厘米。“吾谷”二字双钩，横刻。“吾”字高 9 厘米，宽 10 厘米，“谷”字高 9 厘米，宽 11 厘米。款“潜拙主人憨」翁氏□」”镌于石左侧，竖刻二行，手书，不甚规整，字径高、宽均约 9.5 厘米。

“大震超地禅师寿藏”摩崖

“眠云岩”摩崖

“片石孤云”摩崖

“翠屏”摩崖

“旸台山”摩崖

明代刻于海淀区大觉寺西墙外偏南处山坡距地 20 米左右一高 330 厘米、宽 110 厘米的独立山石上，北纬 40° 03′ 1.5″，东经 116° 05′ 55.44″，海拔 161 米。“旸台山”三字竖刻，“阳”字高 47 厘米，宽 36 厘米；“台”字高 50 厘米，宽 34 厘米，“山”高 37 厘米，宽 36 厘米，行楷。无年款，从其摹刻风格看似为明代所刻。

“旸台山”摩崖

卧佛寺和樱桃沟摩崖石刻

1.《乾隆御制“石壁临天池”诗刻》

清乾隆十四年（1749 年）刻于海淀区北京植物园卧佛寺西北处自然岩壁上。此处前有水池，西南有亭，位于北纬 40°00′25.98″，东经 116°12′0.54″，海拔 112 米。诗曰：“石壁临天池，一泓清且泚；」坦然三镜呈，嶔岑影其里；」凭揽生静悟，谁彼更谁」此；匪禅院言禅，万物共」斯理，引至玉泉山，飞瀑层岩䨓。石壁临天池一首。」己巳孟夏月中澣」御笔（下钤方印二）。」”一印镌“古稀天子之宝”，一印刻“犹日孜孜”。诗刻南向，开光高、宽均 78 厘米。字径高 10 厘米，宽 7 厘米。诗竖刻八行文字，行十字，行书。《帝京景物略》第 206 页载：“石上观音阁，如屋复台层。阁后复壁，斧刃侧削，高十仞，广百堵。”

“石壁临天池”诗刻等全景

2.《乾隆四十八年御制诗刻》

清乾隆四十八年（1783 年）刻于《乾隆十四年御制石壁临天池诗刻》西侧崖壁。诗曰：“石壁插入天池，观」音阁上临之，大慈」大悲无二，曰水曰」月成伊，恰偶于斯」默会，妄言乃复题」词，修废举残余事，」岩风一切舆吹。」清和上澣」题（下钤方印二）。」”一印曰“乾隆御笔”长、宽均 8 厘米，阴刻；一印曰“所宝惟贤”，长、宽均 9 厘米，阳刻。诗刻面南，竖刻九行，满行七字，字径大小不一，高、宽均约 16 厘米。刻字面积高 120 厘米，宽 180 厘米。诗刻近一半字风化漫漶，无法辨识。录文据《清高宗（乾隆）御制诗文全集》补。

3.《河北联夏令营题刻》

1932 年刻于《乾隆四十八年御制诗刻》西侧崖壁。题刻曰：“我们纪念」张志新先生，」是承认」他已经前进了。」一九三二河北联夏令营会敬立。」”题刻面南，竖刻六行文字，行字不等，字径高 14 厘米，宽 13 厘米，尾款小字字径高、宽均约 5 厘米，正书。刻字面积高 60 厘米，宽 93 厘米。

乾隆诗刻二种

河北联夏令营题刻

4.《刘宗汉诗刻》

在《乾隆御制“石壁临天池”诗刻》所在岩石的西立面上，北纬40°00′26.28″，东经116°11′59.76″，海拔122米。诗曰：“恰游寿安山已前，」观音堂下有荷莲。」无边景致非凡兴，」勾引蓬莱入洞仙。」燕人刘宗汉偕任三重于壬辰仲夏廿日至此勒石。」”诗刻面西，竖刻六行，行七字，字径高、宽均约2.5厘米，行书。刻字面积高25厘米，宽20厘米。

5.《周肇祥题刻》

民国年间刻于北京植物园通往樱桃沟山路东侧一巨石上，北纬40°00′31.8″，东经116°11′48.3″，海拔115米。石高200厘米，宽320厘米，其南侧石面镌“鹿岩仙」迹，退公」幽栖。」无畏居士」”文字四行，竖刻，正文字径高12厘米，宽9厘米，篆书。款字径高、宽均4厘米，正书。开光高47厘米，宽75厘米。

6.《“退谷”摩崖》

在樱桃沟内鹿岩精舍大门外南侧崖壁上，北纬40°00′36.48″，东经116°11′43.02″，海拔140米。摩崖开光高42厘米，宽94厘米，“退谷”二字横题，“退”字高19厘米，宽23厘米，“谷”字高18厘米，宽26厘米，其左竖镌“梁启超补题”，字径高、宽均5厘米。

7.《“收复失地”摩崖》

20世纪30年代刻于樱桃沟内“一二九”纪念碑西侧路北一高60厘米、宽160厘米山石上，

周肇祥题刻

“退谷”摩崖

北纬 40°00′39.6″，东经 116°11′37.38″，海拔 182 米。山石南面横刻“收复失地”四字，字径高 20 厘米，宽 20 厘米。

8.《“保卫华北”摩崖》

20 世纪 30 年代刻于樱桃沟内通往水源头的山路旁一高 120 厘米、宽 200 厘米独立岩石上，在“一二九”纪念碑西南不远处，北纬 40°00′38.4″，东经 116°11′35.7″，海拔 161 米。岩石东南立面镌“保卫华北”四字，“保”字高 23 厘米，宽 25 厘米；“卫”字高 24 厘米，宽 29 厘米；“华”字高 32 厘米，宽 27 厘米；“北”字高 19 厘米，宽 25 厘米。

鹿岩精舍大门

“收复失地”摩崖

“保卫华北”摩崖

9.《“鹿圈”摩崖》

镌于樱桃沟水源头南“元宝石”东立面上，北纬 40°00′39.66″，东经 116°11′35.52″，海拔 178 米。摩崖面东，距地约 260 厘米，其旁有树一株。“鹿圈”二字竖刻，“鹿”字高 25 厘米，宽 24 厘米；“圈”字高 20 厘米，宽 14 厘米。开光高 63 厘米，宽 39 厘米。

“鹿圈”摩崖

10.《“白鹿岩”摩崖》

镌于“元宝石”南侧面，与“石上松”相对。摩崖面南，开光高 80 厘米，宽 135 厘米。“白鹿岩”三字竖刻，其左钤一印，印已漫漶。“白”字高 24 厘米，宽 19 厘米；“鹿”字高 34 厘米，宽 22 厘米；“岩”字高 40 厘米，宽 30 厘米。

“白鹿岩”摩崖

香山公园摩崖石刻

香山公园位于海淀区西山东麓，因自然景致秀美而成为历史悠久的皇家园林。相传东晋时已有人在香山寺附近的丹井炼丹。据文献记载，香山永安寺创自唐代，沿于辽、金。今香山寺址即为辽中丞阿里吉所舍。据《金史》载，大定二十六年（1186 年），金世宗至香山寺奉佛，赐名大永安寺。明昌年间（1190 － 1196 年），“西山霁雪”即为燕京八景之一。金章宗屡幸香山，留有祭星台、护驾松、梦感泉等遗迹，碧云寺前身碧云庵址也为金章宗建玩景楼之旧址。元皇庆元年（1312 年），元仁宗给钞万锭修香山永安寺，改名为甘露寺。明时，香山寺庙多为太监修建，正统六年（1441 年），太监范弘拓建永安禅寺、来青轩费资七十余万，规模宏大堪称西山诸寺之首。到清代，康熙十六年（1677 年）香山行宫建成，乾隆八年（1743 年）乾隆皇帝始游香山，于乾隆十二年（1747 年）更名为“静宜园”，形成二十八景。现香山公园遗存的摩崖石刻和诗刻，多为乾隆帝所题写，是昔日皇家园林辉煌历史的见证。

1.《乾隆御制〈翠微亭〉诗刻》

清乾隆十一年（1746 年）刻于 1992 年复建的翠微亭东南侧石壁上，北纬 39° 59′ 13.32″，东经 116° 11′ 23.76″，海拔 151 米。诗刻面西南，竖刻文字七行：“须弥与一芥，大」小岂争差；亭」

《翠微亭》诗刻

子不嫌窄，翠」微良复赊。入诗」惟罨画，沐雨欲」蒸霞。莫羡痴」黄派，倪迂各」擅家。题翠微亭。」御笔（下钤方印一）」”。诗文行书，字径高约10厘米，宽9厘米。印篆书，阴文刻“乾隆」御笔」”两行，高、宽均8厘米。刻字面积高73厘米，宽117厘米。翠微亭位于静翠湖西，为静宜园二十八景之一，原亭已毁。《清高宗（乾隆）御制诗文全集》（以下简称《诗文全集》）载原诗序文曰：“宫门之南，古木森列，山麓稍北，为小亭。入夏千章绿荫，禽声上下；秋冬木叶尽脱，寒柯萧槭，天然倪迂小景。”《光绪顺天府志·金石志一·御碑》记：“御书翠微亭诗，行书，乾隆十一年，五言律一首。在静宜园。”

2.《乾隆御制〈璎珞岩〉诗刻》

清乾隆十一年（1746年）刻于翠微亭西北、清音亭后水池南石阶旁的一块高60厘米、宽90厘米的砂岩石上，石后植白皮松一株。北纬39°59′13.5″，东经116°11′19.56″，海拔152米。诗刻面南，竖刻七行文字，行七、八字不等，行书，字径高约5厘米，宽4厘米。诗曰：“滴滴更潺潺，琴音大」地间。东阳原有乐」，月西却无山。忘耳」听云梵，栖心揖黛」鬟。饮光如悟此，不」复破 微 颜。」丙寅小春御笔（下钤方印二）。」”上印高、宽均2厘米，篆书，阴文，漫漶剥蚀无法识读；下印高、宽2.5厘米，篆书，阴文“乾隆」御笔」”两行。刻字面积高36厘米，宽38厘米。璎珞岩为静宜园二十八景之一。诗刻个别字已泐，诗文按《诗文全集》补录，原诗有序曰：“横云馆之东，有泉侧出岩穴中，叠石如扆，泉漫流其间，倾者如注，散者如滴，如连珠，如缀旒，泛洒如雨，飞溅如雹。萦委翠壁，潨潨众响，如奏水乐。颜其亭曰清音，岩曰璎珞。亭之胜以耳受，岩之胜与目谋，澡濯神明，斯为最矣”。《光绪顺天府志·金石志一·御碑》记：“御书璎珞岩三字，行书，乾隆十一年，在静宜园。”不知此题刻镌于何处，今未见。

清音亭

“璎珞岩”诗刻

3.《乾隆御制〈玉乳泉〉诗刻》

清乾隆十一年（1746 年）刻于玉乳泉遗址西山路北侧、紧临“罗汉影”摩崖西侧的巨石上，北纬 39°59′16.68″，东经 116°11′2.88″，海拔 214 米。诗刻面东，竖刻七行，行字不等，行草，字径高约 8 厘米，宽 7 厘米。诗曰：“（椭圆印一）乍可微风拂，偏」宜皎月涵。西湖不」千里，当境即三潭。」演漾冈峦影，卷」舒晴雨岚。灵」源何处是，一脉」试寻探。」乾隆御题（钤方印二）。」”方印高、宽均 4 厘米，上印篆书阴文“所宝惟贤”，下印篆书阳文“乾隆御笔”。刻字面积高 48 厘米，宽 69 厘米。玉乳泉为静宜园二十八景之一。玉乳泉遗址附近植被茂密，据《香山公园志》中记载，此处原有“一大石窟，有水常满，任人汲用，取之不竭。1920 年，泉尚盈窟，汲者不绝。但到了 1934 年，泉已涸”，仅留下摩崖诗刻让后人去追想当年的景物。诗刻前两行字迹漫漶、剥蚀，多已无法辨认，录文按《诗文全集》补录。原诗有序曰：“行宫之西，循仄径而上，有泉从山腹中出，清泚可鉴。因其高下，凿三沼蓄之。盈科而进，各满其量，不溢不竭。长安可游记谓山有乳峰，时嘘云雾，类匡庐香炉峰。不知玉液流甘，峰自以泉得名耳。”《光绪顺天府志·金石志一·御碑》记：“御制书玉乳泉诗，行书，乾隆十一年。五言律一首，五言绝一首。在静宜园。”

4.《乾隆御制〈香山春望二〉诗刻》

清乾隆十一年（1746 年）刻于玉乳泉遗址上行山道南侧巨岩上，其岩南立面上有《“一拳石”摩崖》。北纬 39°59′14.88″，东经 116°11′1.14″，海拔 238 米。诗刻面西北，竖刻文字八行，行字不等，行草，字径高约 7 厘米，宽 8 厘米。诗曰：“（椭圆印一）烟景不胜赏，青山」渐可登。谁知初试」步，即是最高层。花」意寒犹怯，苔痕」嫩欲蒸。东郊举」趾者，历历入吟凭。」香山春望二。」御笔（钤方印二）。」”首字前椭圆形印已剥蚀不清，末尾钤二印高、宽均 4 厘米，上印

《玉乳泉》诗刻

《香山春望二》诗刻

篆书阴文“所宝惟贤”，下印篆书阳文“乾隆御笔”。刻字面积高 62 厘米，宽 68 厘米。诗刻尾署《香山春望二》。查《清高宗（乾隆）御制诗文全集》，载另一首《香山春望》：“名拟白家社，境追王氏川；扪萝厓巘侧，寻径松杉边；画意兼诗景，今时与昔年。会心何处是，仰首眄青莲”。不知该诗是当年未摹勒上石，还是今已湮灭。

5．“森玉笏”摩崖石刻

“森玉笏”始建于清乾隆十年（1745 年），为静宜园二十八景之一。原建筑有超然堂、旷览台、碧峰馆、胜亭等。此处因有一高耸突兀的绝壁立于谷间，森然如朝天玉笏，乾隆帝因此而赐名“森玉笏”。《日下旧闻考》载：“玉华寺西南峰石屹立。上勒御题，为森玉笏。”1860 年原建筑被英法联军焚毁，民国时期曾被改建为私人别墅，周围崖壁上留有乾隆年间和民国时期的摩崖多处。

（1）《乾隆御书“森玉笏”摩崖》，清乾隆十一年（1746 年）刻于香山森玉笏的崖壁上，北纬 39° 59′ 16.92″，东经 116° 10′ 42.06″，海拔 312 米。摩崖所在石壁耸然孑立，其东有月亮门通往熊希龄、陈兴亚等所题的摩崖石刻，顺崖壁旁山路西北行可达道光御书“写秋容”摩崖。摩崖距地面约 4 米，面东，竖刻，行书，字径高约 40 厘米，宽 30 厘米。其左钤方印二，上印篆书阳文“所宝惟贤”，下篆书阴文“乾隆御笔”。《光绪顺天府志 · 金石志一 · 御碑》记：“御书森玉笏三字，行书，乾隆十一年，在静宜园。”

（2）《乾隆御制〈森玉笏〉诗刻》，清乾隆十一年（1746 年）刻于《乾隆御书“森玉笏”摩崖》东侧月亮门外东南处一孤立巨石上，北纬 39° 59′ 16.74″，东经 116° 10′ 52.54″，海拔 311 米。诗刻面东，竖刻八行，行六至七字不等，行草，字径高约 13 厘米，宽 10 厘米。诗曰：“回冈纷合沓，峻」岭郁嵯峨。俨若」千夫立，森然万」玉罗。色无需藻」绘，坚不受砻磨。」山伯朝天阙，圭璋」列几多。」乾隆丙寅御题”（钤方印二）。」”印高、宽均 5 厘米，上印篆书阳文“所宝惟贤”，下印篆书阴文“乾隆御笔”。刻字面积高 100 厘米，宽 128 厘米。《诗文全集》载原诗序文，曰：“山势横峰侧岭，牝谷层岗，皷涧曲径，不以巉削峻峭为奇。而遥睇诸岭，回合交互，若宫、若霍、若岌、若峘、若峤、若峊、若厓、若巘、若重甗，嵯峨嵚崟，负异角立。积雪映之，山骨逼露。群玉峰当不是过也”。《光绪顺天府志 · 金石志一 · 御碑》记：“御制森玉笏诗，行书，乾隆十一年，五言律一首。在静宜园。”

（3）《乾隆御制〈山行四首〉诗刻》，清乾隆三十九年（1774 年）刻于《乾隆御书“森玉笏”摩崖》左下方崖壁。刻字面积高约 160 厘米，宽 72 厘米。诗刻面东，竖刻八行，行字不等，行草，字径高约 10 厘米，宽 8 厘米。诗曰：“山行不约险和夷，揽景惟因意与宜；风过树阴」益觉[爽]，云依峰顶自为迟。[凭][高][俯]下[最]怡」[情]，近郭遥村景毕呈；忽向其[间][生][转]念，汉章」[诏][戒]刻为明。[黍][禾][长]夏麦[将][秋]，[此][际]真宜时」雨优；近每作云风每妒，慰心[无][几][盼]仍愁。虽」然章奏日常披，究觉余闲自愧之；清跸明当」[御]园返，便宜新[得][数][篇]诗。山行四绝句。」甲[午]清秋中澣[/]。」”此诗刻外有边框，字口极浅，描红溢出字口，笔锋尽失，且多字因风化剥蚀

“森玉笏”摩崖及《山行四首》诗刻

《森玉笏》诗刻

未加描摹，与《诗文全集》核对，为乾隆三十九年《山行四首》七绝诗，录文按《诗文全集》补录。在《山行四首》诗刻右下方还有诗刻一首，刻字面积高 106 厘米，宽 60 厘米。惜镌字尽失，仅存一“泉”字。查有关资料，为《山行一首》。

(4)《熊希龄诗刻》，民国十一年（1922 年）五月刻于《乾隆御制“森玉笏”诗刻》南侧岩壁上，北纬 39°59′16.92″，东经 116°10′42.6″，海拔 311 米。诗刻面东，竖刻十三行，行七至八字，行书，字径高约 9 厘米，宽 8 厘米。刻字面积高 80 厘米，宽 120 厘米。诗曰：“远看塔影漾湖波，」又听群儿唱晚歌。」为念众生无量苦，」万山深处一维摩。」丹炉石洞话前因，」汉武秦皇迹已陈。」欲学长生终是幻，」倚栏却忆散花人。」余病久未愈，乃率」童子军游森玉笏，」即支帐住宿于此，」口占记之。壬戌五月。」凤皇熊希龄。」”

熊希龄（1870—1942 年），字秉三。湖南凤凰人。清光绪进士。曾任湖南时务提调，力倡新政、新学。1905 年充出洋考察宪政五大臣。1912 年民国成立后，曾任财政总长、国务总理兼财政总长、内阁行政院长等职。1920 年后，致力于联省自治运动。1928 年后，历任国民党政府赈务委员会委员、中华教育改进社董事长、世界红十字会中华总会会长。他于 1920 年在香山创办“香山慈幼院”，1942 年病逝于香港。

熊希龄诗刻

（5）《“药石”摩崖》，民国二十一年（1932 年）刻于《乾隆御制〈森玉笏〉诗刻》东南岩壁间的凹窝处，北纬 39° 59′ 16.8″，东经 116° 10′ 42.96″，海拔 316 米。现距地面约 15 米，字径及刻字面积无法丈量。摩崖面北，竖刻“药石”二字，左侧书：“余于壬申仲春，养疴」香山，时来登此，乃」大愈。故题以斯名云。」海城陈兴亚」”。壬申年为 1932 年，即“九一八”事变后的第二年，从题刻可知此年春季陈兴亚养病于香山。目前香山共留有其摩崖六则，另外五则为“玉乳泉”遗址的《残诗刻》、森玉笏西北的《“明耻”摩崖》、重翠崦附近的《“峰回路转”摩崖》、山顶鬼见愁附近的《“天极峰”摩崖》以及《“辽天怅望”摩崖》。

（6）《“明耻”摩崖》，民国二十一年（1932 年）刻于《乾隆御书“森玉笏”摩崖》西、山路北侧一倾斜巨石的东斜面上，北纬 39° 59′ 17.1″，东经 116° 10′ 41.22″，海拔 312 米。摩崖面东斜向下方，竖刻，正书，字径高 21 厘米，宽 20 厘米。“明”字偏旁作“目”，乃正体，古人书常见。其左竖镌小字二行：“壬申五月国难期」中题。辽东散人」”。字径高 6 厘米，宽 5 厘米。刻字面积高 75 厘米，宽 65 厘米。

“药石”摩崖

“明耻”摩崖

6. 晞阳阿（朝阳洞）摩崖石刻

晞阳阿建于乾隆十年（1745 年），为静宜园二十八景之一，位于北纬 39°59′17.64″，东经 116°10′37.5″，海拔 325 米。原有晞阳阿殿、观音阁、延月亭、朝阳洞等建筑，1860 年被英法联军焚毁。朝阳洞为一朝南的石洞，传说乾隆皇帝曾于洞内静坐，取《楚辞 · 少司命》中“与汝沐兮咸池，晞女发兮阳之阿”句意，命名石洞为“朝阳洞”。《日下旧闻考》载：“丽瞩楼北度岭为晞阳阿……西为朝阳洞，后为观音阁。……朝阳洞深广丈余，内祀龙神。”洞口上方有乾隆帝所题“朝阳洞”三字，洞西侧上方巨岩壁立，岩面平整，略面向西南，高约 400 厘米，宽约 630 厘米。岩壁间镌乾隆御制诗六首。石壁西南下方有一面东石壁，上镌诗刻二首。

(1)《乾隆十一年御书“朝阳洞”摩崖》，清乾隆十一年（1746 年）刻于朝阳洞洞口上方高 32 厘米、宽 76 厘米的石面上。“朝阳洞”三字面南，横刻，行书，字径高约 17 厘米，宽 13 厘米。“阳”字上钤方印一，印高、宽均 5 厘米，泐甚，已无法辨识。《光绪顺天府志 · 金石志一 · 御碑》记：“御书朝阳洞三字，行书，乾隆十一年，在静宜园。”

(2)《乾隆十一年御制〈晞阳阿〉诗刻》，清乾隆十一年（1746 年）刻于于朝阳洞西侧石壁，其东紧临《乾隆五十二年〈朝阳洞叠去岁韵〉诗刻》，西为《乾隆三十三年御制〈朝阳洞〉诗刻》。诗刻面西南，竖刻九行，满行六字，行书，字径高约 13 厘米，宽 10 厘米。刻字面积高 85 厘米，

朝阳洞石壁摩崖

宽 142 厘米。诗曰："（钤长方印一）我初未来此，雾」壑尔许深。扫」石坐中唐，一畅」平生心。仰接」天花落，俯视」飞鸟沈。自惟」昔岂昔，乃知」今匪今。」御笔（钤方印二。）」"上篆书阴文"乾隆御笔"，下篆书阳文"所宝惟贤"。

《诗文全集》载原诗序文："逾丽瞩楼而北，过小岭，有石砑立，虚其中为厂，可敷蒲团晏坐，望香嵓来青，缥缈云外。其南数十步复有巨石，卓立如伟丈夫，俗呼朝阳洞。日下旧闻不之载，盖无僧寮亭榭，为游人所忽耳。命扫石壁烟煤，芟除灌秽，取楚词为之名。"

（3）《乾隆三十二年御制〈朝阳洞〉诗刻》，清乾隆三十二年（1767 年）刻于朝阳洞西南石壁上，

"朝阳洞" 摩崖

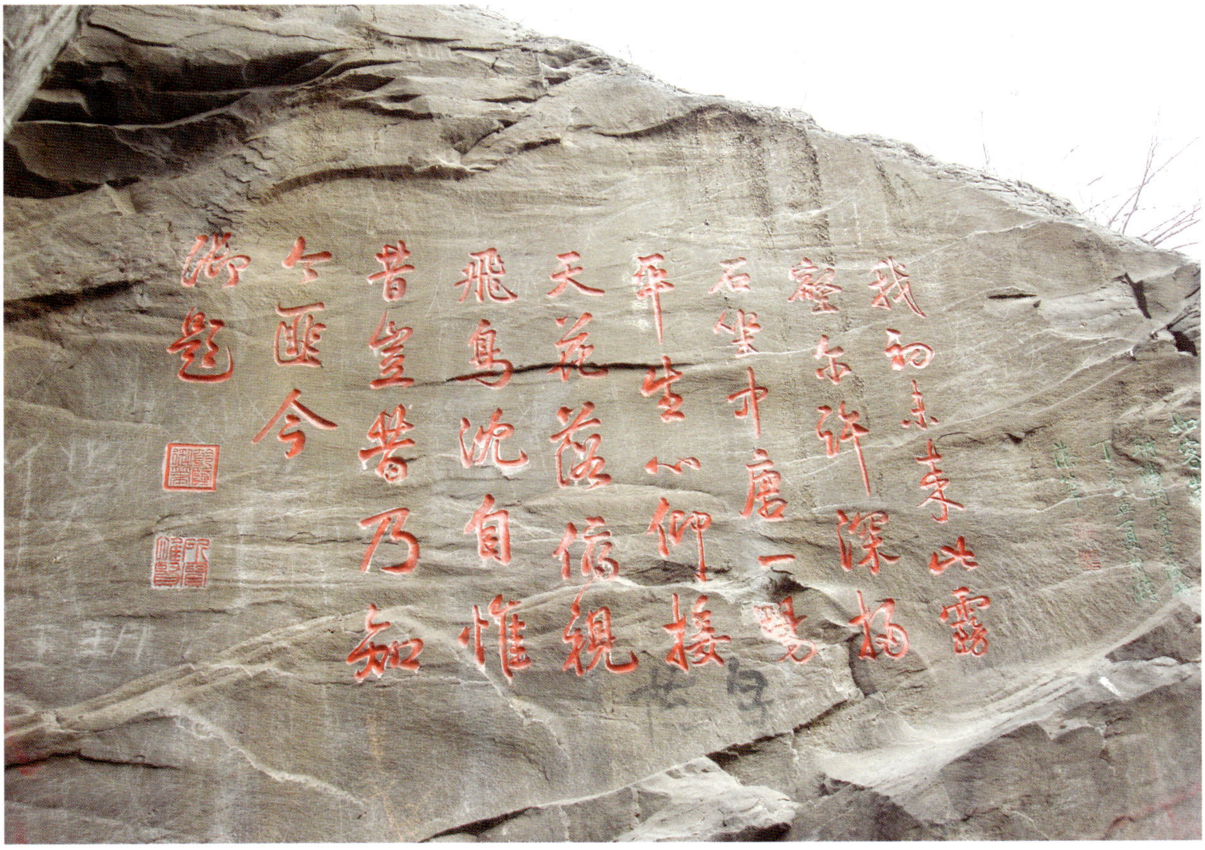
乾隆十一年《晞阳阿》诗刻

右下为《乾隆五十一年御制〈朝阳洞〉诗刻》。诗刻面东，竖刻十二行，行六至七字，字径高约6厘米，宽4厘米。开光高49厘米，宽95厘米。诗曰："崿嶂倾崖间，仄」蹊凡几转；数息亦」既到，穹洞岩之半。」宛而复中隆，随」宜置山殿；取朴」弗取华，好山围」四面。憩坐吟我」诗，亦以歇人倦；」山鸟弄春声，可」听不可见」。丁亥仲春月」御笔（钤方印二）。」"印高、宽5均厘米，上篆书阴文"所宝惟贤"，下篆书阳文"乾隆御笔"。

（4）《乾隆三十三年御制〈朝阳洞〉诗刻》，清乾隆三十三年（1768年）。位于朝阳洞西侧石壁，上为《乾隆四十四年御制〈朝阳洞有会〉诗刻》，东为《乾隆十一年御制〈晞阳阿〉诗刻》，西为《乾隆三十四年御制〈朝阳洞口号〉诗刻》。诗刻面西南，竖刻八行，满行七字，行书，字径高约9厘米，宽8厘米。刻字面积高80厘米，宽80厘米。诗曰："尚有最高处，宁当」孤此来。千林入葱」蒨，一室坐徘徊。骋」望既以远，托情无」不该。夏凉冬则燠，」牝洞具神裁。」戊子清和月中澣」御题（钤方印二）。」"印高、宽均5厘米，上篆书阳文"惟贤所宝"，下篆书阴文"乾隆御笔"。

（5）《乾隆三十四年御制〈朝阳洞口号〉诗刻》，清乾隆三十四年（1749年）刻于朝阳洞西侧石壁，东为《乾隆三十三年御制〈朝阳洞〉诗刻》，下为《乾隆十四年御制〈朝阳洞〉诗刻》。诗刻面西南，竖刻六行，满行七字，行书，字径高约8厘米，宽7厘米。刻字面积高60厘米，宽50厘米。诗曰："回峦深谷朝阳处，」朴斫三间静且便，」雨后山风浑觉」冷，片时向暖也宜」然。朝阳洞口号。」己丑清和御笔（钤方印二）。」"印高、宽均5厘米，上篆书阴文"所宝惟贤"，下篆书阳文"乾隆御笔"。

（6）《乾隆四十四年御制〈朝阳洞有会〉诗刻》，清乾隆四十四年（1779年）刻于朝阳洞西侧石壁，其东侧下方崖壁镌《乾隆十一年御制〈晞阳阿〉诗刻》，下方为《乾隆三十三御制〈朝阳洞〉诗刻》。诗刻面西南，竖刻九行，满行八字，行书，字径高约7厘米，宽6厘米。开光高50厘米，宽60厘米。诗为五言古风："牝洞向东南，因得朝」阳号。两年忽以别，一」朝适尔到。玩景则且」置，思义亦会要。君阳」而臣阴，朝者纷焉造。」设非付大公，物来奚」朗照。朗照匪察察，无」欲观其妙。」己亥孟夏下澣御题。」"

（7）《乾隆五十年御制〈朝阳洞〉诗刻》，清乾隆五十年（1785年）刻于朝阳洞西侧石壁，上为《乾隆三十四年御制〈朝阳洞口号〉诗刻》，东侧上方为《乾隆三十三年御制〈朝阳洞〉诗刻》。诗刻面西南，竖刻六行，满行十六字，字径高约6厘米，宽5厘米。开光高98厘米，宽50厘米。诗为五言古风："静室据峰顶，其隩则斯洞。隩乃受曦」处，朝阳名久中。洞中塑天龙，雨暘所」司统。致拜祈甘泽，继润佑农种。劳躬」非所虑，泽物申诚贡。不必更升高，升」高恐劳众。朝阳洞作。」乙巳孟夏中澣御笔（钤方印二）。」"印高、宽均4厘米，上篆书阴文"古稀天子之宝"，下篆书阳文"犹日孜孜"。

（8）《乾隆五十一年御制〈朝阳洞〉诗刻》，清乾隆五十一年（1786年）刻于朝阳洞西南石壁上，

乾隆三十二年《朝阳洞》诗刻

乾隆三十三年《朝阳洞》诗刻

乾隆三十四年《朝阳洞口号》诗刻

乾隆四十四年《朝阳洞有会》诗刻

乾隆五十年《朝阳洞》诗刻

左上为《乾隆三十二年御制〈朝阳洞〉诗刻》。诗刻面东，竖刻六行，满行八字，字径高约 7 厘米，宽 6 厘米。刻字面积高 59 厘米，宽 57 厘米。诗曰 ：“像设龙神石洞中，拜」祈膏雨尽虔衷。望空」恐似去年例，惭愧依」然今岁同。」丙午孟夏月中澣」御题（钤方印二）。」”印高、宽均 4 厘米，上篆书阴文“古稀天子之宝”，下篆书阳文“犹日孜孜”。

（9）《乾隆五十二年御制〈朝阳洞叠去岁韵〉诗刻》，清乾隆五十二年（1787 年）刻于朝阳洞西侧石壁右侧，距朝阳洞洞口最近，其左为《乾隆十一年御制〈晞阳阿〉诗刻》。诗刻面西南，竖刻八行，行六至七字，行书，字径高约 7 厘米，宽 6 厘米。刻字面积高 40 厘米，宽 67 厘米。诗为七绝一首 ：“昨去今来一瞥」中，拜缘请雨愧」由衷。五更作阵」凌晨罢，诚恐仍」如客岁同。」朝阳洞叠去岁韵。」丁未孟夏中澣」御笔（钤方印二）。」”印高、宽均 4 厘米，上篆书阴文“古稀天子之宝”，下篆书阳文“犹日孜孜”。《诗文全集》载，此诗在后两句之间有注曰：“现在二麦望雨甚殷，昨夜四鼓作云，五更落雨，惜不及寸。惟吁祷龙神早霈甘膏，以慰廑念耳”。可见乾隆五十二年京城少雨，正值庄稼灌溉之时，乾隆皇帝也不得不于朝阳洞祭神求雨。

7.《乾隆御书“芙蓉坪”摩崖》

清乾隆十一年（1746 年）刻于芙蓉馆遗址东北角路西山岩上，北纬 39°59′26.34″，东经 116°10′59.88″，海拔 194 米。摩崖面南，横刻，行书，字径高约 24 厘米，宽 20 厘米。“芙蓉坪”摩崖为静宜园二十八景之一。《光绪顺天府志 · 金石志一 · 御碑》记 ：“御书芙蓉坪三字，行书，乾隆十一年。在静宜园。”

8.《乾隆御制〈芙蓉坪〉诗刻》

清乾隆十一年（1746 年）刻于御书“芙蓉坪”三字右侧一米处崖壁，北纬 39°59′26.34″，东经 116°10′59.88″。诗刻面南，竖刻六行，行七字，行草，字径高 10 厘米、宽 8 厘米。诗曰 ：“足底生云霞，臂左」招星辰。振衣千仞」冈，此语诚可人。到」来每徘徊，欲去重」逡巡。翘首眺青莲，」堪以静六尘。乾隆丙寅御题（方印一）。」”诗刻文字多漫漶，识读困难，录文按《诗文全集》补录。此诗原有序曰：“最北一嶂，迤逦曲注，宛宛如游龙，回绕园后。昔人有云，岩岭高则云霞之气鲜，林薮深则萧瑟之音清。两言得园中之概。”《光绪顺天府志 · 金石志一 · 御碑》记 ：“御制芙蓉坪诗，行书，乾隆十一年，五言古一首。在静宜园。”

9.《乾隆御书“仙掌”摩崖》

清乾隆十二年（1747 年）刻于玉乳泉遗址西约 30 米处路北一突出巨石上（即原观音阁上侧巨石上），北纬 39°59′16.62″，东经 116°11′18.18″，海拔 208 米。摩崖面东南，竖刻，行书，字径高约 60 厘米，宽 46 厘米。“仙”字正上方钤方印一，印高、宽 8 厘米，篆书阴文“乾隆御笔”。开光高 142 厘米，宽 62 厘米。《光绪顺天府志 · 金石志一 · 御碑》记 ：“御书仙掌二字，行书，乾隆十二年。在静宜园绚秋林石。”

乾隆五十一年《朝阳洞》诗刻

“仙掌”摩崖

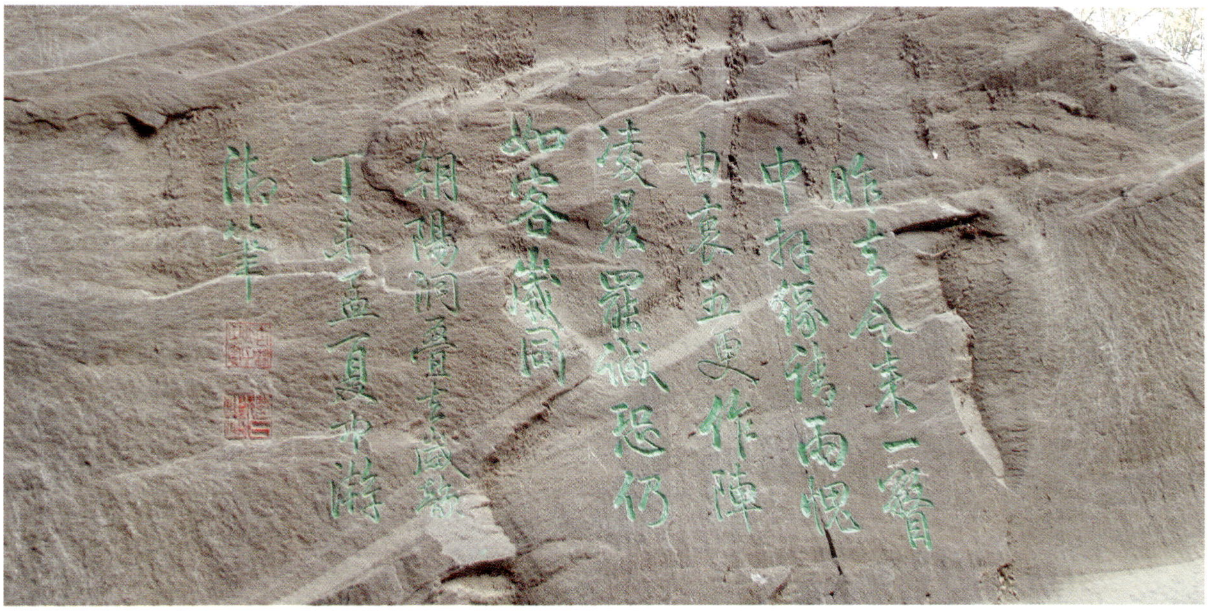

乾隆五十二年《朝阳洞叠去岁词》诗刻

“芙蓉坪”摩崖

10. 绚秋林摩崖石刻

绚秋林位于“玉乳泉”西南，为静宜园二十八景之一，毁于1860年庚申之役。此地地处香山寺西山坡上，黄栌最盛，深秋时节，红叶遍岗，一岭如烧。香山红叶，以此为冠。《日下旧闻考》记：绚秋林“岩间巨石森列，镌题曰萝屏，曰翠云堆，曰留青”。据《光绪顺天府志·金石志一·御碑》，御书“仙掌”二字、“翠云堆”三字、“留青”二字、“萝屏”二字为行书，乾隆十二年，在静宜园绚秋林石，御书“飞秀”二字，行书，乾隆一三年，亦在静宜园绚秋林石。

(1)《乾隆御书“萝屏”摩崖》，清乾隆十二年（1747年）刻于绚秋林遗址下东西山路南侧石壁上，北纬39°.59′13.44″，东经116°11′1.44″，海拔230米。“萝屏”二字面西北，横刻，正书，字径高31厘米，宽16厘米。二字上方居中钤方印一，印高、宽5.5厘米，篆书阴文“乾隆御笔”。开光高48厘米，宽80厘米，距地面26厘米。

(2)《乾隆御书“留青”摩崖》，清乾隆十二年（1747年）刻于绚秋林遗址下方通往雨香馆东西山路南侧林中一半埋于地下的青石上，北纬39°59′12.6″，东经116°11′1.2″，海拔230米。石露高56厘米，宽120厘米。“留青”二字面北，横刻，行书，字径高30厘米，宽14厘米。二字上方居中钤方印一，印高、宽均5厘米，篆书“乾隆御笔”。

(3)《乾隆御书“翠云堆”摩崖》，清乾隆十二年（1747年）刻于绚秋林遗址下方东西山路南侧路旁、“留青”摩崖右前方一独立山石上，后倚树一株，北纬39°59′13.08″，东经

“萝屏”摩崖

“留青”摩崖

“翠方堆”摩崖

116° 11′ 1.2″，海拔 230 米。“翠云堆”三字镌于岩石上斜面，面西北，横刻，行书，字径高 29 厘米，宽 19 厘米。“云”字上方钤方印一，印高、宽均 5 厘米，篆书“乾隆御笔”。刻字面积高 32 厘米，宽 75 厘米。

（4）《乾隆御书“卓笔”刻石》，清乾隆十一年至六十年（1746—1795 年）刻于绚秋林遗址下东西山路南一自然不规则立石上，北纬 39° 59′ 13.2″，东经 116° 11′ 0.12″，海拔 230 米。石高 115 厘米，宽 58 厘米。“卓笔”面西北，竖刻，行书，字径高 18 厘米，宽 13 厘米。其左钤方印二，上印漫漶不清，下印篆书阴文“乾隆御笔”。

（5）《乾隆御书“飞秀”摩崖》，清乾隆十三年（1748 年）刻于十八盘路中段路南一高 133 厘米、宽 111 厘米的岩石上，北纬 39° 59′ 14.34″，东经 116° 11′ 5.22″，海拔 217 米。“飞秀”面东北，竖刻，行书。“飞”字高 21 厘米，宽 16 厘米；“秀”字高 24 厘米，宽 14 厘米。上钤方印一，印高、宽均 5 厘米，篆书阴文“乾隆御笔”。开光高 58 厘米，宽 26 厘米。

（6）《“通幽”摩崖》，年代不详，刻于《乾隆御书“飞秀”摩崖》上方约 15 米处一高 122 厘米、宽 150 厘米的山石上，北纬 39° 59′ 14.34″，东经 116° 11′ 5.22″，海拔 222 米。摩崖面东，横刻，行楷，字径高、宽均 14 厘米。

11．《乾隆御书“蔚秀”摩崖》

清乾隆十二年（1747 年）刻于多景亭至香雾窟山路转弯处南侧一高 230 厘米、宽 280 厘米的孤立巨石上，北纬 39° 59′ 21.9″，东经 116° 10′ 47.28″，海拔 294 米。摩崖面东，横刻，行书。“蔚”字高 48 厘米，宽 34 厘米；“秀”字高 38 厘米，宽 30 厘米。上部居中钤方印，印高、宽均 11 厘米，篆书阴文“乾隆御笔之宝”。刻字面积高 130 厘米，宽 75 厘米。《光绪顺天府志 · 金石志一 · 御碑》记：“御书蔚秀二字，行书，乾隆十二年。在静宜园栖月崖。”

12．《乾隆御制〈晞阳阿作〉诗刻》

清乾隆十三年（1748 年）刻于朝阳洞西，原“丹墟”遗址西侧一高 350 厘米、宽 260 厘米的巨石上，北纬 39° 59′ 16.96″，东经 116° 10′ 34.92″，海拔 340 米。诗刻面东南，竖刻八行，行十一至十二字，行书，字径高约 8 厘米，宽 7 厘米。诗曰：“朝阳古洞香山奥，蹊径几盘」方得到；深谷无景壁含风，芳」杜烟萝相窈窱。传闻仙姥此」烧丹，云浆玉液供丹灶；骑上」茅龙何所之，虚无铛釜遗层」峤。茹芝辟谷学登仙，如可求兮」愿执鞭；仙缘苟无坠铁锁，退不」可悔前不可。晞阳阿作（钤印三，一圆二方）。」”上圆印径 3 厘米，镌乾卦符“☰”；中方印高、宽均 3 厘米，阴文篆书“隆”字；下方印高、宽均 4.5 厘米，阳文篆书“乾隆御书”。开光高 111 厘米，宽 77 厘米。

13．《乾隆御制〈晞阳阿〉诗刻》

清乾隆十三年（1748 年）刻于“森玉笏”摩崖西北约 60 米处的红色巨石上，北纬 39° 59′ 18″，东经 116° 10′ 38.64″，海拔 322 米。诗刻面南，竖刻十一行，行字不等，行书，字径高约 17 厘米，

“卓笔”摩崖

“飞秀”摩崖

“通幽”摩崖

“蔚秀”摩崖

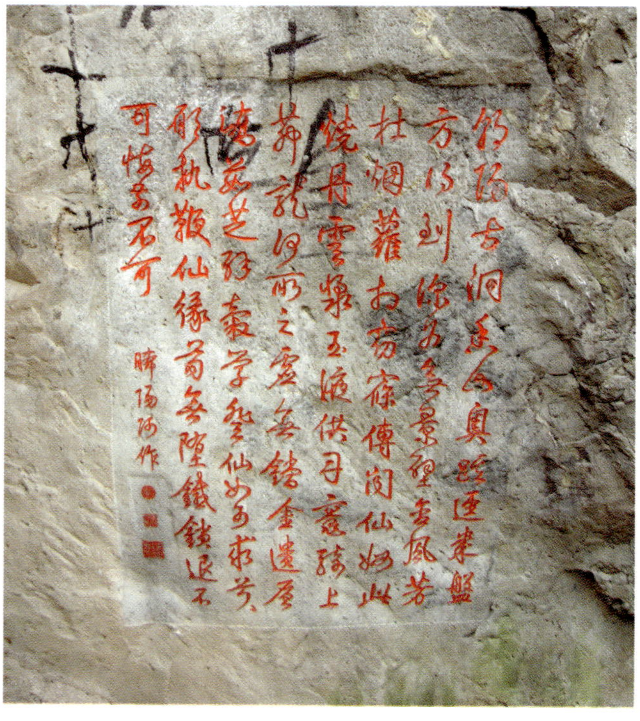

乾隆十三年《晞阳阿作》诗刻

乾隆十三年《晞阳阿》诗刻

宽 13 厘米。刻字面积高 120 厘米，宽 170 厘米。诗曰："古洞香山隩，赐名曰晞」阳。盘盘历曲栈，宛宛成」回岗。精舍构其间，冬」温夏复凉。四序无不佳，」斯时景最良。一窗暖」日明，万嶂石林苍。冰泉」哀玉声，霜叶水晶光。」近郭与远村，烟里辨」微茫。披卷晤古人，获」我中心藏。」戊辰初冬御题（钤印二，圆方各一）。」"上为圆花印，径 8 厘米，中镌乾卦符"☰"，两侧龙纹。方印高、宽均 9 厘米，中篆书"隆"字，边回文纹饰。

14.《乾隆御书"双清"摩崖》

清乾隆十六年（1751 年）刻于今"双清别墅"内西南通往欢喜园山路旁石壁上，北纬 39°59′6.9″，东经 116°11′15.36″，海拔 195 米。"双清"二字面东北，横刻，行书，字径高约 47 厘米，宽 31 厘米。二字上方居中钤方印一，印高、宽均 8 厘米，篆书阳文"乾隆」御笔」"两行。今"双清别墅"相传原为金章宗"梦感泉"旧址。乾隆十年（1745 年）于此修建"松坞云庄"，院内建有"栖云楼"为

"双清"摩崖

静宜园二十八景之一。《光绪顺天府志·金石志一·御碑》记:“御书双清二字，行书，乾隆十六年。在静宜园香山井南石。”1917年熊希龄创建“香山慈幼院”时，将此地辟为私人宅邸，因院内西壁两股清泉顺崖而下，又有乾隆御题“双清”二字，故更名曰“双清别墅”。

15.《乾隆御书“紫霞天”刻石》

清乾隆十一年至六十年（1746–1795年）刻于勤政殿后山正对勤政殿后门的一高120厘米、宽44厘米立石上，北纬39°59′23.04″，东经116°11′22.68″，海拔129米。“紫霞天”三字面东，竖刻，字径高约17厘米，宽13厘米，行书。“紫”字已剥蚀。

16.《乾隆御书“风咮”刻石》

清乾隆十一年至六十年（1746–1795年）刻于勤政殿西南角一高49厘米、宽70厘米山石上，北纬39°59′23.04″，东经116°11′22.68″，海拔128米。“风咮”二字面东北，横刻，行书，“风”字高、宽均15厘米；“咮”字高16厘米，宽17厘米。

17.《“罗汉影”摩崖》

清乾隆十一年至六十年（1746–1795年）刻于玉乳泉遗址西、山路北侧一独立山石上，北纬39°59′16.68″，东经116°11′2.88″，海拔214米。摩崖面南，竖刻，正书，字径高约18厘米，宽13厘米。该摩崖未镌题款，《日下旧闻考》“绚秋林”下记：“观音阁，额曰鹦集崖，崖旁勒仙掌二字，下有石临泉，镌题曰罗汉

“紫霞天”刻石

“风咮”刻石

“罗汉影”摩崖

影”。《光绪顺天府志 · 金石志一 · 御碑》中没有“罗汉影”的记载。《香山公园志 · 石刻》记：“罗汉影，刻于‘仙掌’石下侧十余米处，为清高宗御笔。”“罗汉影”书法风格与绚秋林附近其他御书摩崖石刻相比较，笔道略显纤细瘦长。“罗汉影”右侧还镌诗一首，刻字面积高 37 厘米，宽 26 厘米。但文字已漫漶，仅见方印一。据公园管理处有关人员介绍，该摩崖为陈兴亚诗刻。

18.《乾隆御书“削玉”摩崖》

清乾隆十一年至六十年（1746–1795 年）刻于雨香馆遗址后山西北垣墙内一巨山石上，北纬 39° 59′ 11.04″，东经 116° 10′ 58.86″，海拔 252 米。石面高 280 厘米，宽 330 厘米，上面遍布小鹅卵石，右侧有一道上下开裂的石纹。摩崖面东北，横刻，行书。“削”字高 53 厘米，宽 35 厘米；“玉”字高 46 厘米，宽 33 厘米。

19.《乾隆御书“阆风”刻石》

清乾隆十一年至六十年（1746–1795 年）刻于阆风亭亭阶西侧上下两立石上，北纬 39° 59′ 15.06″；东经 116° 10′ 56.76″，海拔 244 米。刻石共两处，上石为自然山石，字底有刀斧剁痕。下石为平滑假山石，左钤方印二，上印篆书“乾隆宸翰”；下印篆书“乾隆”，疑上方刻石为乾隆时期旧刻。两刻石均面南，竖刻，正书。“阆”字高 16 厘米，宽 11 厘米，“风”字高 14 厘米、宽 13 厘米。刻字面积均高 40 厘米，宽 20 厘米。

20.《“弹琴□”摩崖》

清乾隆十一年至六十年（1746–1795 年）刻于阆风亭下东侧岩壁上，北纬 39° 59′ 15.06″，东

“削玉”摩崖

“阆风”刻石

“弹琴□”摩崖

经 116°10′56.76″，海拔 243 米。摩崖面东，横刻，正书，字径高约 14 厘米，宽 12 厘米。刻字面积高 12 厘米，宽 39 厘米。三字已模糊不清，只依稀可辨“弹琴”二字。摩崖上方原有题诗一首，刻字面积高 83 厘米，宽 63 厘米，竖刻文字八行，字径高约 31 厘米，宽 36 厘米。诗首字前钤椭圆印一，诗末钤方印二。字迹已无法辨识，似经人为凿挖。从摹刻风格及钤印形式推断，可能为乾隆御制诗刻。

21.《乾隆御书“垂云”摩崖》

清乾隆十一年至六十年（1746–1795 年）镌于烟菲蔚秀西南约 60 米处、从烟菲蔚秀西侧山路上行至阆风亭路中段路西一巨岩上，石北侧为林荫小路，北纬 39°59′16.74″，东经 116°10′53.4″，海拔 250 米。摩崖面东，横刻，行书。“垂”字高 38 厘米，宽 30 厘米；“云”高 40 厘米，宽 30 厘米。二字上方中间钤印一，印高、宽均 8 厘米，篆书。刻字面积高 53 厘米，宽 70 厘米。

22.《乾隆御书“湧鳌”刻石》

清乾隆十一年至六十年（1746–1795 年）刻于芙蓉馆遗址前井边一独立立石上，北纬 39°59′25.32″，东经 116°10.′59.58″，海拔 194 米。立石高 140 厘米，宽 45 厘米。“湧鳌”二字面西南，竖刻，行书，字径高约 15 厘米，宽 10 厘米。左钤方印二，印高、宽均 3.5 厘米，上印剥蚀，下篆书阴文“乾隆御笔”。

23.《嘉庆御制〈山行一首〉诗刻》

清嘉庆十三年（1808 年）刻于重翠崦西山路西侧坡上一独立山石上。北纬 39°59′26.03″，东经 116°10′51.84″，海拔 282 米。刻字面积高 56 厘米、宽 65 厘米，字径高 6 厘米，宽 5 厘米。面东，竖刻八行，满行八字，正书。诗曰：“石栈新修辟，坦平」榛莽除；山高云出回，」径复马行徐。□□龙」清嶂，清流汇碧渠；据」鞍舒旷览，不觉□岩」居。山行一首。」戊辰清和月中澣」御笔（钤方印二）。」”印高、宽均 4 厘米。上篆书阴文“嘉庆御笔”，下篆书阳文“所宝惟贤”。

24.《道光御书“写秋容”摩崖》

清道光三年（1823 年）九月刻于乾隆御书“森玉笏”摩崖西北约 50 米处一巨岩上，北纬 39°59′18.06″，东经 116°10′39.24″，海拔 322 米。“写秋容”面东，竖刻，行书，字径高 50 厘米，宽 40 厘米。右款竖题“道光癸未九月”，字径高、宽均约 13 厘米。左款竖题“御笔”二字，下钤方印二，上篆书阴文“惟几惟康”，下篆书阴文“道光御笔之宝”。开光高 160 厘米、宽 96 厘米。

25.《“梅”字摩崖》

1922 年 3 月 24 日刻于“晞阳阿”西北、沿泻水沟上行接近顶峰百米处一巨石东侧，北纬 39°59′19.02″，东经 116°11′24.66″，海拔 468 米。石面高 450 里米，宽 400 厘米。石中央稍左镌一巨大的“梅”字，字径高 200 厘米，宽 180 厘米；“梅”字左下方自右及左横刻“兰芳”二字。“兰”字高 20 厘米，宽 12 厘米；“芳”字高 19 厘米，宽 16 厘米。“梅”字右下竖刻题刻九行，行字不

“垂云”摩崖

“涌鳌”刻石

“写秋容”摩崖

嘉庆十三年《山行一首》诗刻

“梅”字摩崖

“梅”字摩崖题记

等。字径高 8 厘米，宽 6 厘米。题刻曰 ：“壬戌三月二十有四日，」萧紫亭、齐如山、」梅兰芳、王幼卿、」李释堪同来，」兰芳写梅，释」堪题记，香山游」者虽多，未必遂」登此石，亦足以」自豪矣（钤方印一）。」”印篆书阴文一“李”字，高 10 厘米，宽 7 厘米。 题刻下，从右向左斜刻“齐如山监刻”五字，字径高 16 厘米，宽 15 厘米。该摩崖刻字面积高 280 厘米，宽 230 厘米。大字“梅”字是著名京剧艺术大师梅兰芳所题。

“峰回路转”摩崖

26.《“峰回路转”摩崖》

民国时期刻于“烟非蔚秀”遗址北上行山路通往“梯云山馆”的山路转弯处北侧巨石上，北纬 39°59′22.68″，东经 116°10′55.92″，海拔 233 米。摩崖面东南，竖刻一行，正书，字径高 21 厘米，宽 17 厘米。左侧竖题“海城陈兴亚题”一行，字径高、宽均 7 厘米。右侧有“重岩」耸翠”四字，竖刻二行，疑似新刻。

27.《“春雪秋鸿”摩崖》

民国时期刻于《乾隆御制“香山春望二”诗刻》西 10 米处、阆风亭下山路北侧林间巨石上，北纬 39°59′15.06″，东经 116°11′0.66″，海拔 240 米。摩崖面东南，竖刻，正书，字径高约 8 厘米，宽 7 厘米。其左题小字两行：“宿松黄叶村」临别纪念」”，字径高 5 厘米，宽 4 厘米。上钤两方印，已剥蚀不辨。刻字面积高 41 厘米，宽 18 厘米。宿松即今安徽省安庆市。

28.《“一拳石”摩崖》

年代不详。刻于玉乳泉遗址上方、“仙掌”摩崖上行百米处山道北侧一独立巨石上，北纬 39°59′14.88″，东经 116°11′1.14″，海拔 238 米。“一拳石”三字面东南，横刻，行书，字径高约 18 厘米，宽 15 厘米。刻字面积高 30 厘米，宽 47 厘米。

29.《“凄乳泉”摩崖》

年代不详。刻于玉乳泉遗址上山方向拐弯处路西一巨石上，北纬 39°59′13.98″，东经 116°11′0.48″，海拔 245 米。摩崖面南，横刻，双勾正书，字径高约 15 厘米，宽 12 厘米。刻字面积高 38 厘米，宽 56 厘米。

“一拳石”摩崖

“凄乳泉”摩崖

30.《“知乐濠”摩崖》

年代不详。刻于香山寺遗址东30米处水潭南侧山岩上，北纬39°59′11.16″，东经116°11′21.72″，海拔160米。“知乐濠”三字面东南，竖刻，正书，字径高、宽均12厘米。右侧上方竖刻“王仁”二小字。知乐濠为静宜园二十八景之一，位于香山寺山门石阶下南侧，乾隆皇帝御题的“知乐濠”置于知乐濠遗址水池南侧面北的石栏板下方。《光绪顺天府志·金石志一·御碑》记：“御制知乐濠诗，行书，乾隆十一年。五言律一首。在静宜园。”诗曰：“濴濴鸣曲注，然否是濠梁。得趣知鱼乐，忘机狎鸟翔。湓喁云雾上，泼剌柏松旁。寄语拘墟者，来兹悟达庄。”该诗刻今未见，此题刻疑为“王仁”在此游赏时所刻。

颐和园摩崖石刻

颐和园是世界著名的皇家园林，1998 年被列入《世界遗产保护名录》。其前身为清漪园，始建于清乾隆十五年（1750 年），建园以自然山水为框架，形成了“虽由人作，宛自天成”的园林风格。咸丰十年（1860 年），遭英法联军焚毁。光绪十二年至二十一年（1886－1895 年），在原清漪园残址上按原有规模重建，光绪十四年（1888 年）更名为颐和园。光绪二十六年（1900 年）又遭受八国联军的抢掠和破坏，光绪二十八年（1902 年）大部分建筑被修复。这座皇家园林在经历了两次浩劫后，其原始园貌已不可览，但镌题于山崖石壁间的摩崖石刻因其不易毁损的特点成为我们追想其当年盛况的依据。

颐和园内的摩崖石刻均在万寿山上，并多为乾隆皇帝御题。清漪园始建于乾隆十五年（1750 年），嘉庆三年（1798 年）完工。乾隆皇帝在园活动四十九年，每至一处必有题咏，留下与清漪园有关的诗作近 1500 首。万寿山后赅春园遗址内清可轩岩壁间满壁皆乾隆御题，是乾隆喜好留题的绝佳写照。除乾隆御题诗刻及摩崖外，在颐和园前山景区的山石间，也留有慈禧太后的题刻数则，是这位清末最有权势的女人在颐和园活动的见证。

1.《乾隆御书“燕台大观”摩崖》

清乾隆十五年（1750 年）刻于万寿山餐秀亭（原福荫轩）后西北半山坡上一独立巨石上，北纬 39° 59′ 53.64″，东经 116° 16′ 14.82″，海拔 102 米。石面高 280 厘米，宽 450 厘米，前有砖铺上山小路。摩崖面南，横刻，行书。“燕”字高 62 厘米，宽 42 厘米；“台”字高 61 厘米，宽 44 厘米；“大”字高 58 厘米，宽 43 厘米；“观”字高 61 厘米，宽 53 厘米。摩崖上方正中钤方印一，印高、宽均 10 厘米，篆书阴文“乾隆御笔”。刻字面积高 77 厘米，宽 230 厘米。《光绪顺天府志·金石志·御碑》载：“御书燕台大观四字，行书，乾隆十五年。在清漪园餐秀亭后。”《日下旧闻考》记：“餐秀亭后石壁上勒御题燕台大观四字。”燕台又称幽州台，是战国时期燕昭王所筑的黄金台，后常用作北京地区的代称。“燕台大观”乃尽揽燕京壮美之意。

2.《乾隆御书“栖霞”摩崖》

清乾隆十五年至乾隆六十年（1750－1795 年）刻于万寿山前景区中部偏东重翠亭附近山岩上，其东南约 10 米处为清光绪年间“流云”摩崖。北纬 39° 59′ 54.06″，东经 116° 16′ 9.36″，海拔 91 米。摩崖横刻，正书。“栖”字高 13 厘米，宽 12 厘米；“霞”字高 14 厘米，宽 12 厘米。《颐和园志》载：“栖霞刻于重翠亭西天然岩石上，乾隆皇帝御题”。

3.《乾隆御书“画峰”摩崖》

清乾隆十五年至乾隆六十年（1750－1795 年）刻于万寿山西景区延清赏楼后半山坡一独立巨石上，北纬 39° 59′ 51.48″，东经 116° 15′ 49.08″，海拔 48 米。石面高 260 厘米，宽 240 厘米。摩崖面西南，横刻，正书。“画”字高 65 厘米，宽 47 厘米；“峰”字高 70 厘米，宽 67 厘米。摩崖上方正中钤方印一，高、宽均 10 厘米，已漫漶。“画峰”意为峰岩如画。乾隆除在此题有“画峰”，

“燕台大观”摩崖

“栖霞”摩崖

“画峰”摩崖

还于北海静心斋题名“画峰室”。

4.《乾隆御书“碧鲜”摩崖》

清乾隆十五年至乾隆六十年（1750–1795 年）刻于万寿山西景区延清赏楼南侧斜门殿后一独立巨大山石上，北纬 39° 59′ 50.88″，东经 116° 15′ 49.89″，海拔 53 米。面石高 300 厘米，宽 290 厘米。摩崖面西南，横刻，正书。“碧”字高 83 厘米，宽 50 厘米；“鲜”字高 76 厘米，宽 60 厘米。摩崖上方正中钤方印一，印高、宽均 10 厘米，篆书阴文“乾隆御笔之宝”。

5.《乾隆御书“留云”摩崖》

清乾隆十五年至乾隆六十年（1750–1795 年）镌于万寿山后山香岩室西留云阁十八罗汉摩崖造像东侧崖壁，北纬 39° 59′ 55.44″，东经 116° 15′ 58.86″，海拔 78 米。摩崖面北，横刻，正书。“留”字高 15 厘米，宽 12 厘米；“云”字高 18 厘米，宽 15 厘米。二字中间上方钤方印一，高、宽均 5 厘米。刻字面积高 18 厘米，宽 24 厘米。

留云阁原是赅春园建筑组群之一，建筑坐北朝南，后檐柱依壁而建，宛如悬于空中，故而取名“留云阁”。乾隆二十五年（1760 年）有御制《题留云阁》诗：“昔临金陵永济寺，爱彼临江之悬阁。铁锁系栋凿壁安，古迹犹能寻约略。万寿山阴绣屏张，我心写之命仿作。虽无横江有回溪，何小何大蒙庄齐。留云两字向泐屋，新秋取暇聊攀跻。一片闲云留不住，笑他高阁名空具。”而今留云阁的原貌已不可觅，只留下几许残破的檐檩悬于石壁上。

6. 香岩室诗刻

香岩室位于万寿山后清可轩西，自清可轩西石阶南转即见其面西的洞口，北纬 39° 59′ 55.56″，东经 116° 15′ 59.34″，海拔 74 米，室名为乾隆皇帝所赐。1860 年遭英法联军掠劫，洞壁的乾隆御

“碧鲜”摩崖

“留云”摩崖

制诗刻今也大多漫漶不清。洞口内北壁镌御制诗四首，分上下两排，上排三首，下排一首，上排中间一首与下排一首诗刻已无法辨识。再向内东南转上石阶，有一石室，室内南壁、东壁、北壁可见诗刻开光六处，其中有四首诗刻与《清高宗（乾隆）御制诗文全集》（以下简称《诗文全集》）核对后可以补录。

（1）《乾隆十七年御制〈香岳室〉诗刻》，清乾隆十七年（1752 年）刻于香岳室内洞东壁。开光高 39 厘米，宽 60 厘米。字径高、宽约 4 厘米。诗刻面西北，竖刻九行，行六至七字，正书。诗曰：“（钤方印一）牝洞依翠岩，月廊」接虚室；窈窕」深且明，偃息静而」一；拂招清风来，」荟蔚白云出；观」书志足娱，体道」神自谧；擬以永日」讫，夫岂所无逸。」⧄（钤圆花印一）。」”首印风化漫漶不能识读。句末花印为乾卦符“☰”。诗刻存字尚可，录文按《诗文全集》补录。

（2）《乾隆十八年御制〈香岳室〉诗刻》，清乾隆十八年（1753 年）刻于香岳室内洞北壁下部左侧。开光高 34 厘米，宽 66 厘米。诗刻面南，竖刻，依存字推断为十行，满行六字。字径高宽约 4 厘米。诗曰：“（首钤花印）岩栖聊趁片时」闲，妙得环中中」更环；弃日雅宜」小年景，构庐」恰借嵌空山。蝉」如佛偈谈非口，」香散天花笑破」颜。未免踟躇动」清恋，白雪不共」客人还。」⧄（钤方印一）。」”印风化漫漶不能识读。诗刻左半部风化漫漶严重，按遗存字迹核对，为乾隆十八年（1753 年）《香岳室》诗，录文按《诗文全集》补录。

（3）《乾隆二十六年御制〈香岳室〉诗刻》，清乾隆二十六年（1761 年）刻于香岳室进洞口北壁上排东侧石壁。开光高 32 厘米，宽 65 厘米。诗刻竖刻十行，行五字，行书。字径高 5 厘米，宽 4 厘米。诗曰：“依岩得古洞，」倚壁构飞廊。」入匪重门限，坐」生虚室光。尘」祛滋意蕊，闻」复发心香。大士」非空色，端居」如是常。」□□仲夏」⧄。」”诗刻

乾隆十八年《香岳室》诗刻

乾隆御制诗刻

大部分漫漶，依稀可识个别字迹。依存字，核对《诗文全集》，应为乾隆二十六年《香嵒室》诗。录文按《诗文全集》补录。

（4）《乾隆三十三年御制〈香嵒室〉诗刻》，清乾隆三十三年（1768 年）刻于香嵒室进洞口北壁上排西侧。开光高 27 厘米，宽 48 厘米。诗刻面南，竖刻，依遗存字迹推断为八行，行七至八字。字径高、宽均约 3 厘米。据遗存字迹核对，为清乾隆三十三年《香嵒室》诗。诗曰："峭壁接牝洞，宛转回」廊通。廊穷入嵒龊，」毛发飒凉风。适来暑如失，玉壶冰贮中。大」士坐香台，缤纷花雨濛。洒然虽措辞，内空内外空。」⧄六月上澣⧄。」"诗刻大部分风化漫漶，仅可识读个别字迹。录文按《诗文全集》补录。

（5）《乾隆三十六年御制〈香嵒室〉诗刻》，清乾隆三十六年（1771）刻于香嵒室内洞东南壁右上方。开光高 26 厘米，宽 38 厘米。诗刻面西北，竖刻，字径高宽约 3 厘米。诗刻漫漶严重，每行只可辨个别字迹。诗曰："香嵒石室幽，清可轩」之左。轩固偶一经，室更」弗恒坐。前已轩中憩，」兹游室实可。洞户窄」益狭，盘陀平不颇。天」花霏其芬，禅枝镠以」锁。龙象底须守，瓶钵」惟静妥。如如供大士，跏」趺青莲朵。那罗延窟」是，无示中示我。」辛卯御题（钤方印二）。」"印亦风化漫漶。录文按《诗文全集》补录。

（6）《乾隆五十三年御制〈香嵒室口号〉诗刻》，清乾隆五十三年（1788 年）刻。位于香嵒室内洞北壁上部中间。开光高 21 厘米，宽 19 厘米。字径高、宽均约 3 厘米。面北，竖刻六行，行七字。行书。诗曰："清可轩依岩作壁，」香嵒室竟洞为庐。」所期归政七年后，」静坐其中阅梵书。」香嵒室口号一首」⧄。」"诗刻中字迹大多可识，只末行文字全泐。录文按《诗文全集》补录。

（7）《乾隆御制诗刻》，清乾隆十年至五十八年（1745–1793 年）刻于香嵒室内洞东南壁左下方。开光高 35 厘米，宽 36 厘米。字径高、宽均约 3 厘米。诗刻面西北，竖刻，行十至十一字，漫漶严重，每行只可辨个别字迹。诗曰："林壑入奇□□□足□殁」嵌岩拟洞□□□饶清祠」栋宇既□□□安容试」开□一洞幽⧄笏俯」仰□葱会□□得近憩斸」五⧄」不⧄」乾隆□丑□月御题（印二）。」"此诗年款只可辩认一个"丑"字，乾隆年间有乙丑、丁丑、己丑、辛丑和癸丑年，按各丑年核对《诗文全集》，未查到有此诗收入，诗文按摩崖现存情况抄录。

（8）《乾隆御制诗刻》，清乾隆十七年至乾隆六十年（1752–1795 年）刻于香嵒室进洞口北壁上排中间。开光高 30 厘米，宽 44 厘米。诗刻面南，竖刻。已全部风化剥蚀，无法识读。

（9）《乾隆御制诗刻》，清乾隆十七年至乾隆六十年（1752–1795 年）刻于香嵒室进洞口北壁下排偏东处石壁，上为《乾隆三十三年御制"香嵒室"诗刻》。开光高 25 厘米，宽 45 厘米。诗刻面西，竖刻。已全部风化剥蚀，无法识读。

（10）《乾隆御制诗刻》，清乾隆十七年至乾隆六十年（1752–1795 年）刻于香嵒室内洞北壁下

乾隆五十三年《香嵒室口号》诗刻

部右侧。开光高26厘米、宽43厘米。字迹已全部漫漶无法辨识。

以上所述香嵒室内诗刻十首，可识读出七首，余三首因文字泐甚，已无从辨别。查《诗文全集》,收录有《香嵒室》诗若干，又香山有“香嵓室”，惜《诗文全集》中并未注明，笔者按诗文意，恰有三首与颐和园香嵒室意境相近，备录于后，供读者赏读。

①乾隆二十五年《题香嵒室》

山阴多嵌岩，巘岈复岤嵂。倚石构静室，宁费穿凿力。野草与秋花，非空亦非色。我却忧劳人，个中讵居得。居以水月相，原即薝蔔域。不可拟咨议，是道非语默。

②乾隆三十八年《香嵒室》

精舍筑崇椒，年深多古木。近夏阴欲浓，因风气霏馥。径路曲以折，轩窗静且淑。一岁才一来，一来去还速。分付壁间题，恒此消清福。

⑶乾隆四十六年《香嵒室》

我昔游金陵，悦彼山阴景。倚壁复临江，厥有招提境。归来写其状，喜此亦横岭。虽非俯绿波，构筑颇相等。宛转步回廊，牝洞栖岩回。大士坐如如，异同一以屏。何当恒于兹，清供澄心领。忽思此言失，无逸亦宜省。诗文在二三句间有注曰 :“金陵观音山永济寺悬阁临江飞廊缘壁，因于万寿山仿作依嵒得古洞，倚壁构飞廊之句。”

7. 清可轩摩崖石刻

清可轩位于万寿山后西景区赅春园遗址后山，北纬39°59′55.62″，东经116°15′59.94″，海拔75米。赅春园始成于乾隆十九年（1754年），原有建筑由蕴真赏惬、竹籞、清可轩、香嵒室、留云阁等建筑组成。清可轩以满壁镌题乾隆题刻而著称，建筑为面阔三间，屋顶利用翘起山岩，将梁搭建于岩上，与山石自然衔接，使皴皱山岩成为房屋后檐墙，形成岩屋难辨、虚实相融的独特建筑风格。乾隆皇帝曾将此处作为书斋之一，并于屋顶正中石上御书“清可轩”题榜。1860年赅春园惨遭英法联军焚掠，除宫门外，所有建筑焚为废墟。清可轩满壁的诗刻也未能幸免于难，今多已漫漶不清，有些已全佚。按清《光绪顺天府志 · 金石志一 · 御碑》载，清可轩石壁原有御书题榜摩崖七则，御题诗刻30首。经笔者多次踏勘，可见诗刻遗迹32处，其中有18首根据遗存字迹核对《诗文全集》能确定诗文及镌刻位置，14首仅见开光，字迹已全部风化、漫漶、剥蚀，不

清可轩遗址

能识读。下为清可轩御题诗刻及题榜遗存情况，为方便辨识将七则御书题榜列于前，集中描述。御制诗刻按所在位置分为四区，以简易线描框图编号，遗失诗刻位置也一并标出，以便核对识读。

其一，乾隆御书题榜摩崖七则：

(1)《乾隆御书“清可轩”摩崖》，清乾隆十七年(1752年)刻于清可轩遗址岩壁正中。刻字面积高45厘米，宽115厘米，摩崖面北，横刻，行书，字径高、宽均约30厘米。《光绪顺天府志·金石志·御碑》载：“御书清可轩三字，行书，乾隆十七年。在清漪园”。

(2)《乾隆御书“集翠”摩崖》，清乾隆十七年(1752年)刻于“清可轩”摩崖东侧约150厘米处崖壁上。摩崖面北，横刻，行书，字径约高30厘米，宽25厘米。

(3)《乾隆御书“苍崖半入云涛堆”摩崖》，乾隆十七年(1752年)刻于“清可轩”摩崖东侧下方崖壁，其左有上下两处开光，惜字已全佚，其右上方亦有开光，字亦佚，再右上方为《乾隆十七年御制〈清可轩〉诗刻》。石面高125厘米，宽130厘米。摩崖面北，竖刻，正书，字径高约13厘米，宽12厘米。书曰：“苍崖半入」云涛堆（钤方印一）。」”印风化无法识读，摩崖所在石面风化严重，字迹辨认困难。《光绪顺天府志·金石志·御碑》载：“御书苍崖半入云涛堆七字，行书，乾隆十七年。在清漪园

“清可轩”摩崖

“集翠”摩崖

“苍崖半入云涛堆”摩崖

清可轩石壁。”

（4）《乾隆御书“诗态”摩崖》，清乾隆十七年（1752 年）刻于“清可轩”摩崖东侧下方。所在石面与“清可轩”题榜下御制诗刻摩崖相比向内凹进，石面平整。摩崖面北，竖刻，正书，字径高宽约 23 厘米。《光绪顺天府志·金石志·御碑》载：“御书诗态二字，行书，乾隆十七年。在清漪园清可轩石壁。”

（5）《乾隆御书“方外游”摩崖》，清乾隆十七年（1752 年）刻于“诗态”摩崖东下方，向北倾斜的岩石上。石面向下倾斜，竖刻，正书。“方”字高 32 厘米，宽 27 厘米；“外”字高 28 厘米，宽 24 厘米；“游”字高 30 厘米，宽 22 厘米。《光绪顺天府志·金石志·御碑》载：“御书方外游三字，行书，乾隆十七年。在清漪园清可轩石壁。”

（6）《乾隆御书“烟霞润色”摩崖》，乾隆十七年（1752 年）刻。“烟霞润色”所在岩壁已与山体脱离，现卧于石壁前，石面高 72 厘米，宽 123 厘米。刻字面朝上，横刻，正书，字径高约 13 厘米，宽 14 厘米。上正中钤方印一，印高、宽均 5 厘米，风化剥蚀，识读困难。《光绪顺天府志·金石志·御碑》载：“御书烟霞润色四字，行书，乾隆十七年。在清漪园清可轩石壁。”

（7）《乾隆御书“寒碧”摩崖》，清乾隆十七年（1752 年）刻于清可轩石壁东侧半山坡一巨石上，北纬 39°59′55.8″，东经 116°16′0.54″，海拔 87 米。摩崖面北，横刻，正书。“寒”字高 54 厘米，宽 38 厘米，

“诗态”摩崖

“方外游”摩崖

“烟霞润色”摩崖

“寒碧” 摩崖

“碧”字高56厘米，宽34厘米。上正中钤方印一，印高、宽均10厘米，风化漫漶不能识读。《光绪顺天府志 · 金石志 · 御碑》载：“御书寒碧二字，行书，乾隆十七年。在清漪园清可轩外横石。”

其二，“清可轩”题榜下诗刻，可辨开光有七，从上而下大致可分为三排，按框图编号排列如下：

(1)《乾隆二十一年御制〈清可轩〉诗刻》，清乾隆二十一年（1756年）刻于“清可轩”题榜右下方，其左为《乾隆十七年御制〈清可轩〉诗刻》。开光高36厘米，宽40厘米。字径高、宽均约4厘米。诗刻风化剥蚀严重，只右下角前四行个别字迹依稀可辨，核对《诗文全集》，应为乾隆二十一年御制《清可轩》诗。诗曰：“辟关披岭云，拾阶」寻崖石。一晌早」延清，三间岂嫌窄。」茶火软通红，苔」冬嫩余碧。傥来」辄凭窗，促去不暖席。便宜是诗章，往往镌琼壁。」”录文按《诗文全集》补录。

(2)《乾隆十七年御制〈清可轩〉诗刻》，清乾隆十七年（1752年）刻于“清可轩”题榜左下方，其西开光面全部风化。诗刻面北，开光高76厘米，宽104厘米。从遗存字迹判断诗刻应竖刻十至十一行，满行九至十字，行书，字径高宽约6厘米。诗曰：“金山屋包山，焦山山包屋。」包屋未免俭，包山未免俗。」昆明湖映带，万寿山阴」麓。恰当建三楹，石壁在」其腹。山包屋亦包，丰啬」适兼足。颜曰清可轩，可」意饶清淑。璆琳匪所宜，」鼎彝或堪蓄。挂琴拟号」陶，安铫聊仿陆。人尽返澹」风，岂非天下福。壬申。」”诗刻开光内左侧岩壁风化剥蚀，字迹多已不存，唯第一行较清晰，经核对，应为乾隆十七年《清可轩》

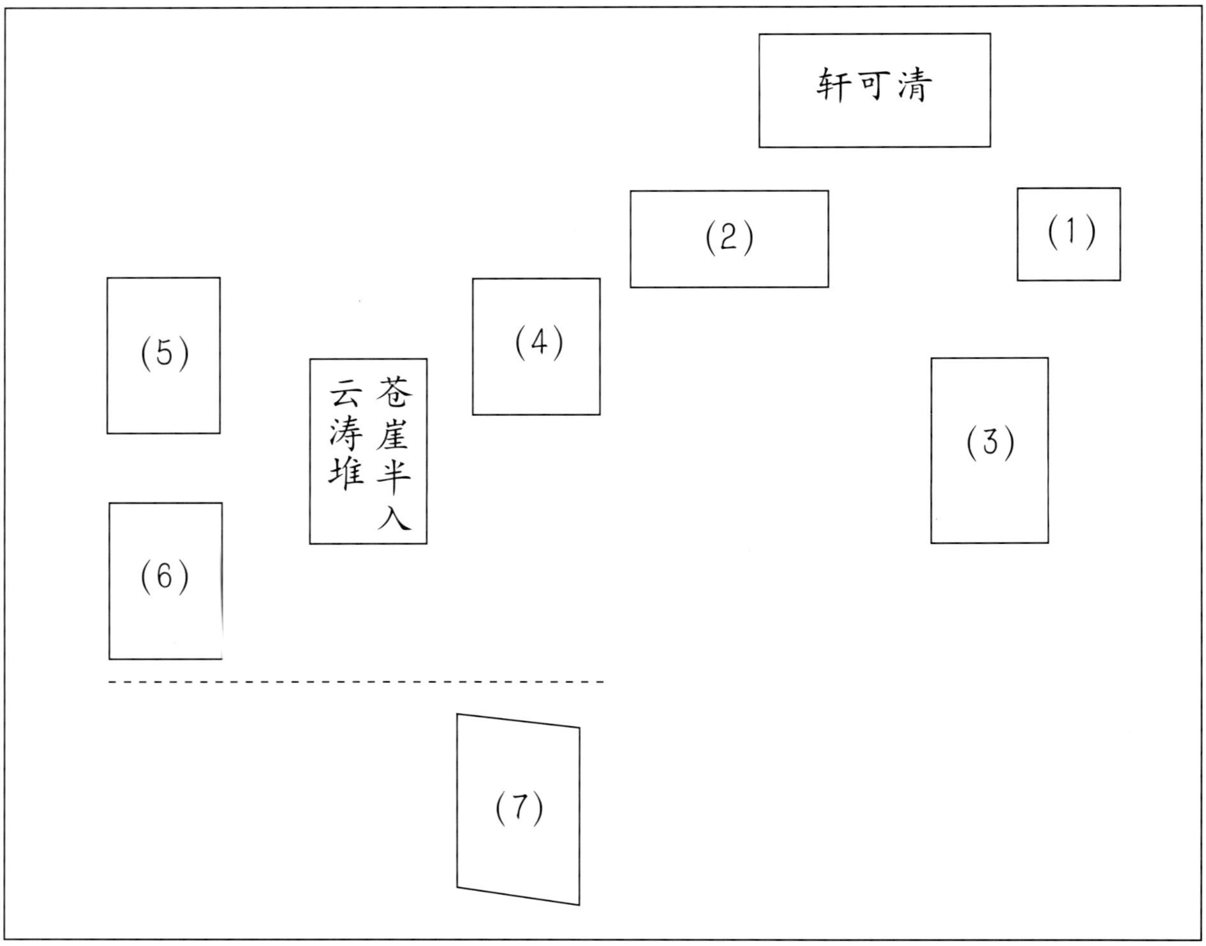

“清可轩”（其二）题榜下诗刻示意图

五言古诗。录文按《诗文全集》补录。

（3）《乾隆三十八年御制〈清可轩〉诗刻》，清乾隆三十八年（1773 年）刻于《乾隆十七年御制〈清可轩〉诗刻》右下方，上临风化开光印迹。开光高 33 厘米，宽 23 厘米。诗刻面北，按存字情况判断竖刻六行，满行十二字，正书。字径高、宽均约 2 厘米。诗曰 :“山轩倚峭壁，壁复轩中里。望之」若峻危，即之实平妥。所以游山阴，」无不小憩坐。是时春未圈，林叶」秃非锁。遐观彼全呈，静搜兹亦」颇。即景信惟清，惬意欣诚可。」癸巳新正下澣御笔。」”查《诗文全集》中收录乾隆三十八年《清可轩》诗只此一首，遗存诗文第一行头二字“山轩”可辨，与此诗相符，核对行间遗存其他字迹，应为此诗。录文按《诗文全集》补录。

（4）《乾隆御制诗刻》，清乾隆十七年至乾隆六十年（1752—1795 年）刻于《乾隆十七年御制〈清可轩〉诗刻》左侧。开光高 40 厘米，宽 55 厘米。已全部风化剥蚀，无法识读。

（5）《乾隆御制诗刻》，清乾隆十七年至乾隆六十年（1752—1795 年）刻于《乾隆御书“苍崖半入云涛堆”摩崖》东稍偏上处，东侧凹处为《乾隆御书“诗态”摩崖》。开光高 39 厘米，宽 27 厘米。已全部风化剥蚀，无法识读。

（6）《乾隆御制诗刻》，清乾隆十七年至乾隆六十年（1752—1795 年）刻于《乾隆御书“苍崖半入云涛堆”摩崖》东稍偏下处，东侧凹处为《乾隆御书“诗态”摩崖》。开光高 46 厘米，宽 30 厘米。已全部风化剥蚀，无法识读。

（7）《乾隆五十四年御制〈清可轩〉诗刻》，清乾隆五十四年（1789 年）刻于《乾隆御书“苍崖半入云涛堆”摩崖》下方石台朝上石面上。开光高 32 厘米，宽 23 厘米。诗刻朝西北，竖刻，行数无法辨清。前几行漫漶不辨，末行似为“己酉正下澣”，“己酉”为乾隆五十四年（1789），《诗文全集》只收录乾隆五十四年《清可轩》诗一首，诗曰：“肩舆至山北，山轩号清可。经过必一登，登必为少坐。既以清憩众，亦以可悦我。依壁复向阴，无暑凉生妥。泐石历年吟，未免言琐琐。率欲无言去，欲罢未能果”。由此推断该处开光内疑为此诗。

其三，“诗态”摩崖东侧诗刻，可辨开光有八，从上而下大致可分为四排，按框图编号排列如下：

（1）《乾隆御制诗刻》，清乾隆十七年至乾隆六十年（1752—1795 年）刻于《乾隆御书“诗态”摩崖》东侧 200 厘米左右偏上处，下为《乾隆十八年御制〈再题清可轩〉诗刻》。刻字面积高 54 厘米，宽 33 厘米。已全部风化剥蚀，无法识读。

（2）《乾隆十七年御制〈再题清可轩〉诗刻》，清乾隆十七年（1752 年）刻于《乾隆御书“诗态”摩崖》东，左下紧临《乾隆三十二年御制〈清可轩题壁〉诗刻》。刻字面积高 56 厘米，宽 42 厘米，竖刻五行，满行八字，行书。字径高、宽均约 8 厘米。诗曰：“籍谁谢赋与刘铭，」可读儒书可阅经；」如 如 大士钵中物，一」室芙蓉浩劫青。」乾隆 □ 御笔再题 清 可 轩 。」”诗末署款字径稍小。

（3）《乾隆三十二年御制〈清可轩题壁〉诗刻》，清乾隆三十二年（1767）刻于《乾隆御书“诗态”摩崖》东，右上为《乾隆十七年御制〈再题清可轩〉诗刻》，左为《乾隆十八年御制〈再题清可轩〉诗刻》。刻字面积高 44 厘米，宽 62 厘米。按遗存字迹判断诗刻应竖刻八至九行，行字不等，行书。字径高、宽均约 6 厘米。诗曰：“疏轩倚 半 岩，山 」阴最 佳 处。入室衣」袂 寒，绣 壁莓苔」护 。含 露 多 润 意，」摇 风 有 生 趣 。九 夏 足」延 憩 ，况 始 清 和 遇 。掞 毫 促 得 句，笋 舆 便 可 去 。」”开光内左侧诗文全部漫漶，不能识读，右半部只依稀可辨认前四行遗文。诗文按《诗文全集》补录。

（4）《乾隆十八年御制〈再题清可轩〉诗刻》，清乾隆十八年（1753）刻于《乾隆御书“诗态”摩崖》东，右为《乾隆三十二年御制〈清可轩题壁〉诗刻》，下紧临《乾隆五十三年御制〈戏题清可轩〉诗刻》。刻字面积高 63 厘米，宽 32 厘米。竖刻文字五行，行十二字，行书。字径高、宽均约 5 厘米。诗曰：“倚 壁 构 轩 楹 ，壁 乃 在 堂庑。望 山」恒 于 外 ，而 斯 在 里 许 。洼棱绘变」态 ，浓

乾隆十七年《再题清可轩》诗刻

淡无定所。初祖应驻锡，五」丁漫运斧。日月所不照，云霞难」为补。奇草四时芳，今信非虚语。」▱。」”诗刻有三分之二已风化剥蚀，只下部少量文字可辨识。《诗文全集》存乾隆十八年御制诗二首，以诗刻遗存字迹核对应为此诗，录文按《诗文全集》补录。

（5）《乾隆御制诗刻》，清乾隆十七年至乾隆六十年（1752—1795年）刻于《乾隆御书“诗态”摩崖》东侧约270厘米处，右为《乾隆十八年御制〈再题清可轩〉诗刻》。开光高64厘米，宽34厘米。已全部风化剥蚀，无法识读。

（6）《乾隆五十三年御制〈戏题清可轩〉诗刻》，清乾隆五十三年（1788年）刻于《乾隆御书“诗态”摩崖》东，上紧临《乾隆十八年御制〈再题清可轩〉诗刻》。刻字面积高23厘米，宽25厘米。面北，竖刻文字七行，行九字。字径高、宽均约2厘米。诗曰：“屋中有峰峦，清托高士」志。心中具城府，可畏佥」人意。高士近奚妨，佥人」吁可畏。严光高士俦，林」甫佥人辈。去取有关哉，」斯言岂儿戏。」丁未▱御题（钤方印二）。」”诗文大体可辨，佚字按《诗文全集》补录，诗集中在一二句间有注曰：“是轩倚石壁构之，峰峦宛包屋内”。诗刻款署为“丁未”，丁未年为乾隆五十二年（1787年），而诗集中将其列在乾隆五十三年（1788年），为戊申年。推断诗刻应题于乾隆五十二年，诗集误将其列入乾隆五十三年。

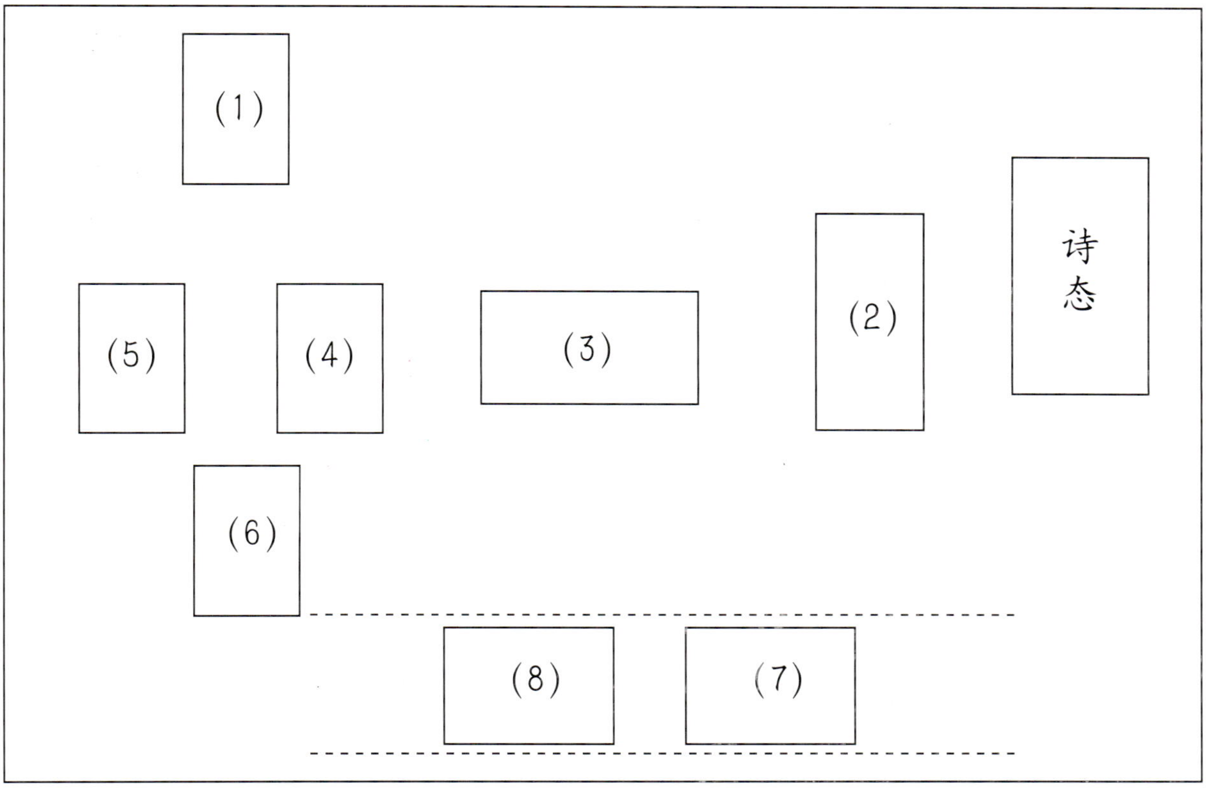

“清可轩”（其三）诗态东侧诗刻示意图

乾隆五十三年《戏题清可轩》诗刻

（7）《乾隆三十六年御制〈清可轩〉诗刻》，清乾隆三十六年（1771年）刻于《乾隆御书“诗态”摩崖》东下侧坎上，上立面35厘米处为《乾隆三十二年御制〈清可轩题壁〉诗刻》。刻字面积：高34厘米，宽28厘米。面朝上，竖刻八行，行字不等，行书。字径高、宽均约2厘米。诗曰：“山阴偶弗过则已，过则清」可所必憩。依然绳榻木几间，」别之又以数月计。夏中一室」只如水，峭壁苔皴润生翠。架上芸编随意翻，恰是鹤林玉露记。日长山静斯信」然，却思此故非我事。〼。」”诗刻上半部风化剥蚀多已不辨，只一、二、三行及六行底部转折处个别字可识。依据存字核对《诗文全集》为此诗。

（8）《乾隆御制诗刻》，清乾隆十七年至乾隆六十年（1752–1795年）刻于《乾隆御书“诗态”摩崖》下侧坎上。右为《乾隆三十六年御制〈清可轩〉诗刻》。开光高31厘米，宽42厘米。已全部风化剥蚀，无法识读。

其四，“清可轩”题榜西侧石壁诗刻，可辨开光有八，“清可轩”题榜西侧下方有三，在西下斜向岩面为五，此五块开光从上而下大致可分为四排，按框图编号排列如下：

（1）《乾隆二十七年御制〈清可轩〉诗刻》，清乾隆二十七年（1762年）刻于“清可轩”额题摩崖西侧偏下150厘米左右处。开光面积高36厘米，宽41厘米。面北，竖刻文字六行，行六字。字径高、宽均约5厘米。诗曰：“北山早识幽居」有，南国遍游胜」地无；夏屋含凉」幂岩壁，芳馨仙」草翠纹铺。」仲夏御题。（方印一）」”诗文按《诗文全集》补录。

（2）《乾隆御制诗刻》，清乾隆十七年至乾隆六十年（1752–1795年）刻于《乾隆二十七年御制〈清可轩〉诗刻》下侧坎下。开光高35厘米、宽30厘米。已全部风化剥蚀，无法识读。左紧临为下一则。

（3）《乾隆御制诗刻》，清乾隆十七年至乾隆六十年（1752–1795年）刻于《乾隆二十七年御制〈清可轩〉诗刻》下侧坎下。开光高40厘米、宽43厘米。已全部风化剥蚀，无法识读。右紧临为上一则。

（4）《乾隆二十九年御制〈清可轩〉诗刻》，清乾隆二十九年（1764年）刻于“清可轩”题榜西下侧斜向石壁，东上为《乾隆二十七年御制〈清可轩〉诗刻》。刻字面积高35厘米，宽55厘米。诗刻面北，据存字情况，疑竖刻文字十行，行八字，行书。字径高、宽均约4厘米。诗曰：“维舟命肩舆，夤缘山」阴径。山阴何处佳？清」可佳鲜并。岩轩复不」高，数武便造胜。夏屋」覆峭壁，炎曦所弗兢。」室无白汗挥，窗有凉」飔迎。坐久欲忘去，吁」此非勤政。」甲申秋十月上澣」御题（钤方印二）。」”诗刻只后四行可依稀辨认，倒数一、二行存“甲申秋十月上澣」御题」”，由此断定为乾隆二十九年御制诗，倒数第三行满行存八字，推断诗刻应竖刻十行，满行八字，录文按行八字转行。《诗文全集》中收有二十九年《清可轩》诗二首，核对存字后确定为诗。前六行字迹已风化剥蚀不存，诗文按《诗

乾隆二十七年《清可轩》诗刻

乾隆二十九年《清可轩》诗刻

文全集》补录。

（5）《乾隆御制诗刻》，清乾隆十七年至乾隆六十年（1752–1795年）刻于“清可轩”题榜西下侧斜向石壁，上紧临《乾隆二十九年御制〈清可轩〉诗刻》。开光高46厘米，宽41厘米。字径高、宽均约5厘米。面北，竖刻，行数及行字因风化剥蚀无法判断。只依稀可辨认出中部下“石壁”二字及末行“⧄ 上澣御题”。

（6）《乾隆四十年御制〈清可轩〉诗刻》，清乾隆四十年（1775年）刻于《乾隆二十九年御制〈清可轩〉诗刻》左下。开光高38厘米，宽38厘米。竖刻文字七行，行九字，行书。字径高、宽均约4厘米左右。诗曰：“有来必有 咏 ，亦 殊无複」言 。恰如饮与食，日 岂 辞 」频烦？又如四时运，秋 肃 」而春温。今春仍 昔 春，今」番殊昔番。但适暇 清 可，」漫 渴 景 秾 縏 。」（钤圆方印各一）。」”圆印乾卦符“三”，方印边饰拐子龙纹，中镌篆书“隆”。诗文行间泐佚多字，诗文按《诗文全集》补录。

（7）《乾隆三十三年御制〈清可轩〉诗刻》，清乾隆三十三年（1768年）刻于《乾隆四十年御制〈清可轩〉诗刻》左下，右紧临《乾隆十九年御制〈清可轩〉诗刻》。开光高37厘米，宽45厘米。面北，竖刻文字八行，行八字。字径高、宽均约4厘米左右。诗曰：“登阶原赤 夏 ，入轩」如 金 秋。山 阴复崇岩，故」致 凉 气 浮 。开窗 亦 北 」向，满 谷 禾 黍 稠。斯 实 」可予意，讵 独 清 远 眸 。此 后 雨 旸 时 ，庶 得」农 望 酬 。」戊子⧄」御题⧄。」”诗刻开光内左下岩层

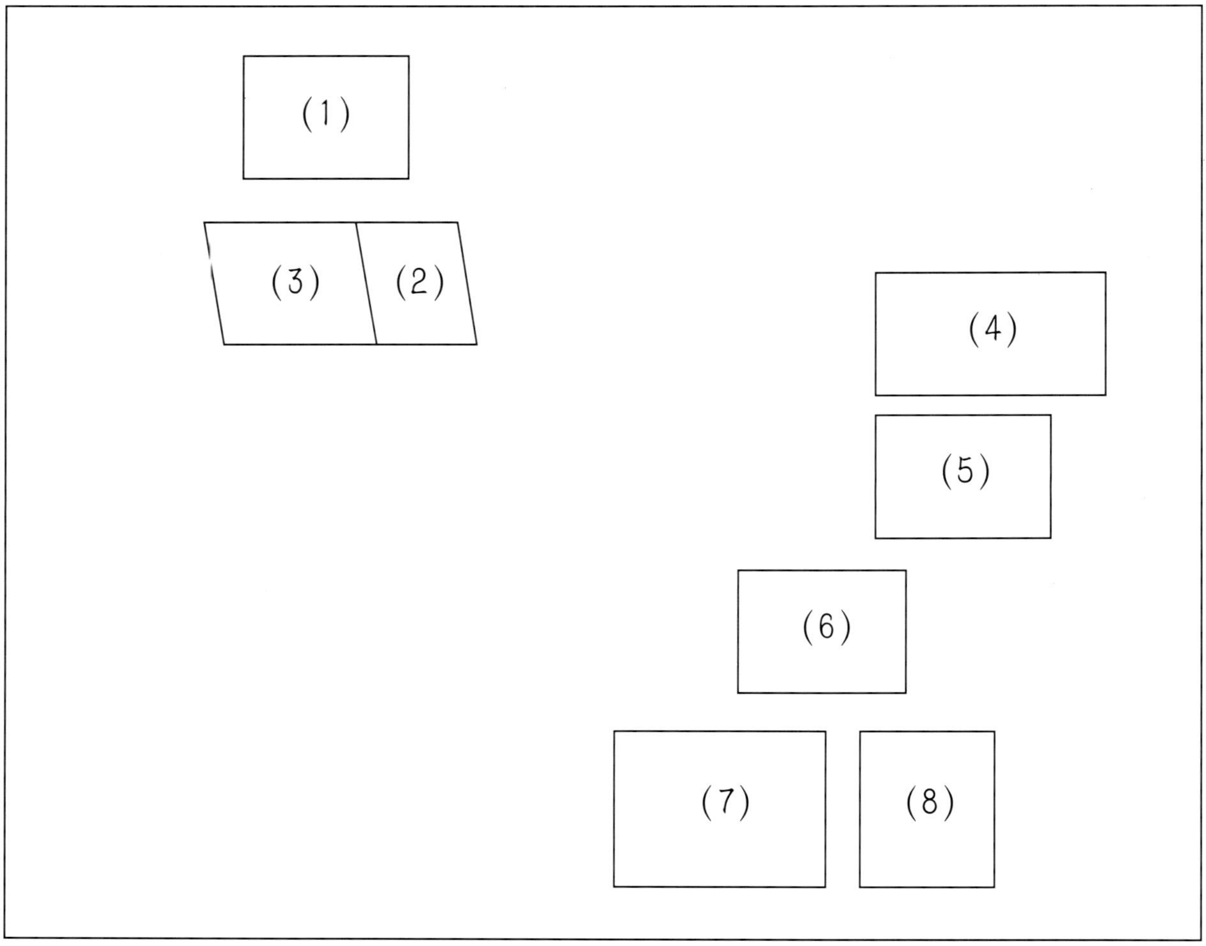

“清可轩”（其四）题榜西诗刻示意图

剥蚀严重，泐佚多字，诗文按《诗文全集》补录。

（8）《乾隆十九年御制〈清可轩〉诗刻》，清乾隆十九年（1754 年）刻于《乾隆三十三年御制〈清可轩〉诗刻》右侧，上紧临《乾隆四十年御制〈清可轩〉诗刻》。开光高 43 厘米，宽 51 厘米。竖刻文字六行，行六字。字径高、宽均约 6 厘米。诗曰：“奇峰一屋翠如」流，诗态当前引」静搜；却讶岩房」非姹戴，山阴何事」每停舟？」甲戌夏御题（钤方印一）。」”印风化严重不辨。诗文行间泐佚多字，诗文按《诗文全集》补录。

其五，清可轩西侧面东石壁，可辨开光有八，大致可分上下二排，按框图编号排列如下：

（1）《乾隆御制诗刻》，清乾隆十七年至乾隆六十年（1752—1795 年）刻于西侧面东石壁最北靠下。开光高 36 厘米，宽 25 厘米。面东，竖刻。已全部风化剥蚀，无法识读。

（2）《乾隆十九年御制〈清可轩〉诗刻》，清乾隆十九年（1754 年）刻于西侧面东石壁靠北上侧，南为《乾隆四十一年御制〈清可轩〉诗刻》。开光高 65 厘米，宽 41 厘米。竖刻文字六行，行十一至

乾隆三十三年《清可轩》诗刻

乾隆十九年《清可轩》诗刻

十二字。字径高、宽均约6厘米。诗曰："依岩诘曲构闲房，生色瑶屏」满屋张。竹秀石奇参道妙，水」流云在示真常。天花不碍一床」落，仙草真成四季芳。今日行春」绝胜处，银胜窻牖兆农祥。」甲戌仲春御题（钤方印二）（花印一）。」"诗文漫漶泐佚不清，诗文按《诗文全集》补录。

（3）《乾隆四十一年御制〈清可轩〉诗刻》，清乾隆四十一年（1776年）。位于西侧面东石壁上排，北侧为《乾隆十九年御制〈清可轩〉诗刻》。开光高32厘米，宽32厘米。面东，竖刻。字径高、宽均约2厘米。诗曰："山阴一片石，覆以三」间屋。屋不碍撑拄，石」弗嫌局趣。屋石两得」宜，如水乳相笃。到此」亦忘言，但觉清满目。然思致此」清，反增意惶恧」。□丙□（钤方印一）。」"印漫漶不识。诗末有丙□年号，乾隆四十一年（1776年）为丙申年，依诗文行间存字，推断应为此诗。

（4）《乾隆御制诗刻》，清乾隆十七年至乾隆六十年（1752–1795年）刻于西侧面东石壁靠北下排，上为《乾隆四十一年御制〈清可轩〉诗刻》。开光高46厘米，宽45厘米。面东，竖刻，字径高宽约2厘米。已全部风化剥蚀，无法识读。

（5）《乾隆御制诗刻》，清乾隆十七年至乾隆六十年（1752–1795年）刻于西侧面东石壁中部，右斜上为《乾隆四十一年御制〈清可轩〉诗刻》。开光高29厘米，宽23厘米。面东北，竖刻，字径高、宽均约2厘米。已全部风化剥蚀，无法识读。

（6）《乾隆十八年御制〈清可轩〉诗刻》，清乾隆十八年（1753年）刻于西侧面东石壁靠南，

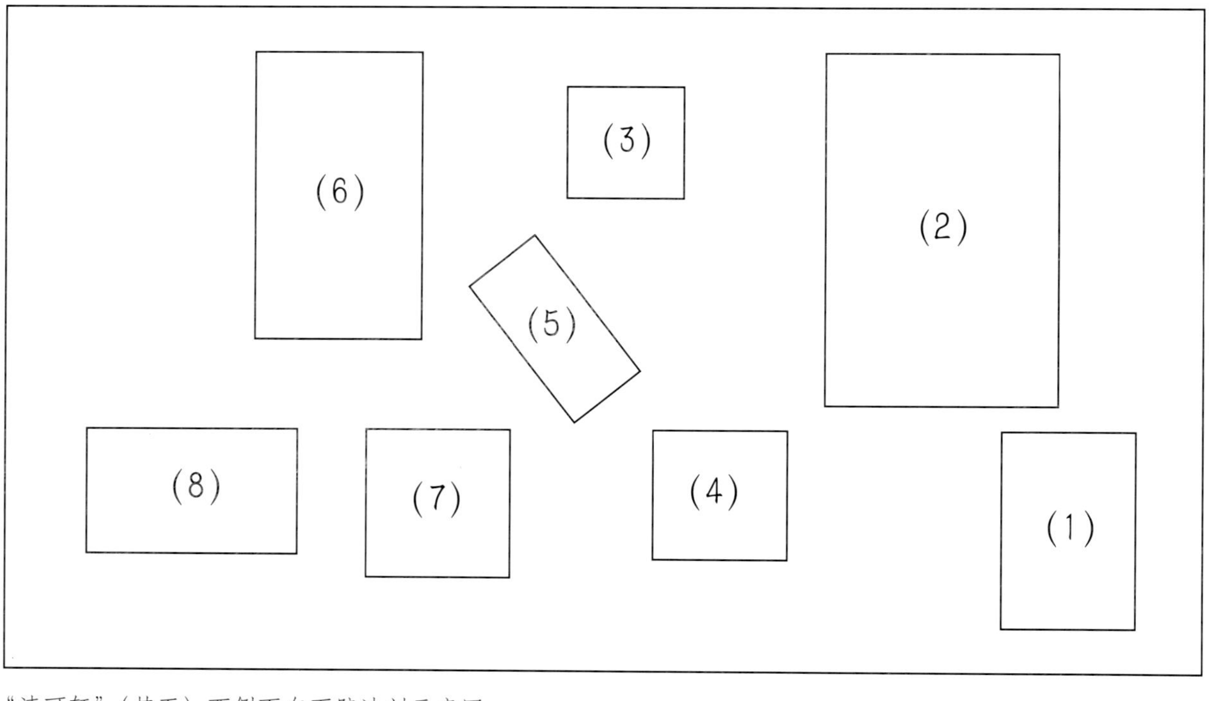

"清可轩"（其五）西侧面东石壁诗刻示意图

清可轩西侧面东石壁多首诗刻

左下侧为《乾隆三十二年御制〈清可轩〉诗刻》。开光高 72 厘米，宽 48 厘米。竖刻文字七行，行字不等，行书。字径高、宽均约 5 厘米。诗曰："萝径披芬馨，林扉入翳蔚。岩」居夏长寒，况经好雨既。散花」作静供，烹茶学幽事。绿纱开」我牖，西山吐云气。望雨如望蜀，」无厌宁自讳。终是忧劳人，」永言意所寄。」癸酉仲夏（钤方印二）。」"印风化漫漶不识。诗文泐佚大部分，诗文按《诗文全集》补录。

（7）《乾隆御制诗刻》，清乾隆十七年至乾隆六十年（1752–1795 年）刻于西侧面东石壁中部，上为《乾隆十八年御制〈清可轩〉诗刻》，左侧为《乾隆三十二年御制〈清可轩〉诗刻》。开光高 32 厘米，宽 33 厘米。面东，竖刻，行数及行字因风化漫漶无法辨认，只中部下方依稀可辨"正月"二字。

（8）《乾隆三十二年御制〈清可轩〉诗刻》，清乾隆三十二年（1767 年）刻于西侧面东石壁南下，右上为《乾隆十八年御制〈清可轩〉诗刻》。开光高 55 厘米，宽 77 厘米。文字竖刻，共十二行，行字不等，行书。字径高、宽均约 5 厘米。诗曰："窅洞所为异，夏凉冬」乃温。炎嚣户外盛，入」则凉风翻。其或凛烈」候，内暖宜憩存。以此山」北游，无不斯探源。今」日今春来，拾级登崖轩。」石壁太古世，云窗」初岁暾。盎融气已佳，朴」素情益敦。何当携索」邱，静坐考其原。」丁亥／」御题。」”诗文泐佚大部分，诗文按《诗文全集》补录。

2008–2009 年笔者对清可轩摩崖进行了多次实地踏勘，石壁上风化、漫漶、剥蚀不能识读的诗刻计有 14 首，可辨识读的有 18 首，二者合计目前可辨镌刻遗迹为 32 处。在《光绪顺天府志 · 金石志·御碑》中列不同年代御制清可轩诗共有 25 首，可见府志没有收录全部诗刻。《清高宗（乾隆）御制诗文全集》收录“清可轩”诗共计 47 首，除已掌握的 32 首外，还有 15 首诗文不知当年是否也刻于石壁，还是因为在 1860 年或 1900 年遭外国侵略者焚毁，有待进一步考证。为使读者对“清可轩”乾隆御制诗有更为全面的了解，在此附录文中未涉及到的诗文 29 首于下：

（1）乾隆十八年《清可轩》：

雨足浓皴一屋山，天葩仙药非人间。是中消夏宜长住，笑我无过暂往还。

（2）乾隆二十年《清可轩》：

山阳放舟山阴泊，舍舟拾级穷岩壑。曲廊窈窕达幽轩，翠壁一房清可乐。诗镌满壁历年心，向来忧喜何处寻？嗒然了知昔非昔，底须更道今斯今。

（3）乾隆二十四年《清可轩》：

山阴一揽结，岩轩爰清可。拾阶散幽步，拂席聊憩坐。石壁满意凉，苔色嵚岑琐。无暇恒在兹，谷神应笑我。

（4）乾隆二十五年《清可轩》：

开辟有此山，即有此石壁。构轩乃自我，与壁宛相得。阔也不觉空，窄亦不觉塞。萝薜镇滋荣，琴书惟静谧。青莲乃许居，是为太古室。

（5）乾隆二十六年《清可轩题壁》：

山阴适可寻，积雪层峰在。清憩倚岩轩，结构饶仙态。夏凉冬则温，芝英育沆瀣。来屡得如创，观澄殊所会。泐壁句斯多，惭愧绮言戒。

（6）乾隆二十六年《清可轩》：

万物到秋清，岩轩清最可。石壁育仙茅，山柤缀野果。开窗有金飔，晒宇净云朵。匡床簟席凉，适得片时坐。步蹬拾松枝，便试竹炉火。

（7）乾隆二十八年《清可轩题句》：

海云山包屋，浮玉屋包山。清可信清可，用中执两间。翠壁屋内张，壁峰屋外环。三间虽不多，表里逻孱颜。题句以岁增，历历缅游攀。造物无尽藏，取用伊谁悭。

（8）乾隆二十九年《清可轩》：

山阴最佳处，侧倚芙蓉朵。因回复就深，位置殊帖妥。虚从窗底凭，壁在屋中裹。绮缀例不施，爱此真清可。盆梅未放荣，缘弗攻以火。

（9）乾隆三十年《清可轩》：

山阴趣更佳，空洞郁窿起。岩腰非回高，而有凌云理。一举足之劳，不游则矫矣。覆壁入夏屋，心目俱如水。此清真是清，郑崇糟粕耳。

（10）乾隆三十一年《清可轩》：

山阴或不来，来必憩斯轩。四季皆致佳，九夏尤宜盘。入户心目爽，据床衣袂寒。峭石为墙壁，青青滋兰荪。钟气旱犹润，况甫雨倾盆。泐崖多擘窠，个个垂珠痕。

（11）乾隆三十一年《清可轩》：

云廊聊蹑步，月宇依岩隈。穹窿如牝洞，虚窗向远开。一尘所弗到，万理于斯该。可以契道筦，讵惟延清陪。石壁太古色，那知春去来。

（12）乾隆三十三年《清可轩》：

山阴嵌壁居，今岁斯初到。幽境最可意，虚牖含清照。积素霭寒林，玲珑复窈窕。遐观既云畅，近会亦契妙。不教华灯缀，颇惬岩斋调。何当此久坐，诗书悦吾好。而我非闲人，空贻顾名笑。

（13）乾隆三十四年《清可轩》：

倚岩栖回轩，畅望俯平楚。烟村春始韶，沃壤雪犹聚。省耕将及时，不足筹所补。清憩那怡神，切切虑民苦。石壁付弗知，春秋阅万古。

（14）乾隆三十五年《清可轩》：

山阳迤逦至山阴，幽敻岩轩所必到。秀壁巍然镇藏屋，疑吐烟云出其窍。绿苔错绣冬不枯，日月壶中有别照。研山笔床已多事，只合忘言静观妙。䏁人循例缀綵檠，塗污斯哉粲一笑。

（15）乾隆三十五年《清可轩》：

山阴孰最胜，文轩号清可。前临壑诶荡，背倚壁嵯峨。灵气所孕育，奇卉绣婀娜。经旱如故然，久视自茂妥。道人应此居，速证地仙果。然各有攸宜，斯实未宜我。

（16）乾隆三十六年《清可轩》：

山阴有佳处，况是路恒经。望若栖岩壁，到原具户庭。三春节先报，四季草常青。底事座因久，欣于悦性灵。

（17）乾隆三十七年《清可轩率题》：

迤逦转山阴，岩轩耐可寻。屋中藏峭壁，阶下俯乔林。且慢问芳意，雅宜摅静吟。泐成新旧句，孰是去来今。

（18）乾隆三十七年《题清可轩》：

轩构山阴路必经，无妨顺便小延停。壁苔不改四时绿，砌草全滋过雨青。冬自常温夏偏凉，画难为色句奚形。玉泉一例标神秀，回望宁须较尹邢。

（19）乾隆三十九年《清可轩》：

归途循山阴，岩轩所必至。拾阶弗劳步，凭几实畅意。千林蔚傑池，无叶有花缀。画格在可中，诗品合清致。屏息礼金仙，银世界游戏。

（20）乾隆四十年《题清可轩》：

每历山阴无不至，一室之清可人意。轩中石壁万古苍，壁上苔茵四时翠。冬入则温夏入凉，惟有春来盎和气。示异而复示以同，合造化工纯且粹。坐弗暖席便言去，于理宜然未深愧。

（21）乾隆四十二年《清可轩》：

焦山山包屋，金山屋包山。玆虽庑含壁，而室才三间。礁崿户外罗，仍似藏孱颜。金焦两美具，奢俭酌中看。每因山阴游，坐憩宜澄观。所惭成句去，未玆久消闲。

（22）乾隆四十六年《清可轩》：

逭迤来山阴，清可必所至。转瞬别五年，曾未留一字。其故不忍言，其悲犹未置。然而岁云徂，渐远留无计。泐壁识新题，掷笔怀旧意。

（23）乾隆四十六年《清可轩》：

石壁倚为斋，山阴此最佳。屋中开画障，几上佈诗牌。通气迎眸润，却炎无汗揩。忘言宜习静，何事惹吟怀?

（24）乾隆四十七年《清可轩》：

肩舆至山阴，山半有轩妥。耐可憩众人，遂倚轩窗坐。北望烟村近，田蚕盛灯火。一日民之乐，禁乃与时左。轩自弗悬灯，名允副清可。

（25）乾隆五十年《清可轩》：

山阳迤逦至山阴，石洞空空清可心。冬燠夏凉天地妙，屋包壁立画图深。境惟是朴朴堪会，物以含华华可寻。历岁泐题将遍矣，古稀仍未戒于吟。

（26）乾隆五十一年《戏题清可轩》：

倚峭岩轩架几楹，竹罏偶倣惠山烹。中人早捧茶盘候，岂肯片时许可清?

（27）乾隆五十三年《清可轩》：

山阳迤逦至山阴，拾级书轩清可寻。最爱架梁连峭壁，不须开牖抚奇岑。林虽翠濯无遮目，田已绿芃略慰心。试问慰心真慰否，收其放者敢忘钦。

（28）乾隆五十六年《清可轩》：

文轩倚石壁，山阴最佳处。每到必小憩，借以澄诸虑。而虑岂易澄，万几一心具。宇广筹久安，民艰思普豫。耽闲违无逸，憬然命舆去。

（29）乾隆六十年《题清可轩》：

山右舣木栏，山阴登石洞。率以路之便，亦缘情所钟。然而缺题咏，又阅四年空。是因鲜余暇，兼恐徒劳众。为君岂易哉，适意戒心纵。吟成命返舆，尹句憶常诵。

此诗六七句间有注曰：“轩倚石壁，每来此有诗即镌壁上，自辛亥以后未到，倏阅四年。兹偶至，因题句。”诗后附释“昔年南巡，尹继善曾有‘驰驿游山’之语，今日情景正复相同。”

8.《“流云”摩崖》

清光绪年间（1875–1908 年）刻于万寿山前景区中部偏东的重翠亭西侧第一条向北上山小路西侧山石上，北纬 39°59′54.12″，东经 116°16′10.20″，海拔 86 米。石面高 300 厘米，宽 200 厘米。摩崖面南，横刻，正书，字径高、宽均 13 厘米。该摩崖与“小有趣”摩崖字体相似，疑为慈禧太后所题。

9.《慈禧书“小有趣”摩崖》

清光绪年间（1875–1908 年）镌于万寿山含新亭后东北方向一山石上，北纬 39°59′54.06″，东经 116°16′19.32″，海拔 74 米。石面高 200 厘米，宽 140 厘米。摩崖面东南，横刻，正书，字径高、宽均 10 厘米。《颐和园志》记：“小有趣”和“翠岫”刻于光绪时期，为慈禧皇太后所题。“翠岫”摩崖踏勘时未见。

“流云”摩崖

“小有趣”摩崖

佛岩寺遗址摩崖石刻

昌平区南口镇湾子村西佛岩寺遗址附近半山处崖壁上，镌刻有金至明代的多则摩崖题刻，位于北纬40°16′18.96″，东经116°00′10.92″，海拔465米。目前能辨认者有四则：

1.《明昌三年题刻》

金明昌三年（1192年）三月廿六日镌，其内容为："□□天王□」□□□□四人」明昌三年三月廿六日□」□□」"。字径高、宽均2.5厘米，竖刻，存四行文字，正书，字体较随意潦草。刻字面积高21厘米，宽13厘米。

2.《吕贞干题刻》

金泰和四年（1204年）刻。题刻竖镌六行文字，文曰："泰和四年三」月十七日永」安吕贞干同」弟子羽景安」卿云贞一乘」游侄益侍行」"。字径高、宽均4厘米，正书。刻字面积高23厘米，宽32厘米。吕氏家族为金代北京地区望族，家族中有六人相继中第，吕贞干字周卿，弟子羽字唐卿，弟卿云字祥卿。《中州集》、《归潜志》等文献中，均有对其家族的记载。

3.《张福兴等题刻》

明宣德四年（1429年）刻。题刻竖镌七行文字，文曰："无志比丘性□ 弘 」宣德四年二月十七日」信男张福兴□弟子孟福全等」到岩修整安居」普斋有情同证菩提之捷径」孟福全王福海李弘」张普玉」"。字径高、宽均2厘米，正书。刻字面积高26厘米，宽17.5厘米。

4.《"古佛流传"摩崖》

年代不详。摩崖竖刻六行文字，其内容为"古佛流传如」有善男信女」俱长斋到此」念佛不退转」永世不失人」身不□矣」"。字径高、宽均3.5厘米，正书。刻字面积高22厘米，宽27厘米。

摩崖全景

吕贞干题刻

“古佛流传”摩崖

驻跸山摩崖石刻

昌平区羊坊镇防化兵学院南门附近的山上，有两处摩崖石刻集中的地方。

其一，在防化兵学院南门内稍西处的山崖北侧，北纬 40°08′37.44″，东经 116°07′37.98″，海拔 68 米。该山又称神山，为太行山余脉尽处，山石嶙峋。山崖北侧岩壁，镌刻多则摩崖石刻。自东向西依次为：

1.《永禁开打驻跸山摩崖碑》

清光绪十八年（1892 年）九月镌，为碑形摩崖，方首抹角，方座，碑通高 262 厘米，宽 98 厘米。额题正书“万古」流芳」”，字径高 15 厘米，宽 13 厘米。碑文字径高、宽均 7 厘米，正书。

碑文如下：“此志书旧载驻跸山也。其石如垒其□如」墨，迥异于群山，□千古之神岭，万载之」□范。故从古至今无不景仰，殊未闻有」开打此山者矣。前因石匠崔均私行开」打，惟利是图，经两村人知觉，公同理阻，」悔过受罚，焚香祈祷，勒碑晓众，永远禁」止。并令崔均看守，嗣后如再有故违者，」两村公同送官究处。特为之志，以垂永」久不朽云尔。」西贯市村、羊坊镇」公立。」光绪拾八年九月吉立。」”

南门内摩崖石刻全景

永禁开打驻跸山摩崖碑

“神岭千峰”摩崖

2.《“神岭千峰”摩崖》

明万历三十一年（1603 年）镌。在《永禁开打驻跸山摩崖》西侧崖壁上，自右至左横镌“神岭千峰”四字，正书，字径高 109 厘米，宽 92 厘米。其右侧竖题“万历癸卯仲春”，字径高 33 厘米，宽 22 厘米，正书。其左侧竖题“左车营游击□”，字径高、宽均 21 厘米，正书。年款和题名均不全，其下还应有字，但因下方岩面被毁，不知凡泐几字。

3.《“灵秀独钟”摩崖》

民国十五年（1926 年）六月一日刻。前两则摩崖所在山崖西侧稍北处，有一巨石矗立，其东面岩壁开光处居中竖刻“灵秀独钟”四大字，字径高 128 厘米，宽 100 厘米，首行竖题“民国丙寅六月朔”，字径高 50 厘米，宽 40 厘米。落款竖题“蓬莱潘鸿钧书”，字径高 60 厘米，宽 45 厘米。潘鸿钧，字子和，山东蓬莱人，早年加入北洋军，后入保定讲武堂。1916 年授为陆军少将，1927 年任直鲁联军二十四军军长。

4.《“神山拱祐”摩崖》

在《“灵秀独钟”摩崖》北侧下方崖壁上，镌《“神山拱祐”摩崖》，由于字口极浅，字迹甚是模糊。“神山拱祐”四字横题，正书，字径高 65 厘米，宽 52 厘米。其右竖刻一行小字，已泐。落款仅能辨认“鸿胪司”三字，其下多字均漫漶。

其二，防化兵学院南门外西行不远，有一座小山，位于北纬 40°08′34.56″，东经 116°07′36.66″，海拔 54 米，小山东面和南面崖壁上镌三则摩崖石刻。

1.《“驻跸山”摩崖》

山东面石壁上镌“驻跸山”三字，阳刻，横题正书，字径高、宽均 40 厘米，无落款，传为金

“灵秀独钟”摩崖

“驻跸山”摩崖

佛龛及正德九年摩崖碑

章宗完颜璟所题。金章宗1190年至1208年在位，曾减民地税，大兴郡学，提倡儒术，是金代汉文化最高的一位皇帝。他喜游山水，因爱此处景色奇特，曾多次巡幸到此，故称驻跸山。在山峰之南，原有“栖云啸台”等建筑，是金章宗宴饮群臣之地，今已不存。《长安客话》载：“金章宗尝游此，镌驻跸二字，后人因呼为驻跸山。”《日下旧闻考》卷一百三十四记载：“金章宗驻跸处，崖镌驻跸二大字。”这则摩崖若果为金章宗所题，可谓北京地区最早的皇帝御笔摩崖题刻。

2.《正德九年摩崖碑》

明正德九年（1514年）二月廿九日镌于小山南侧石壁。碑方首方座，高88厘米，宽53厘米，额题正书一“佛”字，碑文竖刻八行文字：“正德癸酉秋八月 [初] 七日」钦差御马监太监公奉⍁」⍁」⍁ 」⍁ 造龛石佛三尊左□」阿南迦舍□也□□成于九年」二月廿九日奉安以为之书垂之」不朽敬勒石以记云」”。碑文正书，文字多漫漶。碑东侧凿有佛龛一座，佛像已不存，龛东岩壁又镌一碑形摩崖，方首方座，未刻字。

3.《正阳关外昭商铺户题名摩崖》

在《正德九年摩崖碑》西侧下方崖壁，镌“正阳关外昭商铺户」闫□王相□」”二行文字，年代不详。

仙枕石摩崖石刻

仙枕石位于昌平区南口镇居庸关城北关沟谷底，北纬 40° 18′ 37.38″，东经 116° 02′ 44.88″，海拔 393 米。关沟纵跨昌平区和延庆县，呈西北东南走向，西北至延庆岔道村，东南至昌平南口镇，因沟内居庸关而得名。关沟古名军都陉，地处太行山和军都山交界处，西为太行山，东为军都山，是著名的“太行八陉”之一，自古为军事重地和交通要道。仙枕石因其形似枕而得名，为关沟七十二景之一。石东侧有石磴，可沿阶至石顶，石顶上散落有二十多个大小不等圆孔。传为穆桂英点将台。石西面和南面镌有四则摩崖石刻。

1.《“仙枕”摩崖》

仙枕石西面偏北崖壁上，镌“仙枕”二字，落款“吕贲书”，均竖刻，双钩隶书。“仙”字高 30 厘米，宽 44 厘米，“枕”字高 34 厘米，宽 53 厘米；“吕”字高 4.7 厘米，宽 5.2 厘米；“贲”字高 7.5 厘米，宽 6.8 厘米；“书”字高 6.6 厘米，宽 7.5 厘米。该摩崖无年款，从镌刻特点来看颇类明代风格。

2.《许论题刻》

明嘉靖三十四年（1555 年）镌于《仙枕摩崖》南侧崖壁。题刻开光高 218 厘米，宽 92 厘米，自右至左竖刻五行文字，行书，字径高约 14 厘米，宽 11 厘米。文曰：“嘉靖乙卯三月十二日，虏

仙枕石上方石阶

仙枕石西侧

犯古北口奉」命率三镇兵二万余众，由居庸入援，廿」二日虏败遁，廿五日班师。取道怀来，却」归阳和。总督军务兵部尚书灵宝」许论题。」”许论，字廷议，河南灵宝人，嘉靖五年进士，因著《九边图论》，深得嘉靖帝青睐，后累官至兵部尚书。

3.《藏文六字真言摩崖》

镌于《许论题刻》南侧崖壁。摩崖现残存藏文六字真言的最后二字，并有卷草纹饰，前面四字应为镌刻《许论题刻》时将其磨去。该摩崖高 65 厘米，残宽 33 厘米。所余二字偏北者残高 10 厘米，残宽 6.5 厘米，另一字高 21 厘米，宽 12.5 厘米。

4.《太行散人诗刻》

仙枕石西南面崖壁上镌有太行散人题诗二首并序，年代不详。诗自右至左竖刻，行草相间。诗曰：“春日之八达岭，客有言琴峡、仙枕二古」迹者。访琴峡已为沙没，独仙枕石存，乃」登玩移时，赋此二首。」峡琴不可见，仙枕尚堪眠。山色依云蔼（笔者按：此处“蔼”字当为碑别字，应作“霭”），」苔痕近水鲜。逸人留古迹，清梦自何年。」登玩开尘抱，翛然未欲还。又，」磐石苍然古，仙踪去未还。黄粱曾」几度，白鹤任长年。世事终成梦，前缘」总付天。希夷如可学，习懒正相便。」太行散人书。」”诗刻开光高 203 厘米，宽 163 厘米，首字“春”高 13 厘米，宽 11 厘米。

“仙枕”摩崖

许论题刻

藏文摩崖

太行散人诗刻

“龙门贤玉”摩崖及诗刻

明嘉靖四十二年（1563 年）镌于昌平区南口镇龙潭村旁响潭沟内岩石上，北纬 40°15′46.2″，东经 116°04′28.8″，海拔 178 米。响潭沟内溪水常年流淌，因有石横亘，形成天然水潭。潭内大小两石相叠，在相叠形成的平面上，上部镌有“龙门贤玉”四大字，文字自右至左横刻，双钩正书，其右侧竖刻“嘉靖癸亥岁立 ▨ 旦”小字一行，左侧竖刻“巡 ▨ 监察御史董学书」▨ 」”小字两行，均正书。下刻五言诗一首：“神龙潜巨水」瑞气霭长空」过客停车马」徘徊夕照坤」”，双钩正书。因潭内有水，无法近前测量尺寸。该摩崖传为严嵩手书，实为监察御史董学所书。

“龙门贤玉”摩崖及诗刻

供奉观音菩萨题名摩崖碑

位于昌平区十三陵德胜口村西北沟崖风景区内。沟崖又称沟沟崖，有望京石、朝阳洞、狮子峰等多处自然景观，是著名自然风景区。这里曾遍布古刹，今存瑞峰庵、玉虚观、斗姥宫等遗址。瑞峰庵建于明，万历十四年（1586年）奉慈圣皇太后懿旨重修，赐额“大慈瑞峰庵”。民国年间为道姑主持。今万历重修碑和遗址尚存。玉虚观在沟崖中峰山腰平台，建于明天启三年（1623年），崇祯八年（1635年）落成，清光绪二十四年（1898年）重修，今存部分建筑遗迹。

从瑞峰庵沿溪涧旁山路西行，在去往玉虚观山路北侧一石洞内岩壁，镌有摩崖碑一通，位于北纬40°17′55.02″，东经116°08′57.36″，海拔502米。石洞离地2米有余。摩崖为碑形，镌于石洞东壁，方首，浮雕祥云，无座，雕刻粗糙。额题正书“碑”，碑文竖刻文字八行：“□□宫近侍」信官许铭卢礼」刘用张成」刘朝□进」郑朝傅寅」〼德惠」观世音一尊在此供奉」隆庆六年十月初〼吉」”。碑高40厘米，宽28厘米，字径高、宽均1.5至3厘米不等，正书。明隆庆六年（1572年）十月刻。题刻首行题“□□宫近侍”，推知题名者应为太监。

供奉观音菩萨题名摩崖碑

石洞外景

银山塔林摩崖石刻

银山位于昌平区海子村西南，该山山岩色黑如铁，冬日山峰积雪，得名“铁壁银山”。唐宪宗年间，名僧邓隐峰曾在此修行。其后历经元明至清朝，寺院规模不断扩大，先后建有七十二庵及塔林。1941 年时，日军将寺庙拆毁。现寺庙建筑已不存，仅存塔林。

1.《“佛”字摩崖》

镌于邓隐峰说法台一巨岩上，北纬 40°19′18.06″，东经 116°19′2.04″，海拔 490 米。邓隐峰说法台位于银山前峰半山腰处，说法台上巨岩东南侧崖壁刻有一“佛”字，“佛”下部有残，残高 84 厘米，宽 83 厘米。《帝京景物略》“银山”一文载：“峰下石岩，隐峰宴坐处。岩下石如台也，隐峰说法台。”说法台至今尚存，但文中未载“佛”字。据《佛祖纲目》，邓隐峰，福建邵武人，年少出家，后因侍禅宗六祖慧能的再传弟子马祖始得彻悟。

“佛”字摩崖

古佛岩全景

2.《“弥勒佛”摩崖》

镌于银山塔林古佛岩崖壁，北纬40°19′13.62″，东经116°19′4.74″，海拔455米。古佛岩面东的崖壁上镌有线刻弥勒佛像，像左侧肘部漫漶，袒胸露腹，左手持佛珠，右手抚膝，高282厘米，宽258厘米。在像北侧有一巨岩斜倚西面岩石，在巨岩南面的岩壁上，自右至左镌“弥勒佛”三字，正书，字径高24厘米，宽28厘米。古佛岩甚为古老，《长安客话》所载金大定三年刻唐代高僧邓隐峰银山十咏中有《题古佛岩》诗。

线刻弥勒像

3.《古佛岩藏文摩崖》

“弥勒佛”三字东侧下方崖壁，镌藏文两行，上面一行字较大，行高27厘米，宽140厘米，下面一行字较小，行高10厘米，宽140厘米。字口很浅，部分已漫漶，其内容均为六字真言。

藏文摩崖

“九华分秀”摩崖

清乾隆年间刻于昌平区小汤山镇疗养中心龙王阁遗址西一座称为“后山”的小山山巅北侧山崖上，北纬 40° 10′ 53.94″，东经 116° 23′ 1.14″，海拔 51 米。“九华分秀”四字自右至左横刻于未经打磨的粗糙岩壁上，正书。“九”字高 34 厘米，宽 28 厘米；“华”字高 44 厘米，宽 30 厘米；“分”字高 37 厘米，宽 34 厘米；“秀”字高 40 厘米，宽 31 厘米。石刻无年代和题名，从其书法风格应看应为乾隆御笔题刻。这里因温泉出名，是明清时期的皇家禁苑。清康熙五十四年（1715 年）在这里建汤泉行宫。清末渐毁，民国后改为别墅，现为小汤山镇疗养中心。

“九华分秀”摩崖

弹琴峡五桂头摩崖石刻

弹琴峡位于延庆县八达岭镇三堡村北 300 米处的关沟内，因沟内溪水流淌，似优雅琴声，故名弹琴峡。附近有金鱼池、五贵头、弹琴峡、魁星阁、弥勒听琴、五郎影等多处古迹，均属关沟七十二景。弹琴峡峡谷西侧石壁刻有多处摩崖石刻，沿摩崖西侧石阶可上至半山处的山洞。山洞坐西朝东，洞旁原依山而建有关帝庙，今已无存，山崖上仅余部分建筑遗迹。峡谷东侧与关帝庙相望的东山上，曾建有魁星阁，后因修路被拆除。魁星阁旁石壁上原镌有一尺大的“魁”字，另刻有延庆知州屠秉懿所书“雄镇燕关”四字，现均已不存。

在八达岭高速公路出京方向弹琴峡隧道东面下方五桂头古洞东侧、弹琴峡峡谷西侧石壁上刻有多处摩崖石刻，位于北纬 40°19′55.62″，东经 116°02′1.68″，海拔 491 米。自东至西依次为：

1.《“弹琴峡”、“五贵头”摩崖》

该处岩壁的东南侧，竖刻“弹琴峡」五贵头」”两行大字，年代不详。“弹”字高 45 厘米，宽 38 厘米；“琴”字高 45 厘米，宽 44 厘米；“峡”字高、宽均 45 厘米；“五”字高 40 厘米，宽 44 厘米；“贵”字高 53 厘米，宽 47 厘米；“头”字高 38 厘米，宽 41 厘米，正书。其左下侧竖镌落款“邑人王福照书”，字径高 9 厘米，宽 7.5 厘米，正书，落款处有开光，高 90 厘米，宽 18 厘米。

五桂头古洞东侧崖壁

2.《居庸关重修关帝庙创建魁星阁摩崖碑》

清同治三年（1864年）七月刻。摩崖镌作碑形，圆首雕二龙，无座，部分文字漫漶。额题正书“居庸关」古迹碑」”，首题“居庸关重修关帝庙创建魁星阁□□碑记”，末行题“大清同治三年岁次甲子上元秋七月刻石”。碑通高310厘米，宽188厘米，字径高8厘米，宽7厘米，正书。

录文如下：“居庸关重修关帝庙创建魁星阁□□碑记」□山之有五鬼头地□延庆州妫川具古名也此山之有□□□□□□□」阁古来久矣创于大元初年约为□古□□□修□今⧄」□不识至明万历四十年重修始有古⧄」年间巡幸边外石刻□御笔留题诗句为⧄」无碑匾迄今又五十余年山高□□残败⧄」□□我□□本一介寒士有志科名无过此⧄」□□□□试之前□□□大帝示□异□□□不禁□□动念乃入□讫□」□头等□公□未□□身因请□公⧄捐督工修□共成□」举又思此不过一时□□□有望于将来□□东山巅创建明楼以□记□」能仰蒙神庥庶可□□文武科名甲于□□□创斯楼工成则西面□山」半空楼阁上为天险下闻琴声可与□□山遥相辉映使门□□士□□顾徘」徊不□为雄关添一胜景哉是役也石⧄多工□□」同治甲子仲春成功于秋初前□统计花费□□三千一百五十吊零谨将」远近城郊善台布施数目□□谨刻碑□其□□工□□董事此□人等□」得备书于石以告后之有□□修者是为记」同治癸亥科武状元怀安黄大元□□□□」延庆州学⧄武生⧄」⧄训导王⧄」大清同治三年岁次甲子上元秋七月刻石」。”

3.《藏蒙文合璧六字真言摩崖》

元泰定三年（1326年）刻于《居庸关重修关帝

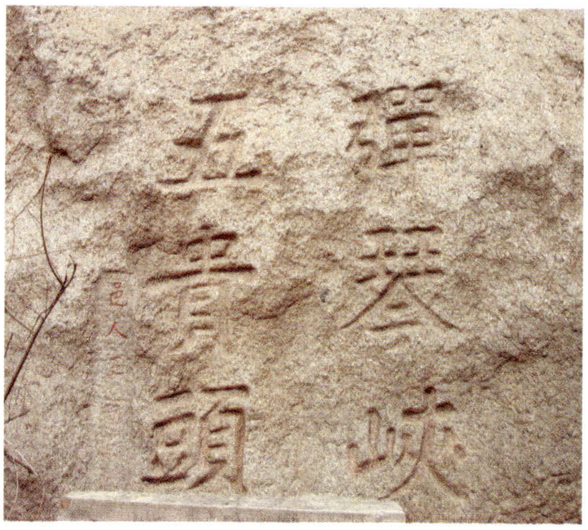

藏蒙文合璧摩崖和梵文摩崖拓片

藏蒙文合璧摩崖

梵文摩崖

庙创建魁星阁碑记》摩崖碑西侧上方崖壁，为藏文蒙古文合璧摩崖石刻，共两行文字，横刻，上面镌藏文，下镌蒙古文，其内容均六字真言。开光高 55 厘米，宽 97 厘米。

4.《梵文六字真言摩崖》

元泰定三年（1326 年）刻。在前则摩崖下方崖壁，镌梵文摩崖石刻一行，横刻，其内容为六字真言，开光高 31 厘米，宽 110 厘米。

5.《梵藏蒙文合璧六字真言摩崖之一》

元泰定三年（1326 年）刻。在《居庸关重

半山处山洞

修关帝庙创建魁星阁摩崖碑》摩崖碑下方偏东崖壁上，镌梵文、藏文、蒙古文三行文字，横刻，最上为梵文，中藏文，下蒙古文，其内容均为六字真言。开光高 54 厘米，宽 84 厘米，文字漫漶较甚。

6.《藏文六字真言摩崖》

元泰定三年（1326 年）刻。在《居庸关重修关帝庙创建魁星阁摩崖碑》下方偏西、《梵藏文蒙合璧六字真言摩崖》西侧崖壁上，镌《藏文六字真言摩崖》。该摩崖由于靠近地面，仅见两行文字，横刻，漫漶严重，凭笔画模模糊糊能辨认为藏文，其内容亦为六字真言。开光残高 42 厘米，宽 82 厘米。

7.《梵藏蒙文合璧六字真言摩崖之二》

元泰定三年（1326 年）刻。在前面 6 则摩崖石刻上方一朝东石洞南侧的山崖上，镌有梵文、藏文、蒙古文合璧摩崖石刻，共三行文字，横刻，最上梵文，中藏文，下蒙古文，其内容为六字真言。开光高 52 厘米，宽 59 厘米。

梵藏蒙文合璧摩崖之二

阿弥陀佛摩崖造像及题刻

阿弥陀佛摩崖造像，俗称“五郎像”，镌刻于延庆县八达岭高速公路出京方向弹琴峡隧道东侧崖壁上，北纬40°19′56.46″，东经116°01′59.22″，海拔484米，为关沟七十二景之一。阿弥陀佛摩崖造像高约400厘米，宽270厘米，结跏趺坐，坐西朝东。造像线条流畅，保存较为完整，四周有方形、圆形孔洞多处，应为建筑遗迹。造像北侧镌有题刻，上方镌“□陁佛”文字一行，其下镌有文字三行，中间一行隐约可见“□四月二十二日”等字，余漫漶不清。阿弥陀佛又称无量寿佛、无量光佛等，是西方极乐世界的主佛。五郎像地处关沟，此地离五桂头较近，相传原有五鬼作祟，刻佛像以保佑一方平安。该造像年代不详，一般认为镌刻于元代。

阿弥陀佛摩崖造像

“望京石”摩崖

镌于延庆县八达岭关城东门外路旁一片低矮的花岗石岩石上，北纬 40°21′14.88″，东经 116°00′26.64″，海拔 658 米。望京石长 150 厘米，宽 300 厘米，高 100 厘米，上镌“望京石”三字。“望”字高、宽均 30 厘米；“京”字高 39 厘米，宽 25 厘米；“石”字高 25 厘米，宽 34 厘米。此石原在望京寺内，为金代望京寺一部分，石上有楼，站在此处，在日出之时，顺关沟方向南望，可望见北京城，今楼、寺均已无存。

八达岭关城

望京石

藏文六字真言摩崖

镌于延庆县八达岭关城西100米处八达岭特区办事处院内一处天然岩壁上，北纬40°21′19.32″，东经116°00′9.24″，海拔666米。摩崖开光高80厘米，宽85厘米，居中横镌一行藏文，内容为六字真言，其上方还有一行模糊的小字，其内容不详。摩崖四周装饰有卷草纹。

藏文六字真言摩崖

“天险”摩崖及题刻

清道光十五年（1835 年）刻于延庆县八达岭关城东门外东南约 500 米处路北的崖壁上，北纬 40°21′26.64″，东经　116°00′43.86″，海拔 631 米。《“天险”摩崖石刻》镌于距地约 20 米的峭壁上，因山崖陡峭，无法测量尺寸。摩崖东侧自右及左横刻“天险”二大字，隶书。摩崖西侧开光处，竖题文字五行：“知延庆州事四明童恩摩崖」同游元和宋骏声」四明张忠恕」元和张嗣鸿」道光十五年辽阳刘振宗镌」”，字体较小，行楷相间。

“天险”摩崖及题刻

佛峪口摩崖造像及题刻

造像旁题刻

佛峪口摩崖造像

明嘉靖十一年（1532 年）刻于延庆县张山营镇佛峪口水库南侧河滩，北纬 40°29′14.7″，东经 115°49′10.92″，海拔 664 米。佛峪口位于松山自然保护区南，自古为交通要道，明代在此屯兵，为佛峪口堡，是通往龙关的重要通道。《嘉靖隆庆志》载："佛峪，在州城西北三十五里峪口有巨石，昔人镵为佛像，故名。"佛峪口水库于 1969 年开工，1976 年竣工。佛像位于水库下游河道内，保存较为完好。

该摩崖造像雕于河道内一高 500 厘米、宽 770 厘米的不规则菱形巨石上，面南，石上凿有若干石洞，应为建筑遗迹。居中为释迦牟尼佛结跏趺坐像，高 380 厘米，宽 390 厘米，眉若弯月，双目俯视，庄重文雅。东西两侧镌二胁侍立像，东侧立老者为迦叶尊者，高 130 厘米，宽 90 厘米，西侧立少者为阿难陀，高 160 厘米，宽 120 厘米。相传迦叶尊者属婆罗门种姓，佛成道后第三年化度他为弟子，迦叶曾率弟子五百修习头陀苦行，因此被称为"头陀第一"。阿难陀简称阿难，意为"欢喜"，是佛的堂弟，因博闻强记和知识渊博，被称为"多闻第一"。佛像西侧镌题刻一行："嘉靖十一年▨。"题刻残高 126 厘米，宽 21 厘米，字径高 24 厘米，宽 21 厘米。

“天门关”摩崖

杨巍题残碑

明嘉靖三十六年（1557年）夏七月朔日刻于延庆县四海镇天门关村东南的崖壁上，北纬40°32′16.62″，东经116°23′50.88″，海拔678米。天门关是四海岭的重要门户，因崖壁直立、形似石门而得名。在一面东的石壁中心位置竖刻“天门关”三字，阳文，正书，字径高56厘米，宽42厘米。其右侧竖刻“嘉靖三十六年夏七月朔日□巡口”一行文字，其左竖刻“北道佥事东阿平□许用中□”一行文字，均正书，阴刻，字径高10厘米，宽8厘米。在摩崖下方的空地上散落残碑一件，文曰：“⧄ 水迎客」⧄ 字记我独 ⧄」⧄ 杨巍题”。许用中生平不详。杨巍，字伯谦，海丰人，明嘉靖二十六年进士，曾任右佥都御使、巡抚宣府。

“天门关”摩崖

怀柔区

洞庙沟摩崖石刻

1.《朝阳洞重修楼嵓观摩崖碑》

金贞元二年（1154年）十月初五日刻于怀柔区宝山镇碾子村北4里洞庙沟洞庙村北半山处朝阳洞西侧2米处崖壁，北纬40°48′38.76″，东经116°28′2.04″，海拔605米。摩崖为线刻碑形，方首抹角，高38厘米，宽28厘米。碑首横题“重修楼嵓观”一行，下竖刻四行：“宗主太师王道成」太师张本然」道半二仁」甲戌乙亥年甲申日」”。字径大小不一，首字“重”高、宽均为3厘米。此摩崖碑记载了重修楼岩观的年代和修葺人。王道成、张本然应为道士。年款题为“甲戌乙亥年甲申日”，可能漏刻了“月”字，似应为“甲戌年乙亥月甲申日”。这种纪年方式为金代常用。一般认为该摩崖为金代所刻。金代有二个甲戌年，一为贞元二年（1154年），一为贞祐二年（1214年），“乙亥月”为阴历十月。据陈垣著《二十史朔闰表》（中华书局1999年7月再版）推算，贞祐二年十月无“甲申日”，贞元二年十月的“甲申日”为初五日，因此该摩崖应刻于金贞元二年（1154年）十月初五日。

摩崖碑

2.《高其延摩崖墓龛及题刻》

位于怀柔区宝山镇碾子村北4里的洞庙沟洞庙村北侧山上，北纬40°48′39″，东经116°28′3.6″，海拔609米。该摩崖西距朝阳洞仅20米，但洞与墓龛间有沟不能直通。墓龛面南，雕于一高360厘米、宽450厘米、距地145厘米巨岩上。龛为双层阁楼式，檐翘起有脊，楼高142厘米，宽113厘米。龛东西两侧各镌碑形摩崖一，东碑碑身高45厘米，宽32厘米，厚7厘米，座高10厘米，宽37厘米，厚12厘米。碑文竖刻三行文字，文曰：“羽化明龟地真」天师国门子监」□高公其延墓」”。无年月款识。西碑碑身高42厘米，宽34厘米，厚5厘米，座高12厘米，宽40厘米，厚12厘米。碑文风化，已无法辨识。墓龛上方2米处有洞，洞右下侧有墨书“阁老洞”。

摩崖墓龛

龛旁题刻

1.《"华严庵"摩崖》

明天顺七年（1463 年）刻于怀柔区甘涧峪庙东沟下庵遗址东北约 200 米半山腰处岩石上，北纬 40°23′30.84″，东经 116°35′17.64″，海拔 241 米。该岩石高 220 厘米，宽 210 厘米，当地人称此地为哥儿岩，其东下坎有一石垒井圈。摩崖面东南，竖刻文字二行："华严庵」大明天顺七年仲秋立」"。"华严庵"三字字径高 12 厘米，宽 9 厘米，款字径高、宽均约 7 厘米，手书无体。刻字面积高 76 厘米，宽 44 厘米。

2.《内官高良题刻》

明弘治十七年（1504 年）刻于怀柔区甘涧峪村牛峪进沟约 1000 米处北侧山石上，村民称此地为天桥大坝台，北纬 40°23′13.92″，东经 116°34′22.44″，海拔 264 米。石高 300 厘米，宽 140 厘米，上植杏树一株，径尺余。摩崖面南，竖刻文字八行："大明」弘治甲子岁内官高良」回经」丹陛下九天秉」恩准我翫林泉」今生感谢吾」皇命自有青松」度老年」"。字径高约 12 厘米，宽 10 厘米，手书

"华严庵"摩崖

内官高良题刻

无体。刻字面积高84厘米，宽98厘米。从题刻可知高良为明弘治年间太监，出宫后在此养老。据村民讲大坝台原有一庙庵，现已无存，附近有石墙遗迹。

3.《朝阳庵四至摩崖》

明代刻于怀柔区甘涧峪村大盆峪口，即今“天溪庵”山门前南侧山岩上，北纬40°23′59.82″，东经116°34′31.62″，海拔255米。摩崖竖刻“朝阳庵」南界及东」大明☐」”三行文字，正书。刻字面积高约250厘米，宽170厘米，由此可知明朝阳庵南界就在此处。据村民孟庆雨讲，当地传说此地本为当地民人房氏所有，朝阳庵僧人为证明此地为庙产，特刻此摩崖，并据此与房氏打官司。

朝阳庵四至摩崖

“天设金汤”摩崖

明万历六年（1578 年）刻于怀柔区渤海镇大榛峪村响水湖风景区崖壁上，北纬 40°27′25.62″，东经 116°27′0.72″，海拔 855 米。沿景区东侧溪涧北行约 600 米，可见路边崖壁横刻“天设金汤”四大字，其东侧不远处有瀑布顺山而下，向东北眺望可见远处山顶绵延的长城及敌台。此地位于连云岭村东“边坑水库”下游，古称“磨石口关”，磨石口为明长城隘口。摩崖正中横镌“天设金汤”四字，正书，字径高、宽均 100 厘米左右。其右款竖刻“明万历」戊寅秋」”两行文字，其左款亦竖刻“灵宝许」茂杞勒」”两行文字，字径高、宽均约 35 厘米，正书。许茂杞，河南灵宝县人，嘉靖年间兵部尚书许论之孙。

“天设金汤”摩崖

摩崖年款

“金汤”摩崖

头道关长城

明万历七年（1579 年）春刻于怀柔区西北黄花城村北“头道关”长城南侧岩壁上，北纬 40°24′59.1″，东经 116°20′16.5″，海拔 278 米。摩崖面东，镌于高约 500 厘米、宽约 700 厘米的巨岩上，下临公路，其东为黄花城水库和水长城。岩壁居中竖刻“金汤”二巨型文字，“金”字高 190 厘米，宽 170 厘米，“汤”字高 192 厘米，宽 157 厘米，正书。其右竖镌“万历已卯春”，字径高、宽约 37 － 42 厘米不等。其左竖镌“金陵吴臣书”，字径高、宽均 35 厘米。据传“金汤”二字背后还有一段故事：传说当年修建此段长城时，负责工程的官员因工作认真而误工，被诬陷贪污而砍头。后皇帝派人检查，发现此段长城修的果然不同凡响，遂给予平反，此段长城因坚固而得“金汤”美名。抗战期间，日军曾经试图炸毁此段长城，但长城实在坚固，最后未得逞。

“金汤”摩崖

北沟村摩崖石刻

怀柔区渤海镇北沟村北山梁上，蜿蜒着自“北京结”向西南方向延伸的内长城，北京结点以西，长城沿山脊下坡至500米处，为险关“擦石口关”，北沟中有小路一直通到擦石口关及长城北面坡下的庄户村。此段长城完成于明万历二十七年（1599年），此后明朝官员视察边关时，在峡谷岩壁上留下摩崖石刻多处，除位于沟口路西巨岩上的镌刻的“警心慎辔”（摩崖横题，其右题“辛丑”二字）摩崖已毁失外，在长约3公里的沟内仍遗有摩崖石刻10则。

1.《“观澜”摩崖》

位于北沟村北山沟“碾磨沟”东坡、现景区大门内向北20米处路东距地4米的山岩上，北纬40°26′34.68″，东经116°28′40.32″，海拔272米。在高135厘米、宽127厘米的山石西南面，竖刻“观澜」怀埜」”两行文字，正书。“观”字高47厘米，宽42厘米；“澜”字高37厘米，宽38厘米；“怀”字高19厘米，宽17厘米；“埜”字高14厘米，宽14厘米。摩崖下为进沟路，路西紧临溪沟，溪中左右青色纹石对置，溪水从二石间流下，水声清脆。

2.《“一泻千里”摩崖》

位于北沟村北山沟“碾磨沟”西坡、现景区内溪沟西侧半山坡处山岩上，北纬40°26′35.22″，东经116°28′33.18″，海拔586米。摩崖面东南，竖刻“一泻千里」明宇」”两行文字，正书。“一泻千里”字体较大，字径高37厘米，宽36厘米。落款字径高16厘米，宽15厘米。石面未经打磨，刻字面积高100厘米，宽65厘米。此摩崖勒于沟西侧半山坡上，站在此处可见顺沟而下的溪水，可推想当年溪水奔涌的气势。

3.《“秦皇旧址”摩崖之一》

明万历三十年（1602年）刻于北沟村北山沟“水头子干插边”附近、现景区大门向北百米路西半山坡一孤立巨石上，北纬40°26′42.6″，东经116°28′29.22″，海拔293米。摩崖面东，镌于高140厘米、宽200厘米的岩石上。“秦皇旧址”横刻，一行，正书。“秦”字高49厘米，宽39厘米；“皇”字高46厘米，宽28厘米；“旧”字高44厘米，宽26厘米；“址”字高32厘米，宽33厘米。其左竖镌“李逢时书”，字径高16厘米，宽12厘米，正书。“秦皇旧址”应指在明代长城修筑以前此地的古长城遗址。怀柔区域内的明长城修筑于隆庆至万历年间，据记载基本上是在北齐长城的基础上修筑的，此摩崖所指是否为北齐长城有待进一步考证。后面提及的《“苍岩翠柏”摩崖》为李逢时于明万历三十年（1602年）所勒，因此该摩崖的摹刻年代也应为明万历三十年。李逢时，据《明实录》万历三十二年（1604年）载：“三月庚子，升王有翼为五军营副将，李逢时为神机营参将”。

4.《“秦皇旧址”摩崖之二》

刻于李逢时题“秦皇旧址”摩崖西北20米处一高300厘米、宽480厘米的独立巨石上，北纬40°26′43.02″，东经116°28′29.04″，海拔295米。岩石南部开裂为二，石前植栗树一株。摩崖面东南，竖刻“秦皇旧址”一行，字径高55厘米，宽42厘米，行书。

5.《“名关”摩崖》

位于北沟村北山沟内即进入景区东转后从主路右侧溪沟前行约200米处西侧岩壁上，北纬40°26′46.2″，东经116°28′46.2″37.5″，海拔305米。此处山岩陡峭，难以攀登，谷底有一深约40厘米的天然石窝，东西两侧岩石壁立，地理位置十分险要。摩崖即镌于山沟西侧面向东北的岩面上，“名关”二字竖刻，正书，字径高30厘米，宽20厘米。其左落款“少山”二小字，亦竖刻，正书。在“名关”摩崖右上方50厘米处，还竖刻一行文字，似为“□藏洞”三字，字径高、宽均约23厘米。字口极浅，风化严重，第一字已泐。

6.《“仰视见天”摩崖》

位于北沟村北山沟内山路路南一高90厘米、宽246厘米的独立岩石上，北纬40°26′48.9″，东经116°28′39.96″，海拔313米。该处距山口约500米，岩石下方有小涧沟穿过山路汇入主涧。岩石北面横镌“仰视见天”四字，字径高30厘米，宽37厘米，行书。“仰视”二字字口清晰，“见天”二字风化较重。此处为谷中较开阔地段，位于山路自西向北转弯处，想必题刻者在经过前段狭窄的山路后，到此顿感视野扩大，可以看到天空了，所以有感而发。

7.《“极关逊险”摩崖》

位于北沟村北山沟内“双窑”路南侧山岩上，北纬40°26′52.98″，东经116°28′43.56″，海拔343米。摩崖面北，竖刻“极关逊险」金台 ▱ 」”两行文字，行楷。“极关逊险”字径高34厘米，宽13厘米。落款字体较小。刻字面积高140厘米，宽55厘米。由此向北拐可远眺长城及烽火台。万里长城中“山海关”和“嘉峪关”被称为极关，题者在看到“擦石口”关后有感而发，觉得二极关在山势险要上与此地相比要稍逊一筹。

8.《“天限华夷”摩崖》

镌于北沟村北山沟内“立洞子”东、山路向东拐弯处路北斜坡状山岩上，北纬40°26′56.46″，东经116°28′47.04″，海拔350米。在高约6米的岩面上，竖刻“天限华夷」怀埜」”二行文字，面南，行书，大字字径高52厘米，宽35厘米，落款字径高、宽均28厘米。刻字面积高220厘米，宽75厘米。

9.《“苍岩翠柏”摩崖》

明万历三十年（1602年）刻于北沟村北山沟内“东脖洼”东西向山路南侧一岩石上，北纬40°26′55.86″，东经116°28′52.44″，海拔369米。从“天限华夷”摩崖上行不远，有一独立巨石，整石高约200厘米，宽约300厘米，石南为沟，隔沟与南侧山崖相对。摩崖镌于岩石南立面，正中横刻“苍岩翠柏”一行文字。“苍”字高50厘米，宽40厘米；“岩”高42厘米，宽30厘米；“翠”高40厘米，宽32厘米；“柏”高42厘米，宽38厘米。其右竖镌“万历壬寅春”，其左竖刻“李逢时书」□□□□□」”二行文字，第二行五个小字，已漫漶无法辨认。摩崖均正书，部分字口剥蚀。

据《擦石口修城记》刻石载，擦石口于明万历二十七年（1599 年）完工。

10．《“如堆”摩崖》

位于北沟村北山沟内当地人称“火车头”的山石上，北纬 40°27′6.42″，东经 116°28′55.32″，海拔 410 米。顺山路继续向北上行，有山岩矗立于山谷，将山谷分为两条沟，由此西望可见对面山上蜿蜒的“夯拉边”长城。山岩东侧山沟地面多为灰白纹相间岩石，据称顺此沟前行可至“北京结”。摩崖镌于山岩西侧偏南距地约 440 厘米的粗糙岩面上，石高约 130 厘米，宽 150 厘米。“如堆」少山」”两行文字竖刻，“如堆”二字字径高 40 厘米，宽 43 厘米，落款字径高、宽均 13 厘米，正书，字迹漫漶。此处山岩远看确是像由若干石块堆砌而成，题刻者当是有感而发，即兴题“如堆”，非常切题。

“观澜”摩崖

“一泻千里”摩崖

秦皇旧址”摩崖之一

“秦皇旧址”摩崖之二

“名关”摩崖

“仰视见天”摩崖

“极关逊险”摩崖

“天限华夷”摩崖

“苍岩翠柏”摩崖

天华洞摩崖石刻

天华洞位于怀柔区渤海镇洞台村北 2.8 公里处的雕弓峪沟东侧、从铁矿峪村进入雕弓峪顺沟向东北上行约 2 公里处，北纬 40°27′26.52″，东经 116°25′5.64″，海拔 619 米。洞口面西南，呈菱形，高 4 米，宽 1.75 米。天华洞为天然形成的石灰岩洞。洞口前崖边植有松树一株，树干一人不能合抱。据《怀柔文物集成》载，洞内分为三室，西室洞壁题有“嘉靖二十五年（1546 年）十月初七修行”题记一则，东室洞壁有“家（嘉）靖二十五年十月初七日修行，刘万友死在正月初四日”题记一则和清康熙四十一年杨守弘题记两则。1984 年列为县文保单位。2008 年 12 月 1 日我们前去踏勘时，因洞内黑暗，未见书中所记题刻。天华洞洞口上方和洞外西侧石壁上镌摩崖石刻二则。

1.《“天华洞”摩崖》

清康熙四十年（1701 年）刻于天华洞洞口上方崖壁。“天华洞”三字竖刻，字径高 25 厘米，宽 26 厘米，正书。其左竖刻文字两行：“大清康熙四十年春月建修」太上立门梵修杨守弘立」”，正书。刻字面积高 150 厘米，宽 100 厘米。此题刻东有新刻“天华洞”三字，亦竖刻，涂有红漆。

2.《“万峰山”摩崖》

刻于天华洞洞外西侧一高 170 厘米、宽 180 厘米的石壁上。“万峰山”三字竖刻，字径高 15 厘米，宽 10 厘米，字旁有竖向石纹一道。

“天华洞”摩崖

天华洞

“壹善”摩崖

清代刻于怀柔区喇叭沟门满族乡孙栅子村壹善庙遗址北侧山崖距地面 6 米左右一独立巨石上，北纬 40° 57′ 17.4″，东经 116° 29′ 26.4″，海拔 814 米。石高 200 厘米，宽约 350 厘米，东西各植松树两株，上有一级名木古松一株，树龄已有 320 年，径近 90 厘米，高近 16 米，冠达 20 米有余，称“壹善松”。摩崖面南，横刻，“壹”字高约 35 厘米，宽 25 厘米；“善”字约高 50 厘米，宽 40 厘米，正书。该摩崖石刻于 1997 年开发喇叭沟门原始森林风景区时被发现。“壹善”二字出自佛教涅槃经“修一善心，破百种恶”，取一善破百恶之意。后又在附近山上发现了“三星照户”摩崖，出自道家福、禄、寿三星照千家万户之吉祥语，字径高、宽约 30 － 40 厘米。据传说原还有“二箸同心”摩崖，出自儒家，表示兄弟二人如同一双筷子那样亲密合作。

“壹善”摩崖

番字牌摩崖石刻

摩崖全景

番字牌摩崖石刻位于密云县冯家峪镇番字牌村小孤山南面山崖上，北纬 40°44′18.9″，东经 116°53′6.96″，海拔 428 米。在长 50 多米、高 7 至 8 米的小孤山南面崖壁上，从西到东共镌有 12 组梵文、藏文、回纥式蒙古文摩崖石刻，多为佛教咒语六字真言。其中一则摩崖落款为“（第）三阴火兔年”，（第）三阴火兔年为藏历年号，一般认为是元泰定三年（1326 年），一说为明代。据《番字牌村话“番字”》（黄颢著《在北京的藏族文物》，民族出版社 1993 年 8 月出版）载，番字牌乡的西山脚下还刻有十相组合图梵文图案（十自在画），高 90 厘米，宽 40 厘米。1990 年 2 月 23 日被公布为北京市文物保护单位。2000 年前后为保护石刻不遭进一步破坏，有关部门在石刻上方盖有保护性亭子。

该处摩崖从西到东共有 12 组刻字，依次为：

1.《番字牌摩崖之一：藏文摩崖》

该摩崖为藏文，双钩横刻，共三行，刻字面积高、宽均 160 厘米。第一行高 41 厘米，宽 160 厘米；第二行高 38 厘米，宽 156 厘米；第三行高 30 厘米，仅存一字。

番字牌摩崖石刻景区大门

2.《番字牌摩崖之二：梵文摩崖》

该摩崖为梵文，双钩横刻，共三行，刻字面积高 147 厘米，宽 214 厘米。第一行高 43 厘米，宽 214 厘米；第二行高 46 厘米，宽 214 厘米，第三行高 44 厘米，宽 214 厘米。其西侧下方还另有一行藏文小字，高 5 厘米，宽 25 厘米。

3.《番字牌摩崖之三：藏文摩崖》

该摩崖为藏文，双钩横刻，共三行，刻字面积高 125 厘米，宽 153 厘米。第一行高 42 厘米，宽 123 厘米；第二行高 35 厘米，宽 139 厘米；第三行高 44 厘米，宽 153 厘米。

4.《番字牌摩崖之四：梵文摩崖》

该摩崖为梵文，双钩横刻，共三行，刻字面积高 70 厘米，宽 160 厘米。第一行高 29 厘米，宽 160 厘米；第二行高 29 厘米，160 厘米；第三行漫漶。

5.《番字牌摩崖之五：藏文摩崖》

该摩崖为藏文，横刻，共三行，单线刻，刻字面积高 39 厘米，宽 53 厘米。第一行高 13 厘米，宽 28 厘米；第二行高 15 厘米，宽 37 厘米；第三行高 14 厘米，宽 53 厘米。

6.《番字牌摩崖之六：藏文摩崖》

该摩崖为藏文，横刻，共五行，刻字面积高 67 厘米，宽 78 厘米。第一行双勾，高 23 厘米，残宽 49 厘米；下四行为单线刻。其旁石头上残存一符号，可能为藏文或梵文，高 10 厘米，宽 8 厘米。

7.《番字牌摩崖之七：梵藏文合璧摩崖》

该摩崖为梵藏文合璧，双勾横刻，共两行，刻字面积高 63 厘米，宽 152 厘米。上镌梵文，高 30 厘米，宽 152 厘米；下藏文高 32 厘米，宽 140 厘米。

8.《番字牌摩崖之八：藏文摩崖》

该摩崖为藏文，双勾横刻，共两行，刻字面积高 73 厘米，宽 130 厘米。第一行高 44 厘米，宽 130 厘米；第二行存一字，高 28 厘米，宽 48 厘米。

9.《番字牌摩崖之九：蒙文摩崖》

该摩崖为蒙文，双勾横刻，一行，刻字面积高 47 厘米，宽 89 厘米。

10.《番字牌摩崖之十：梵文摩崖》

该摩崖为梵文，双勾横刻，一行，刻字面积高 39 厘米，宽 170 厘米。

11.《番字牌摩崖之十一：梵文摩崖》

该摩崖为梵文，双勾横刻，一行，刻字面积高 33 厘米，宽 163 厘米。

12.《番字牌摩崖之十二：蒙文摩崖》

该摩崖为蒙文，双勾横刻，共两行，刻字面积高 80 厘米，宽 93 厘米。第一行高 33 厘米，宽 80 厘米；第二行高 41 厘米，宽 93 厘米。

番字牌摩崖之一

番字牌摩崖之二

番字牌摩崖之三

番字牌摩崖之四

番字牌摩崖之五

番字牌摩崖之六

番字牌摩崖之七

番字牌摩崖之八

番字牌摩崖之九

番字牌摩崖之十

番字牌摩崖之十（拓片）

番字牌摩崖之十一

番字牌摩崖之十二

云峰山摩崖石刻

密云县不老屯镇燕乐村北3公里处的云峰山上，分布多处摩崖石刻。

其一，在密云县不老屯镇白土沟村大安寺遗址附近，即云峰山南天门西南、石壶沟东侧半山处被当地人称为“姑子炕”旁的南向粗糙崖壁上，镌有三则摩崖石刻，位于北纬40°34′55.8″，东经116°57′6.24″，海拔347米。自东及西分别为：

1.《“古佛道场”摩崖》

明弘治二年（1489年）四月八日刻。“古佛道场”四字竖刻，一行文字，正书，字径高10厘米，宽13厘米。刻字面积高44厘米，宽13厘米。无年款，其西侧有弘治二年的摩崖，推知该摩崖可能为同一时期镌刻。

2.《云峰山大安寺住庵文全等题刻》

明弘治二年（1489年）四月八日刻于《古佛道场摩崖》西侧三米处崖壁。摩崖竖刻“云峰山大安寺」住庵文全、成仁、成义、」首座真宝、行净」大明弘治二年四月八日」”四行文字，字径高、宽均7厘米，正书。摩崖外有线刻边框，刻字面积高62厘米，宽59厘米，

3.《石匠胡猛等题刻》

明弘治二年（1489年）四月八日刻。紧邻《弘治二年住庵文全等题名摩崖》西侧的崖壁上，竖刻“石匠胡猛」胡本」蔡友」蔡广」”四行文字，字径高7厘米，宽5厘米，正书。刻字面积高36厘米，宽31厘米。无年款，其镌刻年代应与前

姑子炕

“古佛道场”摩崖

石匠胡猛等题刻

则摩崖相同。

其二，云峰山山顶有一座寺庙超胜庵，是密云北部著名古刹。庵后面是一条南北向的峡谷，分布有四则摩崖石刻。

1.《“尘外赏”摩崖》

刻于云峰山超胜庵北面峡谷东侧峭壁上，北纬 40°35′18.24″，东经 116°57′1.44″，海拔 486 米。“尘外赏”三字竖刻，字径高 90 厘米，宽 63 厘米，正书。落款竖刻“沈阳范承勋”，字径高 16 厘米，宽 12 厘米，正书。范承勋书法雄浑，气魄宏大。该摩崖刻工亦精细，保存完好。范承勋（1641—1714 年），字苏公，范文程第三子。历官至云贵总督、江南江西总督、兵部尚书。

2.《“苍王屏”摩崖》

镌于云峰山超胜庵北面峡谷东侧峭壁上、《“尘外赏”摩崖》北不远的半山腰处。“苍王屏”三字自右及左横刻，正书。无法丈量尺寸，据目测，其字径高、宽均在 150 厘米上下。

“尘外赏”摩崖

超胜庵山门

超胜庵北墙外

“苍玉屏”摩崖

“灵境”摩崖

“云峰山”摩崖

“遇仙石”摩崖

3.《“灵境”摩崖》

镌于云峰山超胜庵北面峡谷东侧峭壁上、《“苍王屏”摩崖》北不远处的半山腰处。“灵境”二字自右及左横刻，隶书，字径高160厘米，宽147厘米。

4.《“云峰山”摩崖》

镌于云峰山超胜庵北面峡谷普门桥东偏北一独立岩石上、《“灵境”摩崖》下方山麓处，北纬40°35′19.68″，东经116°56′59.28″，海拔489米。“云峰山”三字竖刻，正书。“云”字高45厘米，宽32厘米；“峰”字高34厘米，宽30厘米；“山”字高21厘米，宽22厘米。

其三，云峰山南天门外十八盘附近的花岗岩巨岩上，有五则摩崖石刻，位于北纬40°34′58.62″，东经116°57′8.88″，海拔448米。

1.《“遇仙石”摩崖》

“遇仙石”三字竖刻，一行，字径高66厘米，宽74厘米，正书。

“仙门”摩崖

“棋”字摩崖

“口天”残摩崖

“仙手印”摩崖

2.《“桃盘石”摩崖》

“桃盘石”三字竖刻，一行，字径高 22 厘米，宽 28 厘米，正书。

3.《“仙门”摩崖》

“仙门”二字竖刻，一行，字径高 16 厘米，宽 24 厘米，正书。

4.《“棋”字摩崖》

“棋”字高 56 厘米，宽 60 厘米，正书。

5.《“□天”残摩崖》

“□天□□”四字自右及左横刻，篆书。字口极浅，基本漫漶。

6.《“仙手印”摩崖》

“仙手印”三字竖刻，一行，正书。

陇南王进泰题刻

镌于密云县高岭镇田庄村北龙潭沟内黑龙潭东侧距地不足2米的石壁上。题刻竖刻，共九行文字，字径高约4厘米，宽5厘米，正书。题刻右上角刻一长方形印章，高5厘米，宽3厘米，竖刻“明□”二字，阴刻篆书；其左侧亦竖刻长方形印章，高15厘米，宽6厘米，字迹已漫漶。刻字面积高60厘米，宽65厘米。潭西北的半山上原有一座明代古庙，坐北朝南，东北靠山，东南龙潭沟小河围绕，该庙遗址仅东、北、南三面存少量残垣断壁。庙南侧山下有龙潭三眼。该题刻可能镌于明代。

录文如下：“山不在高，有仙则名。」水不在深，有龙则灵。」瞻彼潭兮，源远泉清。」临其流兮，□涌波明。」心之感思，一念惟诚。」神之格思，无求不应。」雨旸旹若，保佑式□。」丰登有兆，万姓欢腾。」陇南王进泰。」”

（该文为密云县文管所退休干部吕志新撰写，并提供拓片）

陇南三进泰题刻

椒园山连山碑

清康熙三十二年（1693年）刻于顺义区顾家庄村东北椒园山南侧半山处，北纬40°05′24″，东经116°56′48.94″，海拔47米。该摩崖面南，为连山碑，碑高430厘米，宽350厘米，碑东侧厚98厘米，西侧厚16厘米。碑首为圆首，仅稍事平整，未刻纹饰。碑身高270厘米，宽350厘米，满刻文字，碑文因风雨侵蚀，文字多已漫漶。碑首题“椒园山右碑记”，其左竖镌碑文十一行，字径高、宽均3厘米，文字泐甚，无法录文。碑文左侧均为捐资“信官”题名，从残存的个别字可知题名中有汉人名字，也有满人名字，还有妇女的名字如某门某氏等。题名字径有高、宽均2厘米和高、宽均1.5厘米两种规格。碑最后一行题“康熙岁次癸酉 ☐ ”。碑身下端被土石掩埋，中部砌有矮墙，

无梁阁

无梁阁内壁画

椒园山连山碑

部分题名被遮挡。连山碑东南约百米处，有一座方形楼阁式砖石拱券建筑——无梁阁，始建于明代，清代重修。无梁阁外观三层，内部两层，因整座建筑无一根木质横梁支撑，故名。阁内上下二层楼的四壁满绘道教内容的壁画。阁后还有一座砖石拱券式建筑，东侧门券上方题“女娲皇帝宫”，西侧门券上方题“西王祖母宫”，可知里面供奉有道教女神女娲和西王母，联想此地名椒园山，椒在古代乃多子的象征，这里当是人们求子的场所。

兴善寺摩崖石刻

兴善寺位于平谷区南独乐河镇峨眉山村西，又名水峪寺。该寺始建于唐咸通三年（862年），明正统八年（1443年）重修，1942年被日军烧毁，今寺已不存。寺东有平谷八景之一——“灵泉漱玉”，现仍有泉水汩汩不绝。兴善寺遗址西侧山坡有孤立巨石，巨石北面，自然形成东高西低两个相差约40厘米的石面，分别镌“三生石”和“今古云峰”摩崖石刻，北纬40°12′26.4″，东经117°12′23.7″，海拔108米。

1.《“三生石”摩崖》

“三生石”镌于东侧石面，竖题，正书。“三”字高29厘米，宽37厘米；“生”字高30厘米，宽29厘米；“石”字高30厘米，宽32厘米。

2.《“今古云峰”摩崖》

西侧石面自右及左横题“今古云峰”，正书。“今”字高31厘米，宽33厘米；“古”字高30厘米，宽26厘米；“云”字高40厘米，宽27厘米；“峰”字高35厘米，宽32厘米。

“三生石”摩崖

兴善寺遗址

“今古云峰”摩崖

附录

参考书目

《合校水经注》，北魏 · 郦道元著，清 · 王先谦校，中华书局，2009 年 2 月。

《文津阁四库全书 · 集古录》，商务印书馆，2005 年 10 月。

《文津阁四库全书 · 宣和书谱》，商务印书馆，2005 年 10 月。

《文津阁四库全书 · 舆地碑记目》，商务印书馆，2005 年。

《文津阁四库全书 · 汉隶字源》，商务印书馆，2005 年 10 月。

《文津阁四库全书 · 渔隐丛话前集》，商务印书馆，2005 年 10 月。

《文津阁四库全书 · 六艺之一录续编》，商务印书馆，2005 年 10 月。

《金石录校证》，宋 · 赵明诚著，金文明校证，广西师范大学出版社，2005 年 10 月。

《隶续》，宋 · 洪适撰，中华书局，2003 年 12 月。

《说文解字注》，汉 · 许慎著，清 · 段玉裁注，浙江古籍出版社，2009 年 3 月。

《金石文字记》，清 · 顾炎武辑，中华书局，1991 年。

《金石萃编》，清 · 王昶撰，中国书店，1991 年 6 月。

《金石索》，清 · 冯云鹏、冯云鹓辑，书目文献出版社，1996 年 3 月。

《评碑评帖记》，清 · 杨守敬著，文物出版社，1990 年 9 月。

《语石》，清 · 叶昌炽著，上海书店，1986 年 8 月。

《语石校注》，清 · 叶昌炽著，韩锐校注，今日中国出版社，1995 年 12 月。

《凡将斋金石丛稿》，马衡著，中华书局，1977 年 10 月。

《中国岩画学》，盖山林著，书目文献出版社，1995 年 1 月。

《房山石经题记汇编》，书目文献出版社，1987 年 8 月。

《北京图书馆藏中国历代石刻拓本汇编》，中州古籍出版社，1990 年 6 月。

《北京图书馆藏北京石刻拓片目录》，徐自强主编，书目文献出版社，1994 年 4 月。

《古代石刻通论》，徐自强、吴梦麟著，紫禁城出版社，2003 年 7 月。
《中国的石刻与石窟》，徐自强、吴梦麟著，商务印书馆，1996 年 12 月。
《房山石经之研究》，中国佛教协会出版，1987 年 9 月。
《石刻论著汇编》第一集，北京图书馆出版社，1997 年 12 月。
《新中国出土墓志 · 北京卷》，文物出版社，2003 年 12 月。
《云居寺贞石录》，北京燕山出版社，2008 年 11 月。
《汉碑集释》，高文著，河南大学出版社，1997 年 11 月。
《北朝摩崖刻经研究》，中国书法家协会山东分会、山东石刻艺术博物馆编，齐鲁书社，1991 年 10 月。
《云峰刻石调查与研究》，齐鲁书社，1992 年 6 月。
《中国古代石刻概论》，赵超著，文物出版社，1997 年 6 月。
《西湖文献集成 · 西湖游览志》，王国平主编，杭州出版社，2004 年 10 月。
《西湖文献集成 · 西湖志》，王国平主编，杭州出版社，2004 年 10 月。
《湖湘碑刻（二）· 浯溪卷》，湖南美术出版社，2009 年 4 月。
《后汉书》，宋 · 范晔撰，中华书局，1993 年 3 月。
《晋书》，唐 · 房玄龄等撰，中华书局，1996 年 4 月。
《魏书 · 释老志》，北齐 · 魏收撰，中华书局，1992 年 9 月。
《北史》，唐 · 李延寿撰，中华书局，1991 年 12 月。
《辽史》，元 · 脱脱等撰，中华书局，2003 年 7 月。
《金史》，元 · 脱脱等撰，中华书局，2008 年 12 月。
《元史》，明 · 宋廉撰，中华书局，1976 年 4 月。
《明史》，清 · 张廷玉等撰，中华书局，1974 年 4 月。
《三十三种清代传记综合引得》，杜连喆、房兆楹编，中华书局，1987 年 8 月。
《民国人物大辞典》，徐友春编，河北人民出版社，1991 年 5 月。
《容斋随笔》，宋 · 洪迈撰，中华书局，2005 年 11 月。
《四朝闻见录》，宋 · 叶绍翁撰，中华书局，2004 年 9 月。
《范成大笔记六种》，宋 · 范成大撰，中华书局，2008 年 6 月。
《归潜志》，金 · 刘祁撰，中华书局，1997 年 12 月。
《中州集》，金 · 元好问编，吉林出版集团有限公司，2005 年 5 月。
《南村辍耕录》，元 · 陶宗仪撰，中华书局，2004 年 4 月。
《析津志辑佚》，元 · 熊梦祥著，北京古籍出版社，1983 年 9 月。

《西关志》，明 · 王士翘纂修，北京古籍出版社，1990 年 12 月。
《长安客话》，明 · 蒋一葵著，北京古籍出版社，1980 年。
《帝京景物略》，明 · 刘侗、于奕正著，北京古籍出版社，1982 年 4 月。
《宛署杂记》，明 · 沈榜著，北京古籍出版社，1980 年 11 月。
《天府广记》，清 · 孙承泽纂，北京古籍出版社，2001 年 2 月。
《日下旧闻考》，清 · 于敏中等编纂，北京古籍出版社，1983 年 5 月。
《人海记》，清 · 查慎行著，北京古籍出版社，2001 年 2 月。
《康熙顺天府志》，清 · 张吉午纂修，中华书局，2009 年 6 月。
《光绪顺天府志》，清 · 周家楣、缪荃孙编纂，北京古籍出版社，1987 年 12 月。
《光绪昌平州志》，清 · 缪荃孙、刘万源等，北京古籍出版社，1989 年 8 月。
《畿辅通志》，河北人民出版社，1989 年 8 月。
《白带山志》，溥儒辑，中国书店，1989 年 10 月。
《琉璃厂杂记》，周肇祥撰，北京燕山出版社，1995 年 4 月。
《古都变迁纪略》，余棨昌著，北京燕山出版社，2008 年 5 月。
《北京城市历史地理》，侯仁之主编，北京燕山出版社，2000 年 5 月。
《营国匠意——古都北京的规划建设及其文化渊源》，朱祖希著，中华书局，2007 年 4 月。
《在北京的藏族文物》，黄颢著，民族出版社，1993 年 8 月。
《中国文物地图集 · 北京分册》，科学出版社，2008 年 7 月。
《北京名胜古籍词典》，燕山出版社，1989 年 9 月。
《海淀文物》，北京市海淀区文化委员会编，文物出版社，2002 年 9 月。
《香山公园志》，香山公园管理处，中国林业出版社，2001 年 8 月第 1 版。
《海淀风情录》，张宝章著，机械工业出版社，1996 年 12 月第 1 版。
《京畿丛书——海淀》，朱善璐、李进山主编，北京图书馆出版社，2000 年 7 月第 1 版。
《北京西郊宅园记》，焦雄著，北京燕山出版社，1996 年 6 月第 1 版。
《石景山文物》，北京市石景山区文化委员会编，内部资料。
《门头沟文物志》，北京市门头沟区文化文物局编，北京燕山出版社，2001 年 12 月。
《北京门头沟村落文化志》，北京燕山出版社，2008 年 7 月。
《京西碑石纪事》，香港银河出版社，2003 年 12 月第 1 版。
《北京戒台寺石刻》，张云涛著，北京燕山出版社，2007 年 1 月第 1 版。
《怀柔文物集成》，怀柔县文化文物局编，内部读物。

《北京志·世界文化遗产卷·长城志》，北京市地方志编纂委员会，北京出版社，2008 年 12 月第 1 版。
《北京志·世界文化遗产卷·颐和园志》，北京市地方志编纂委员会，北京出版社，2004 年 11 月第 1 版。
《北京辽金史迹图志》，北京燕山出版社，2003 年 9 月。
《房山区地名志》，北京出版社，1992 年 7 月。
《门头沟区地名志》，北京出版社，1993 年 7 月。
《石景山区地名志》，北京科学技术出版社，1991 年 1 月。
《海淀区地名志》，北京出版社，1992 年 9 月。
《昌平县地名志》，北京出版社，1997 年 10 月。
《延庆县地名志》，北京出版社，1993 年 4 月。
《怀柔县地名志》，北京出版社，1993 年 10 月。
《密云县地名志》，北京出版社，1992 年 10 月。
《平谷县地名志》，北京出版社，1993 年 7 月。
《毛诗传笺通释》，清·马瑞臣撰，中华书局，2008 年 7 月。
《十三经注疏》，清·阮元校刻，中华书局，1983 年 11 月。
《庄子集解·庄子集解内篇补正》，王先谦、刘武撰，中华书局，2008 年 4 月。
《文选》，梁·萧统编，中华书局，1990 年 8 月。
《艺苑卮言校注》，明·王世贞著，罗新鼎校注，齐鲁书社，1992 年 7 月。
《红楼梦》，清·曹雪芹、高鹗著，人民文学出版社，1957 年 10 月。
《清高宗（乾隆）御制诗文全集》，清·弘历著，中国人民大学出版社，1993 年 8 月。
《揅经室集》，清·阮元撰，中华书局，2006 年 6 月。
《广艺舟双楫注》，清·康有为原著，崔尔平校注，上海书画出版社，2006 年 1 月第 1 版。
《金诗纪事》，陈衍辑撰，王庆生增订，上海古籍出版社，2003 年 12 月。
《京华集》，赵其昌著，文物出版社，2008 年 7 月。

年代索引

东魏

武定摩崖石刻，东魏武定三年（545 年）十月十五日，门头沟区王平地区河北村永定河畔

隋

孔水洞摩崖刻经，隋大业十年（614 年）四月，房山区万佛堂村孔水洞内

迎风坡摩崖造像及题刻，隋代，房山区燕山石化燕山公园

唐

焦玄岩等礼佛题刻，唐开元二十一年（733 年）十月，房山区云居寺石经山小西天

大峪沟摩崖造像及题刻，唐开元年间（713 － 741 年），房山区张坊镇大峪沟村半山处

辽

上方院摩崖碑，辽应历十年（960 年）十月，海淀区凤凰岭上方寺遗址

何永寿等题刻，辽乾统六年（1106 年）三月五日，房山区上方山云水洞内

僧善伏题刻，辽代，房山区上方山云水洞内

金

朝阳洞重修楼嵓观摩崖碑，金贞元二年（1154 年）十月初五日，怀柔区宝山镇碾子村北洞庙沟朝阳洞

贞元三年题刻，金贞元三年（1155 年）二月二日，房山区燕山石化羊耳峪里大象石东北侧

解州石匠题刻，金大定六年（1166 年）四月七日，石景山区八大处公园八处秘魔崖

乌林答□题刻，金大定二十年（1180年），房山区万佛堂村孔水洞内孔水洞内
明昌三年题刻，金明昌三年（1192年）三月廿六日，昌平区湾子村西佛岩寺遗址
吕贞干题刻，金泰和四年（1204年）三月十七日，昌平区湾子村西佛岩寺遗址
“驻跸山”摩崖，金1190至 1208年，昌平区防化兵学院南门附近

元

河南府石匠题刻，元至元三年（1266年）四月八日刻，石景山区石景山本来洞上方
汾州石匠题刻，元至元三年（1266年）刻，石景山区石景山本来洞上方
石匠老赵三题刻，元至元廿九年（1292年）正月，房山区上方山云水洞内
至元卅年题刻，元至元卅年（1293年）正月十五日，房山区上方山云水洞内
南京中路石匠题刻，元至元三十年（1293年）五月廿六日，石景山区石景山本来洞上方
元贞二年题刻，元元贞二年（1296年）四月二十日，石景山区八大处公园八处秘魔崖
泰定三年石匠题刻，元泰定三年（1326年），房山区云居寺石经山藏经洞第七洞北侧
藏文摩崖，元泰定三年（1326年），房山区云居寺石经山藏经洞第七洞北侧
藏文六字真言摩崖，元泰定三年（1326年），昌平区居庸关关城北仙枕石
藏蒙文合璧六字真言摩崖，元泰定三年（1326年），延庆县弹琴峡五桂头古洞旁
梵文六字真言摩崖，元泰定三年（1326年），延庆县弹琴峡五桂头古洞旁
梵藏蒙文合璧六字真言摩崖之一，元泰定三年（1326年），延庆县弹琴峡五桂头古洞旁
藏文六字真言摩崖，元泰定三年（1326年），延庆县弹琴峡五桂头古洞旁
梵藏蒙文合璧六字真言摩崖之二，元泰定三年（1326年），延庆县弹琴峡五桂头古洞旁
藏文六字真言摩崖，元泰定三年（1326年），延庆县八达岭特区办事处院内
番字牌摩崖之一：藏文摩崖，元泰定三年（1326年），密云县冯家峪镇番字牌村小孤山
番字牌摩崖之二：梵文摩崖，元泰定三年（1326年），密云县冯家峪镇番字牌村小孤山
番字牌摩崖之三：藏文摩崖，元泰定三年（1326年），密云县冯家峪镇番字牌村小孤山
番字牌摩崖之四：梵文摩崖，元泰定三年（1326年），密云县冯家峪镇番字牌村小孤山
番字牌摩崖之五：藏文摩崖，元泰定三年（1326年），密云县冯家峪镇番字牌村小孤山
番字牌摩崖之六：藏文摩崖，元泰定三年（1326年），密云县冯家峪镇番字牌村小孤山
番字牌摩崖之七：梵藏文合璧摩崖，元泰定三年（1326年），密云县冯家峪镇番字牌村小孤山
番字牌摩崖之八：藏文摩崖，元泰定三年（1326年），密云县冯家峪镇番字牌村小孤山
番字牌摩崖之九：蒙文摩崖，元泰定三年（1326年），密云县冯家峪镇番字牌村小孤山
番字牌摩崖之十：梵文摩崖，元泰定三年（1326年），密云县冯家峪镇番字牌村小孤山

番字牌摩崖之十一：梵文摩崖，元泰定三年（1326年），密云县冯家峪镇番字牌村小孤山

番字牌摩崖之十二：蒙文摩崖，元泰定三年（1326年），密云县冯家峪镇番字牌村小孤山

南郑村石匠题刻，元代，房山区长沟镇黄元井村西北杵山北麓半山腰处的古溶洞内

齐中路石匠题刻，元代，石景山区石景山本来洞上方

阿弥陀佛摩崖造像及题刻，元代，延庆县弹琴峡

明

左諆卫前所题刻，明洪武二十七年（1394年）五月，海淀区温泉镇显龙山顶

雷音洞永乐十四年题刻，明永乐十四年（1416年）十一月，房山区云居寺石经山雷音洞门外上方

“弘教禅林”摩崖，明永乐至洪熙年间（1403 － 1425年），海淀区北法海寺后山

弌庵诗刻，明永乐至洪熙年间（1403 － 1425年），海淀区北法海寺后山

张福兴等题刻，明宣德四年（1429年）二月十七日，昌平区湾子村西佛岩寺遗址

崇化寺买地文书摩崖，明宣德九年（1434年）七月，门头沟区城子崇化寺遗址东北处

徐旸诗刻，明正统十二年（1447年）前后，海淀区北法海寺后山

“华严庵”摩崖，明天顺七年（1463年）仲秋，怀柔区甘涧峪庙东沟下庵遗址东北

“翠微山”摩崖及谢宇诗刻，明成化七年（1471年）四月四日，石景山区双泉寺遗址西北

谢宇再用前韵诗刻，明成化七年（1471年）四月，石景山区双泉寺遗址西北

“古佛道场”摩崖，明弘治二年（1489年）四月八日，密云县云峰山石壶沟东侧大安寺遗址

云峰山大安寺住庵文全等题刻，明弘治二年（1489年）四月八日，密云县云峰山石壶沟东侧大安寺遗址

石匠胡猛等题刻，玥弘治二年（1489年）四月八日，密云县云峰山石壶沟东侧大安寺遗址

内官高良题刻，明弘治十七年（1504年），怀柔区甘涧峪村牛峪天桥大坝台

敕赐弘恩寺地界摩崖，明弘治十□年（1498-1505年）九月十九日，门头沟区潭柘寺镇南辛房村西北天门山山顶石洞东面

正德九年摩崖碑，明正德九年（1514年）二月廿九日，昌平区防化兵学院南门附近

山神大王、石将军摩崖，明正德十年（1515年），海淀区温泉镇显龙山顶

守口千户李宫题刻，明正德十四年（1519年）孟夏，门头沟区斋堂镇柏峪村村北古道旁

太监何某题刻，明正德年间（1506 － 1521年），石景山区青龙山老虎嘴

嘉靖八年题刻，明嘉靖八年（1529年）十二月，门头沟区石佛村东北

佛峪口摩崖造像及题刻，明嘉靖十一年（1532年），延庆县张山营镇佛峪口水库南侧河滩

火村修路题刻，明嘉靖十三年（1534年）五月初十日，门头沟区斋堂镇火村南双龙峡风景区

仙女台（原将军台）南
阿弥陀佛摩崖造像及对联，明嘉靖三十年（1551 年），石景山区八大处公园摩崖谷
信士信官题名摩崖碑，明嘉靖三十年（1551 年），石景山区八大处公园摩崖谷
兵部左侍郎题刻，明嘉靖三十一年（1552 年）九月十二日，海淀区温泉镇显龙山顶
许论题刻，明嘉靖三十四年（1555 年），昌平区居庸关关城北仙枕石
“天门关”摩崖，明嘉靖三十六年（1557 年）夏七月朔日，延庆县四海镇天门关村东南
井泉龙王通海之神位摩崖碑，明嘉靖四十二年（1563 年）二月初十日，门头沟区石佛村西南山崖
“龙门贤玉”摩崖及诗刻，明嘉靖四十二年（1563 年），昌平区南口镇龙潭村旁响潭沟
摩崖残碑，明嘉靖年间，石景山区八大处公园摩崖谷
小西天叶森等诗刻二首，明万历二年（1574 年）春，房山区云居寺石经山藏经洞第七洞和第八洞之间通往金仙公主塔的山路北侧崖壁，
齐家庄青楞山朝阳洞摩崖碑，明万历五年（1577 年）后，门头沟区清水镇齐家庄村北朝阳洞外
石古崖修桥补路摩崖碑，明万历六年（1578 年）季秋月下旬，门头沟区王平地区色树坟石佛岭（今采石厂）古道旁
“天设金汤”摩崖，明万历六年（1578 年）秋，怀柔区渤海镇大榛峪村响水湖风景区
“金汤”摩崖，明万历七年（1579 年）春，怀柔区黄花城村北“头道关”长城南侧，
接引佛摩崖造像及题刻，明万历十一年（1583 年）十一月初一日，石景山区万善桥北
“念佛”摩崖，明万历十三年（1585 年）十二月初六日，房山区云居寺石经山藏经洞一洞和二洞之间
“苍岩翠柏”摩崖，明万历三十年（1602 年）春，怀柔区渤海镇北沟村北“东脖洼”
“秦皇旧址”摩崖之一，明万历三十年（1602 年），怀柔区渤海镇北沟村北“水头子干插边”
“神岭千峰”摩崖，明万历三十一年（1603 年）仲春，昌平区防化兵学院南门附近
戒坛朝阳三慧洞建礼忏施茶功德摩崖碑，明万历三十七年（1609 年）季夏上旬十日，丰台区千灵山三慧洞东
佛龛山观音洞修造佛殿宇摩崖碑，明万历三十七年（1609 年），丰台区千灵山道孚修行洞上洞北侧
圣水峪摩崖造像及题刻，明万历四十八年（1620 年）正月十九日，房山区圣水峪村东北半山处
“灵根古柏”摩崖，明万历初年刻，石景山区石景山孔雀洞东北
极乐洞造四海云堂摩崖碑，明万历年间，丰台区千灵山极乐洞外南侧
供奉观音菩萨题名摩崖碑，明隆庆六年（1572 年）十月，昌平区沟崖风景区内
陶国祥题刻，明隆庆二年或清代嘉庆二年，房山区上方山云水洞内
“念佛”摩崖，明代，房山区万佛堂村孔水洞上方万佛堂后西南侧崖壁上
“天门山”摩崖，明代，门头沟区潭柘寺镇南辛房村西北天门山山顶石洞东面

清塔寺比丘成玉造像题刻，明，门头沟区石佛村东北
“阿佛”摩崖，明代，门头沟区石佛村北芦潭古道东侧
“佛”字摩崖，明代，门头沟区石佛村西南山崖
“南无佛”摩崖，明代，门头沟区万佛堂村过街楼东
“念佛”摩崖，明代，门头沟区万佛堂村万佛寺遗址西北
“佛”字摩崖之一，明代，门头沟区万佛堂村万佛寺遗址南
“佛”字摩崖之二，明代，门头沟区万佛堂村万佛寺遗址南
“佛”字摩崖之三，明代，门头沟区万佛堂村万佛寺遗址东南
龙泉寺藏文六字真言摩崖之一，明代，石景山区龙泉寺
龙泉寺藏文六字真言摩崖之二，明代，石景山区龙泉寺
“佛”字摩崖，明代，石景山区双泉寺遗址西北
阿弥陀佛摩崖造像及对联，明代，石景山区八大处公园摩崖谷
阿弥陀佛摩崖造像、对联及石匠题刻，明代，石景山区八大处公园摩崖谷
阿弥陀佛摩崖造像龛及对联，明代，石景山区八大处公园五处通往六处之间
玄元洞造像题刻，明代，海淀区凤凰岭玄元洞
“旸台山”摩崖，明代，海淀区大觉寺西墙外
“弥勒佛”摩崖，元明时期，昌平区银山塔林位于银山塔林古佛岩
古佛岩藏文摩崖，元明时期，昌平区银山塔林古佛岩
“仙枕”摩崖，明代，昌平区居庸关关城北仙枕石
“观澜”摩崖，明代，怀柔区渤海镇北沟村北“碾磨沟”
“一泻千里”摩崖，明代，怀柔区渤海镇北沟村北“碾磨沟”
“秦皇旧址”摩崖之二，明代，怀柔区渤海镇北沟村北“水头子干插边”
“名关”摩崖，明代，怀柔区渤海镇北沟村北
“仰视见天”摩崖，明代，怀柔区渤海镇北沟村北
“极关逊险”摩崖，明代，怀柔区渤海镇北沟村北“双窑”路南侧
“天限华夷”摩崖，明代，怀柔区渤海镇北沟村北“立洞子”东
“如堆”摩崖，明代，怀柔区渤海镇北沟村北当地人称“火车头”的山石上
朝阳庵四至摩崖，明代，怀柔区甘涧峪村大盆峪口即今“天溪庵”南侧
陇南王进泰题刻，明代，密云县高岭镇田庄村北龙潭沟内黑龙潭

清

椒园山连山碑，清康熙三十二年（1693 年），顺义区顾家庄村东北椒园山

“天华洞”摩崖，清康熙四十年（1701 年），怀柔区渤海镇洞台村北天华洞

“大震超地禅师寿藏”摩崖，清初，海淀区北法海寺后山

“片石孤云”摩崖，清初，海淀区北法海寺后山

“翠屏”摩崖，清初，海淀区北法海寺后山

“吾谷”摩崖，清初，海淀区北法海寺后山

“尘外赏”摩崖，清初，密云县云峰山超胜庵后峡谷

宛平怀来交界摩崖，清雍正五年（1727 年）八月一日，门头沟区白羊石虎村西部山谷孤山

乾隆御制“翠微亭”诗刻，清乾隆十一年（1746 年），海淀区香山公园翠微亭东南

乾隆御制“璎珞岩”诗刻，清乾隆十一年（1746 年），海淀区香山公园清音亭

乾隆御制“玉乳泉”诗刻，清乾隆十一年（1746 年），海淀区香山公园玉乳泉遗址西

乾隆御制“香山春望二”诗刻，清乾隆十一年（1746 年），海淀区香山公园玉乳泉遗址上方

乾隆御书“森玉笏”摩崖，清乾隆十一年（1746 年），海淀区香山公园森玉笏

乾隆御制“森玉笏”诗刻，清乾隆十一年（1746 年），海淀区香山公园森玉笏

乾隆十一年御书“朝阳洞”摩崖，清乾隆十一年（1746 年），海淀区香山公园晞阳阿（朝阳洞）

乾隆十一年御制“晞阳阿”诗刻，清乾隆十一年（1746 年），海淀区香山公园晞阳阿（朝阳洞）

乾隆御书“芙蓉坪”摩崖，清乾隆十一年（1746 年），海淀区香山公园芙蓉馆遗址东北

乾隆御制芙蓉坪诗刻，清乾隆十一年（1746 年），海淀区香山公园芙蓉馆遗址东北

乾隆御书“蔚秀”摩崖，清乾隆十二年（1747 年），海淀区香山公园多景亭至香雾窟山路转弯处

乾隆御书“仙掌”摩崖，清乾隆十二年（1747 年），海淀区香山公园玉乳泉遗址西

乾隆御书“萝屏”摩崖，清乾隆十二年（1747 年），海淀区香山公园绚秋林遗址

乾隆御书“留青”摩崖，清乾隆十二年（1747 年），海淀区香山公园绚秋林遗址

乾隆御书“翠云堆”摩崖，清乾隆十二年（1747 年），海淀区香山公园绚秋林遗址

乾隆御书“飞秀”摩崖，清乾隆十三年（1748 年），海淀区香山公园十八盘

乾隆御制八大刹诗刻，清乾隆十三年（1748 年）十月，石景山区八大处公园七处

乾隆御制“晞旸阿作”诗刻，清乾隆十三年（1748 年），海淀区香山公园朝阳洞西原“丹墟”遗址西侧

乾隆御制“晞阳阿”诗刻，清乾隆十三年（1748 年），海淀区香山公园“森玉笏”西北

乾隆御制“石壁临天池”诗刻，清乾隆十四年（1749 年），海淀区卧佛寺西北

乾隆御书“燕台大观”摩崖，清乾隆十五年（1750 年），海淀区颐和园餐秀亭（原福荫轩）西北半山坡

乾隆御笔“双清”摩崖，清乾隆十六年（1751 年），海淀区香山公园“双清别墅”内
狮子窝开山修道建立庙宇功德题名摩崖，清乾隆十六年（1751 年），石景山区青龙山狮子窝
乾隆十七年御制“香嵒室”诗刻，清乾隆十七年（1752 年），海淀区颐和园万寿山后山香嵒室内
乾隆御书“清可轩”摩崖，清乾隆十七年（1752 年），海淀区颐和园后山赅春园遗址清可轩
乾隆御书“集翠”摩崖，清乾隆十七年（1752 年），海淀区颐和园后山赅春园遗址后山清可轩
乾隆御书“苍岩半入云涛堆”摩崖，乾隆十七年（1752 年），海淀区颐和园后山赅春园遗址后山清可轩
乾隆御书“诗态”摩崖，清乾隆十七年（1752 年），海淀区颐和园后山赅春园遗址后山清可轩
乾隆御书“方外游”摩崖，清乾隆十七年（1752 年），海淀区颐和园后山赅春园遗址后山清可轩
乾隆御书“烟霞润色”摩崖，乾隆十七年（1752 年），海淀区颐和园后山赅春园遗址后山清可轩
乾隆御书“寒碧”摩崖，清乾隆十七年（1752 年），海淀区颐和园后山赅春园遗址后山清可轩
乾隆十七年御制“清可轩”诗刻，清乾隆十七年（1752 年），海淀区颐和园后山赅春园遗址后山清可轩
乾隆十七年御制“再题清可轩”诗刻，清乾隆十七年（1752 年），海淀区颐和园后山赅春园遗址后山清可轩
乾隆十八年御制“香嵒室”诗刻，清乾隆十八年（1753 年），海淀区颐和园万寿山后山香嵒室内
乾隆十八年御制“清可轩”诗刻，清乾隆十八年（1753 年），海淀区颐和园后山赅春园遗址后山清可轩
乾隆十八年御制“再题清可轩”诗刻，清乾隆十八年御制（1753 年），海淀区颐和园后山赅春园遗址后山清可轩
乾隆十九年御制“清可轩”诗刻，清乾隆十九年（1754 年），海淀区颐和园后山赅春园遗址后山清可轩
乾隆十九年御制清可轩诗刻，清乾隆十九年（1754 年），海淀区颐和园后山赅春园遗址后山清可轩
乾隆二十一年御制“清可轩”诗刻，清乾隆二十一年（1756 年），海淀区颐和园后山赅春园遗址后山清可轩

乾隆二十六年御制“香嵒室”诗刻，清乾隆二十六年（1761 年），海淀区颐和园万寿山后山香嵒室内
乾隆二十七年御制“清可轩”诗刻，清乾隆二十七年（1762 年），海淀区颐和园后山赅春园遗址后山清可轩
乾隆二十九年御制“清可轩”诗刻，清乾隆二十九年（1764 年），海淀区颐和园后山赅春园遗址后山清可轩

乾隆三十二御制“朝阳洞”诗刻，清乾隆三十二年（1767年），海淀区香山公园晞阳阿（朝阳洞）
乾隆三十二年御制“清可轩题壁”诗刻，清乾隆三十二年（1767年），海淀区颐和园后山赅春园遗址后山清可轩
乾隆三十二年御制清可轩诗刻，清乾隆三十二年（1767年），海淀区颐和园后山赅春园遗址后山清可轩
狮子窝太平院穆克登额修盘道摩崖，清乾隆三十三年（1768年），石景山区青龙山狮子窝
“普渡桥”摩崖，清乾隆三十三年（1768年），石景山区青龙山青龙山狮子窝西
乾隆三十三年御制“朝阳洞”诗刻，清乾隆三十三年（1768年），海淀区香山公园晞阳阿（朝阳洞）
乾隆三十三年御制“香嵒室”诗刻，清乾隆三十三年（1768年），海淀区颐和园万寿山后山香嵒室内
乾隆三十三年御制“清可轩”诗刻，清乾隆三十三年（1768年），海淀区颐和园后山赅春园遗址后山清可轩
乾隆三十四年御制“朝阳洞口号”诗刻，清乾隆三十四年（1749年），海淀区香山公园晞阳阿（朝阳洞）
乾隆三十六年御制“香嵒室”诗刻，清乾隆三十六年（1771年），海淀区颐和园万寿山后山香嵒室内
乾隆三十六年御制“清可轩”诗刻，清乾隆三十六年（1771年），海淀区颐和园后山赅春园遗址后山清可轩
乾隆三十八年御制“清可轩”诗刻，清乾隆三十八年（1773年），海淀区颐和园后山赅春园遗址后山清可轩
乾隆御制“山行四首”诗刻，清乾隆三十九年（1774年），海淀区香山公园森玉笏
乾隆四十年御制“清可轩”诗刻，清乾隆四十年（1775年），海淀区颐和园后山赅春园遗址后山清可轩
乾隆四十一年御制“清可轩”诗刻，清乾隆四十一年（1776年），海淀区颐和园后山赅春园遗址后山清可轩
乾隆四十四年御制“朝阳洞有会”诗刻，清乾隆四十四年（1779年），海淀区香山公园晞阳阿（朝阳洞）
乾隆四十八年御制诗刻，清乾隆四十八年（1783年），海淀区卧佛寺西北
乾隆五十年御制“朝阳洞”诗刻，清乾隆五十年（1785年），海淀区香山公园晞阳阿（朝阳洞）
乾隆五十一年御制“朝阳洞”诗刻，清乾隆五十一年（1786年），海淀区香山公园晞阳阿（朝阳洞）
乾隆五十二年御制“朝阳洞叠去岁韵”诗刻，清乾隆五十二年（1787年），海淀区香山公园晞阳阿（朝阳洞）
乾隆五十三年御制“香嵒室口号”诗刻，清乾隆五十三年（1788年），海淀区颐和园万寿山后山香

嵒室内

乾隆五十三年御制“戏题清可轩”诗刻，清乾隆五十三年（1788 年）刻，海淀区颐和园后山赅春园遗址后山清可轩

乾隆五十四年御制“清可轩”诗刻，清乾隆五十四年（1789 年），海淀区颐和园后山赅春园遗址后山清可轩

乾隆御制诗刻，清乾隆十年至五十八年（1745−1793 年），海淀区颐和园万寿山后山香嵒室内

乾隆御书“卓笔”刻石，清乾隆十一年至六十年（1746−1795 年），海淀区香山公园绚秋林遗址下方

乾隆御书“紫霞天”刻石，清乾隆十一年至六十年（1746−1795 年），海淀区香山公园勤政殿后山

乾隆御书“风味”刻石，清乾隆十一年至六十年（1746−1795 年），海淀区香山公园勤政殿西南

“罗汉影”摩崖，清乾隆十一年至六十年（1746−1795 年），海淀区香山公园玉乳泉遗址西

乾隆御书“削玉”摩崖，清乾隆十一年至六十年（1746−1795 年），海淀区香山公园雨香馆遗址后山

乾隆御书“阆风”刻石，清乾隆十一年至六十年（1746−1795 年），海淀区香山公园阆风亭

“弹琴□”摩崖，清乾隆十一年至六十年（1746−1795 年），海淀区香山公园阆风亭东

乾隆御书“垂云”摩崖，清乾隆十一年至六十年（1746−1795 年），海淀区香山公园烟菲蔚秀西南

乾隆御书“湧鳌”刻石，清乾隆十一年至六十年（1746−1795 年），海淀区香山公园芙蓉馆遗址前

乾隆御书“栖霞”摩崖，清乾隆年间，海淀区颐和园万寿山前景区中部偏东的重翠亭西侧

乾隆御书“画峰”摩崖，清乾隆年间，海淀区颐和园万寿山西景区延清赏楼后

乾隆御书“碧鲜”摩崖，清乾隆年间，海淀区颐和园万寿山西景区延清赏楼后

乾隆御书“留云”摩崖，清乾隆年间，海淀区颐和园万寿山后山香嵒室西

乾隆御制诗刻，清乾隆十七年至六十年（1752 − 1795 年），海淀区颐和园万寿山后山香嵒室内

乾隆御制诗刻，清乾隆十七年至六十年（1752 − 1795 年），海淀区颐和园万寿山后山香嵒室内

乾隆御制诗刻，清乾隆十七年至六十年（1752 − 1795 年），海淀区颐和园万寿山后山香嵒室内

御制诗刻，清乾隆十七年至六十年（1752 − 1795 年），海淀区颐和园后山赅春园遗址后山清可轩

御制诗刻，清乾隆十七年至六十年（1752 − 1795 年），海淀区颐和园后山赅春园遗址后山清可轩

御制诗刻，清乾隆十七年至六十年（1752 − 1795 年），海淀区颐和园后山赅春园遗址后山清可轩

乾隆御制诗刻，清乾隆十七年至六十年（1752 − 1795 年），海淀区颐和园后山赅春园遗址后山清可轩

乾隆御制诗刻，清乾隆十七年至六十年（1752 − 1795 年），海淀区颐和园后山赅春园遗址后山清可轩

乾隆御制诗，清乾隆十七年至六十年（1752 − 1795 年），海淀区颐和园后山赅春园遗址后山清可轩

乾隆御制诗刻，清乾隆十七年至六十年（1752 − 1795 年），海淀区颐和园后山赅春园遗址后山清

可轩

乾隆御制诗刻，清乾隆十七年至六十年（1752 － 1795 年），海淀区颐和园后山赅春园遗址后山清可轩

乾隆御制诗刻，清乾隆十七年至六十年（1752 － 1795 年），海淀区颐和园后山赅春园遗址后山清可轩

乾隆御制诗刻，清乾隆十七年至六十年（1752 － 1795 年），海淀区颐和园后山赅春园遗址后山清可轩

乾隆御制诗刻，清乾隆十七年至六十年（1752 － 1795 年），海淀区颐和园后山赅春园遗址后山清可轩

乾隆御制诗刻，清乾隆十七年至六十年（1752 － 1795 年），海淀区颐和园后山赅春园遗址后山清可轩

乾隆御制诗刻，清乾隆十七年至六十年（1752 － 1795 年），海淀区颐和园后山赅春园遗址后山清可轩

“九华分秀”摩崖，清乾隆年间，昌平区小汤山镇疗养中心龙王阁遗址西“后山”

东板桥村重修桥路摩崖碑，清乾隆六十年（1795 年）五月十三日，门头沟区东板桥村金锁桥

穆克登额诗刻，清乾隆年间（1736−1795 年），石景山区青龙山福惠寺

嘉庆捌年题刻，清嘉庆捌年（1803 年）二月，石景山区青龙山狮子窝

嘉庆御制“山行一首”诗刻，清嘉庆十三年（1808 年）四月，海淀区香山公园重翠崦西

道光御书“写秋容”摩崖，清道光三年（1823 年）九月，海淀区香山公园“森玉笏”西北

继序修补道路功德摩崖碑，清道光十一年（1831 年）年仲夏，门头沟区木城涧煤矿公路桥南

“天险”摩崖及题刻，清道光十五年（1835 年），延庆县八达岭关城东门外东南

漱石翁诗刻，清道光二十二年（1842 年）九月刻，门头沟区中门寺沟村西蛤蟆石

眠云樵子诗刻，清道光二十二年（1842 年）八月后，门头沟区中门寺沟村西蛤蟆石

“莫辞吟”摩崖，清道光二十二年（1842 年）八月，门头沟区中门寺沟村西蛤蟆石

一笑书生诗刻，清道光二十二年（1842 年）八月后，门头沟区中门寺沟村西蛤蟆石

模棱子诗刻，清道光二十二年（1842 年）八月后，门头沟区中门寺沟村西蛤蟆石

不虚生诗刻，清道光二十二年（1842 年）八月后，门头沟区中门寺沟村西蛤蟆石

春农氏诗刻，清道光二十二年（1842 年）八月后，门头沟区中门寺沟村西蛤蟆石

星□诗刻，清道光二十二年（1842 年）八月后，门头沟区中门寺沟村西蛤蟆石

昌兴诗刻：清道光二十二年（1842 年）九月，门头沟区中门寺沟村西蛤蟆石

星碍僧诗刻，清道光二十二年（1842 年）八月后，门头沟区中门寺沟村西蛤蟆石

岩□壬诗刻，清道光二十二年（1842 年）八月后，门头沟区中门寺沟村西蛤蟆石
居庸关重修关帝庙创建魁星阁摩崖碑，清同治三年（1864 年）七月，延庆县弹琴峡五桂头古洞旁
盛泉岩捐资铸钟摩崖碑，清道光二十三年（1843 年），门头沟区木城涧岩里沟盛泉岩道观遗址
“醇亲王到此”摩崖，清光绪七年（1881 年）十月二十日，门头沟区丁家滩村西
王德榜修筑永定河题刻，清光绪八年（1882 年）孟春，门头沟陇驾庄东桥东南侧
永禁开打驻跸山麿崖碑，清光绪十八年（1892 年）九月，昌平区防化兵学院南门附近
福惠寺词刻，清光绪十九年（1893 年）三月廿三日，石景山区青龙山福惠寺
鹤亭诗刻，清光绪二十年（1894 年）孟秋，石景山区青龙山福惠寺
素云道人题刻，清 1862 年至 1895 年间，石景山区青龙山福惠寺
龄昌诗刻，清光绪年间（1875－1908 年），石景山区青龙山福惠寺
慈禧御书“小有趣”摩崖，清光绪年间(1875－1908 年)，海淀区颐和园含新亭后山东北
“留云”摩崖，清光绪年间(1875－1908 年)，海淀区颐和园万寿山前景区中部偏东的重翠亭西侧
修黑虎桥捐资题名摩崖碑，清代，门头沟区木城涧煤矿公路桥南
“撒手崖”摩崖，清代，门头沟区中门寺沟村西南官园山顶处
“待月崖”摩崖，清代，门头沟区中门寺沟村南官园半山腰处
“八圣道分”摩崖，清代，门头沟区涧沟村妙峰山碧霞元君庙内
佗古埵题摩崖对联，清代，门头沟区涧沟村妙峰山碧霞元君庙内
“莲台”摩崖，清代，门头沟区涧沟村妙峰山碧霞元君庙南门外
福恩书摩崖对联，清代，门头沟区桃园村南
“狮子窝”摩崖，清代，石景山区青龙山狮子窝
“佛”字摩崖，清代，石景山区青龙山狮子窝。
“小蓬莱”摩崖及对联，清代，石景山区青龙山福惠寺
“隐仙”摩崖，清代，石景山区青龙山福惠寺
善斋对句摩崖，清代，石景山区青龙山福惠寺
“奇观”摩崖，清弋，石景山区青龙山福惠寺
贾禄诗刻，清代，石景山区青龙山福惠寺，
润斋霍信祥诗刻，清代，石景山区青龙山福惠寺
“留神”摩崖，清代，石景山区青龙山福惠寺
“仙人洞”摩崖，清代，石景山区青龙山福惠寺
“壹善”摩崖，清代，怀柔区喇叭沟门满族乡孙栅子村壹善庙遗址北侧

民国

“水流云在”摩崖，1912 年，海淀区温泉镇显龙山顶

“飞云岩”摩崖，1916 年秋，门头沟区西峰寺东北山谷

溥儒“长空”诗刻，1916 年秋，门头沟区西峰寺东北山谷

“倚云”摩崖，1916 年秋，门头沟区西峰寺东北山谷

溥儒“云静”诗刻，1916 年秋，门头沟区西峰寺东北山谷

“翛然”摩崖，1916 年秋，门头沟区西峰寺东北山谷

“滚雪”摩崖，1916 年秋，门头沟区西峰寺东北山谷

溥儒“趺坐”诗刻，1916 年秋，门头沟区西峰寺东北山谷

“濬波”摩崖，1918 年 7 月，石景山区八大处公园四照谷

“临睨通壑”摩崖，1918 年 7 月，石景山区八大处公园四照谷

“倚据崇岩”摩崖，1918 年 7 月，石景山区八大处公园四照谷

“能仁”摩崖，1918 年 7 月，石景山区八大处公园四照谷

“四照”摩崖，1918 年 7 月，石景山区八大处公园四照谷

“神足游息”摩崖，1918 年 7 月，石景山区八大处公园四照谷

林长民题刻，1918 年 7 月，石景山区八大处公园四照谷

重修道路题名摩崖碑，民国九年（1920 年），丰台区千灵山极乐洞东

“梅”字摩崖，1922 年 3 月 24 日，海淀区香山公园“晞阳阿”西沿泻水谷上行接近顶峰处

熊希龄诗刻，民国十一年（1922 年）五月，海淀区香山公园森玉笏

“卓尔不群”摩崖，民国十二年（1923 年）春，房山区燕山石化羊耳峪里大象石北侧

“勤俭为宝”摩崖，1924 年，石景山区慈善寺南山坡

“真吃苦”摩崖，1924 年，石景山区慈善寺南山坡

“耕读”摩崖，1924 年，石景山区潭峪沟村东山沟

“淡泊”摩崖，1924 年，石景山区潭峪沟村东山沟

《易经 · 谦卦》摩崖，1924 年，石景山区潭峪沟村东山沟

“灵境”摩崖，1924 年，石景山区潭峪沟村东山沟

“灵秀独钟”摩崖 ，民国十五年（1926 年）六月一日，昌平区防化兵学院南门附近

“灵山佐迹”摩崖，民国十八年（1929 年），门头沟区涧沟村妙峰山碧霞元君庙南门外

黄叶村题刻，民国二十一年（1932 年）浴佛日，门头沟区涧沟村妙峰山碧霞元君庙南门外

“龙潭”摩崖，民国二十一年（1932 年）端午，门头沟区潭柘寺东侧通往龙潭的路边

黄叶村诗刻，民国二十一年（1932 年）端午，门头沟区潭柘寺东观音洞

“流水清音”摩崖，民国二十一年（1932 年）六月，门头沟区潭柘寺东观音洞北、财神殿南门外
陈兴亚诗刻，民国二十一年（1932 年）六月，门头沟区潭柘寺东观音洞
“云居”摩崖，民国二十一年（1932 年）七月，云居寺石经山藏经洞第八洞南侧
陈兴亚题刻，民国二十一年（1932 年）十月九日，在房山区上方山云水洞内
“登峰造极”摩崖，民国二十一年（1932 年），丰台区千灵山极乐洞外南侧
河北联夏令营题刻，1932 年，海淀区卧佛寺西北
“药石”摩崖，民国二十一年（1932 年），海淀区香山公园森玉笏
“明耻”摩崖，民国二十一年（1932 年），海淀区香山公园森玉笏
“峰回路转”摩崖，民国时期，海淀区香山公园“烟菲蔚秀”遗址通往“梯云山馆”的山路转弯处
陈兴亚避寿题刻，1933 年，海淀区温泉镇显龙山顶
“莲子峰”摩崖，民国二十三年（1934 年）仲夏，房山区史家营乡柳林水村莲花山（现为圣莲山风景区）莲子峰北
“锦簇攒天”摩崖，1934 年仲夏，门头沟区百花山主峰顶
“鹏莺”摩崖，1935 年，海淀区温泉镇显龙山顶
“大道之行”摩崖，1936 年 11 月，海淀区温泉镇显龙山南坡“辛亥滦州革命先烈纪念园”
“妙境同登”摩崖，1930 年代，门头沟区涧沟村妙峰山碧霞元君庙南门外
“收复失地”摩崖，1930 年代，海淀区樱桃沟内
“保卫华北”摩崖，1930 年代，海淀区樱桃沟内
挺进军题刻，1941 年秋，门头沟区涧沟村妙峰山碧霞元君庙南门外
“燕玉”摩崖，民国年间，石景山区八大处公园四照谷
“退谷”摩崖，民国年间，海淀区樱桃沟内鹿岩精舍大门外
周肇祥题刻，民国年间，海淀区樱桃沟沟口
“春雪秋鸿”摩崖，民国时期，海淀区香山公园阆风亭下方
“凤凰岭”摩崖，民国年间，海淀区凤凰岭半山处

年代不详

徐敬宜等人题刻，房山区上方山云水洞内
耶唯寿等题刻，房山区上方山云水洞内
刘秀等游云水洞题刻，房山区上方山云水洞内
甘池村石匠题刻，房山区上方山云水洞内
贺北等题刻，房山区上方山云水洞内

王□□题刻，房山区燕山石化羊耳峪里大象石北侧
西京华楼题刻，门头沟区石佛村东北
张立等题刻，门头沟区石佛村东北
“佛”字摩崖，门头沟区潭柘寺东侧通往龙潭的路边
“海蟾石”摩崖，门头沟区潭柘寺东侧通往龙潭的路边
孙孝先题刻，门头沟区涧沟村妙峰山碧霞元君庙南门外
“罗汉洞”摩崖，丰台区千灵山达摩洞洞口上方
“南无阿弥陀佛”摩崖，丰台区千灵观音洞内
“石门”摩崖，丰台区千灵山极乐洞外
极乐洞摩崖碑，丰台区千灵山极乐洞内
古柏诗刻，石景山区石景山孔雀洞东北
□□元年题刻，石景山区八大处公园八处秘魔崖
无字摩崖碑，石景山区八大处公园二处
“天然幽谷”摩崖，石景山区八大处公园八处秘魔崖
《红楼梦》“陋室空堂”诗刻，石景山区八大处公园摩崖谷西侧山谷内
“惠子相梁”摩崖，石景山区八大处公园摩崖谷西侧山谷内
“庄子与惠子游于濠梁”摩崖之一，石景山区八大处公园摩崖谷西侧山谷内
“庄子与惠子游于濠梁”摩崖之二，石景山区八大处公园摩崖谷西侧山谷内
“以道观之”摩崖，石景山区八大处公园摩崖谷西侧山谷内
“乐宅西界”摩崖，石景山区青龙山狮子窝在
“念佛”摩崖，海淀区北法海寺后山
“壁观”摩崖，海淀区北法海寺后山
“回光台”摩崖，海淀区北法海寺后山
“眠云窝”摩崖，海淀区北法海寺后山
“返照岩”摩崖，海淀区北法海寺后山
“眠云岩”摩崖，海淀区北法海寺后山
“结庐纯顶”摩崖，海淀区温泉镇显龙山顶
“鹿圈”摩崖，海淀区樱桃沟水源头南“元宝石”
“白鹿岩”摩崖，海淀区樱桃沟水源头南“元宝石”
刘宗汉诗刻，海淀区卧佛寺西北
历山子安诗刻，海淀区温泉镇显龙山南坡半山

“通幽”摩崖，海淀区香山公园十八盘
“一拳石”摩崖，海淀区香山公园玉乳泉遗址上方
“凄乳泉”摩崖，海淀区香山公园玉乳泉遗址上方
“知乐濠”摩崖，海淀区香山公园香山寺遗址东
太行散人诗刻，昌平区居庸关关城北仙枕石
“古佛流传”摩崖，昌平区湾子村西佛岩寺遗址
“佛”字摩崖，昌平区银山塔林邓隐峰说法台
“神山拱祐”摩崖，昌平区防化兵学院南门附近
正阳关外昭商铺户题名摩崖，昌平区防化兵学院南门附近
“望京石”摩崖，延庆县八达岭关城东门外
“弹琴峡”、“五贵头”摩崖，延庆县弹琴峡五桂头古洞旁
高其延摩崖墓龛及题刻，怀柔区宝山镇碾子村北洞庙沟
“万峰山”摩崖，怀柔区渤海镇洞台村北天华洞
“苍王屏”摩崖，密云县云峰山超胜庵后峡谷
“灵境”摩崖，密云县云峰山超胜庵后峡谷
“云峰山”摩崖，密云县云峰山超胜庵后峡谷
“遇仙石”摩崖，密云县云峰山南天门外十八盘
“桃盘石”摩崖，密云县云峰山南天门外十八盘
“仙门”摩崖，密云县云峰山南天门外十八盘
“棋”字摩崖，密云县云峰山南天门外十八盘
“□天”残摩崖，密云县云峰山南天门外十八盘
“仙手印”摩崖，密云县云峰山南天门外十八盘
“三生石”摩崖，平谷区南独乐河镇峨眉山村西兴善寺遗址西
“今古云峰”摩崖，平谷区南独乐河镇峨眉山村西兴善寺遗址西

北京地区摩崖石刻之最

年代最早的摩崖石刻：《武定摩崖石刻》，东魏武定三年(545年)刻，在门头沟区王平地区河北村永定河河畔。

年代最早的摩崖刻经：《孔水洞摩崖刻经》，隋大业十年（614年）四月刻，在房山区万佛堂孔水洞内。

年代最早的摩崖碑：《上方院摩崖碑》，辽应历十年（960年）刻，在海淀区凤凰岭上方寺遗址，是目前北京地区发现最早的摩崖碑。

年代最早的御笔题刻：《“驻跸山”摩崖》，在昌平区阳坊镇驻跸山，据传为金章宗完颜璟所书。其次为《“灵根古柏”摩崖》，明万历初年刻，为明万历皇帝御笔。

字径最大的摩崖石刻：《“凤凰岭”摩崖》，民国时期刻，在海淀区凤凰岭。“凤凰岭”三字单体字径均高400厘米，宽300厘米，笔画宽20厘米，深10厘米。其次为《“梅”字摩崖》，1922年3月24日刻于香山，其中“梅”字字径高200厘米，宽180厘米。该摩崖大字“梅”字是著名京剧艺术大师梅兰芳所题。再次为《“水流云在”摩崖》和《“金汤”摩崖》。英敛之所题“水流云在”，1912年刻于海淀区温泉显龙山顶，“水”字高180厘米，宽190厘米，“流”字高160厘米，宽160厘米，“云”字高100厘米，宽170厘米，“在”字高200厘米，宽150厘米。《“金汤”摩崖》，明万历七年（1579年）刻于怀柔区黄花城村北“头道关”长城旁，“金”字高190厘米，宽170厘米，“汤”字高192厘米，宽157厘米。

刻字面积最大的摩崖石刻：《“凤凰岭”摩崖》，刻字面积高400厘米，宽1000厘米。其次为1936年冯玉祥书《“大道之行”摩崖》，在海淀区温泉显龙山南坡，刻字面积高约350厘米，宽约930厘米。再次为英敛之题《“水流云在”摩崖》，刻字面积高325厘米，宽870厘米。

最大的连山碑：《石古崖修桥补路摩崖碑》，明万历六年（1578年）刻，在门头沟区王平地区色树坟石佛岭，碑依山崖雕凿成连山碑形，共四通。其中东侧3碑共一束腰须弥方座，通高382厘米，通宽 418 厘米，厚 5 厘米。最西边的碑高 233 厘米，宽 104 厘米，厚 2 厘米。四碑通宽 522 厘米，通高 382 厘米，是北京地区最大的连山碑。其次为《椒园山连山碑》，清康熙三十二年（1693 年）刻，在顺义区顾家庄村东北椒园山，碑高 430 厘米，宽 350 厘米，碑东侧厚 98 厘米，西侧厚 16 厘米。该碑也是北京地区最大的单体连山碑。

最大的摩崖碑：《修黑虎桥捐资题名摩崖碑》，在门头沟区木城涧。该摩崖碑为三碑并列雕刻，现残存二碑，碑通高 255 厘米，通宽 207 厘米，若加上毁损的一碑，通宽约 3 米余。其次为《居庸关重修关帝庙创建魁星阁摩崖碑》，清同治三年（1864）七月立石，在延庆县弹琴峡五桂头。碑高 310 厘米，宽 188 厘米，是北京地区最大的单体摩崖碑。

最大的摩崖石刻对联：《福恩书摩崖对联》，清代刻，在门头沟区妙峰山乡桃园村南，字径高 42 厘米，宽 30 厘米 ，刻字面积高 420 厘米，宽 285 厘米。

字数最多的摩崖石刻：《孔水洞摩崖刻经》，隋大业十年（614 年）四月刻，其内容为《大般涅槃经寿命品·第一之二》。和《妙法莲华经观世音菩萨普门品》，文字多已漫漶。《大般涅槃经寿命品·第一之二》全文万余字，《妙法莲华经观世音菩萨普门品》全文 2300 余字，这两种经文相加有 1 万 2 千余字，现大约能辨认的文字至少千余字。门头沟区的《石古崖修桥补路摩崖碑》碑文约 400 余字，刻字面积仅占到四通碑中其中一碑的一半多，另一半及其余三碑均为题名，推算四碑总的字数在 2000 字左右。顺义区的《椒园山连山碑》碑身高 270 厘米，宽 350 厘米，满刻文字，碑文字径高、宽均 3 厘米，题名字径有高、宽均 2 厘米和高、宽 1.5 均厘米两种规格，推算该碑刻字千字以上。

摩崖石刻最多最集中的地方：海淀区的香山和颐和园，据不完全统计，这两个地方的摩崖石刻均约有 46 则（按：该数字不包括镌题于假山石上的石刻）。

同一石面镌刻摩崖最多之处：颐和园万寿山后的清可轩崖壁上，有乾隆帝御书题榜摩崖 6 则和诗刻遗迹 32 则，共计 38 则摩崖。（按：清可轩附近共题榜七则，其中，《乾隆御书“烟霞润色”摩崖》虽已与该崖壁山体脱离，但其原来应在清可轩崖壁上，而《乾隆御书“寒碧”摩崖》在该崖壁东侧半山的独立山石上，故未计入）。

留题摩崖石刻最多的人：清代的乾隆皇帝，在北京的香山、清漪园等地共留题约 75 则摩崖石刻。另外，在今天津市蓟县的盘山上（过去为京畿地区），也有乾隆皇帝留题的许多摩崖石刻。

留题摩崖石刻地点最多、分布最广的人：民国时期的陈兴亚，据不完全统计，他在海淀区显龙山留题摩崖石刻 1 则，香山 6 则，门头沟区妙峰山 1 则，潭柘寺 3 则，百花山 1 则，丰台区千灵山 1 则，房山区云居寺石经山 1 则，上方山兜率寺 1 则，云水洞 1 则，共 16 则。

海拔最高的摩崖石刻：陈兴亚题写的《“锦绣攒天”摩崖》，在门头沟区百花山山顶，海拔 1991 米。

最豪迈的摩崖：当属清代范承勋的《“尘外赏”摩崖》，在密云县云峰山山顶超胜庵后峡谷的峭壁上，字径高 90 厘米，宽 60 厘米，豪迈雄健，气魄非凡，书法刻工俱佳。 另外，《“尘外赏”摩崖》北不远处的常人难以到达的悬崖绝壁上还有《“苍王屏”摩崖》和《“灵境”摩崖》，也蔚为巨制，“灵境”二字字径高 160 厘米，宽 147 厘米，《“苍王屏”摩崖》无法丈量，据目测，当与“灵境”尺寸相当。《“金汤”摩崖》镌于怀柔区黄花城“头道关”长城旁，“金”字高 190 厘米，宽 170 厘米，“汤”字高 192 厘米，宽 157 厘米，字体硕大，气势恢弘，与固若金汤的长城雄关险隘相得益彰。

最别具意趣、情景交融的摩崖石刻：林长民在犹如山水画卷般的四照谷谷底岩石上留题的摩崖石刻，均为擘窠大字，处处点睛之笔，与这里优美宁静的林壑岩泉相互辉映，使秀丽的风景增添了浓郁的人文色彩。溥儒在西峰寺留题的摩崖石刻书法飘逸散淡，气韵流畅，诗风清丽雅致，格调清新，惜所题均为小品，篇幅不大，气势稍输。

以上种种，乃是根据我们对北京地区摩崖石刻所作的调查而得出的结论，最后两条为笔者主观感受，不妥之处，还望方家批评指正。

王晓静

后记

“登山与临水，人在白云深。一曲南风畅，悠悠太古心。”这是明代文人徐旸题于海淀区万安山北法海寺后山的一首诗，也是我们调查摩崖石刻经历的真实写照。

这些年尤其是近一年来的调查工作是非常艰苦的。为了寻访这些摩崖石刻，我们的足迹踏遍了北京境内十一个山区区县的百余处摩崖石刻分布点。调查组成员最初全为女性，一向视登山为畏途，而摩崖石刻均镌于山崖之上，一些更是深藏于深山中人迹罕至之地或山巅水涯，几乎每调查一地，均需徒步跋涉，翻山越岭。在无路可走时，我们或荆棘荒草中穿行，或攀爬峭壁岩穴，有时甚至还遭遇过蛇虫。由于摩崖石刻的特殊性，调查工作须在冬春季节进行，等到夏天，草木枝叶繁茂，许多摩崖石刻便被遮挡甚至无处寻觅了。因此我们的调查工作大多在冬春季节展开，为了赶进度，周末和节假日也经常外出调查。后来一些未完成的后续工作又只能在盛夏时进行。这一年来我们经严寒历酷暑，甘苦自知。许多摩崖石刻分布于远郊区县，且较为分散，为了节省路上奔波的时间，我们经常在郊区住宿。每次外出，均须事先查阅资料和地图，详细做笔记，并安排好路线。一天的调查结束后，又匆忙赶到下一处调查地点附近吃饭、住宿。山区荒僻，我们只能夜宿农家院，这样第二天便可及早赶路。“鸡声茅店月，人迹板桥霜”的行旅生活，却别有一番悠然的诗意。

在调查摩崖石刻时，我们不仅注重客观的记录，也着意向当地村民询问当地的历史掌故和民间传说，收集一些珍贵的材料和线索。一年来的跋涉奔波，自然也有许多的感慨和收获，最大的收获是我们对北京许多地方的山川地理风貌和人文历史风情了然于胸，成为我们难得的人生经历，终生受用。令人难忘的调查经历是考察门头沟区西北山区白羊石虎村的《宛平怀来交界摩崖》。由于该地接近河北怀来，山高路远，道路状况甚是恶劣，柏油路仅修至沿河城，从沿河城往西北行均为崎岖的石子路。车在山谷中穿行，两侧山崖壁立，不时有滚落的巨石挡路，15 公里的山路我们开车颠簸了近两个小时，不由想起曹操的诗：“北上太行山，艰哉何巍巍。羊肠坂诘屈，车轮为之摧”。一路行来，所经村庄多已荒废，四周阒无人迹，一片苍凉和沉寂。白羊石虎村村民也由于用水不足，交通不便，多数已迁往他处。沿途修建的高大雄伟的敌台却在提醒我们，遥想当年，这里不知上演了多少刀光剑影金戈铁马的战争故事。最让我们流连忘返的地方是怀柔区的甘涧峪。这是一个四面环山的狭长山谷，有崇山峻岭，茂林修竹，又有清流激湍，映带左右。在天朗气清、惠风和畅的时节，忽闻清幽山寺里传来梵钟阵阵，“溪花与禅意，相对亦忘言”，恍惚间仿佛置身于世外桃源。

在北京瑰丽多姿的山山水水中往返奔波，我们体味更多的还是快乐。那么就说说我们的快乐吧！

一乐也，在山。北京的山，峰峦叠嶂，虎踞龙蟠，高大巍峨，壮美雄奇。一年来，我们攀登过许许多多的山峰，或秀美，或雄伟，或以怪石嶙峋称奇，或以林壑幽深闻名，每当登临之时，胸中块垒顿然消散。当我们站在百花山的半山处，仰望望之弥高的山巅，油然而生起一种“高山仰止，景行行止，虽不能至，然心向往之”的感慨，这是山的品德，仁者的风范，也是我们孜孜追慕的理想境界。

二乐也，在水。北京的水，有蜿蜒长河的奔流不息，有泱泱湖水的烟波浩渺，也有溪涧林泉的幽邃清莹。多少次我们沿着北京的母亲河——永定河往返奔波，或在碧波万顷的密云水库旁忘情流连，“仰观宇宙之大，俯察品类之胜，所以游目骋怀，足以极视听之娱，信可乐也”。

三乐也，在探访摩崖石刻的发现之乐。这些以山岩崖壁为载体、以刀做笔刻写而成的摩崖石刻，秉山川之灵气，蕴人文之雅趣，探寻它们的过程仿佛是穿越时空与古人对话，又如品读一本引人入胜的好书，令人心旷神怡，身心愉悦。每当长途跋涉精疲力竭之时，支撑我们继续前行的信念便是探索和发现的巨大快乐，赫然出现在眼前的摩崖石刻总能给我们无限的欢乐和力量。

子曰：“知者乐水，仁者乐山。”徜徉在北京壮美雄奇的山水之间，我们又多了寻古探幽的发现之乐。有此三乐，夫复何求！

回顾这一年来，我们登山临水，徒步跋涉，同时又心怀惴惴，不知能否如期完成这一艰巨的任务。现在，《北京地区摩崖石刻》一书付梓在即，我们终于可以松口气了。此时，我们最大的心愿就是表达感谢。

本书的出版得到北京市文物局2009年科研成果出版项目经费资助。

本书也得到了北京石刻艺术博物馆原馆长高景春的大力支持，他为我们提供了先期的调查费用、人员和车辆，为前期调查工作的顺利开展提供保障。

在本书的调查和编纂过程中，赵其昌、徐自强、吴梦麟、韩锐四位先生从学术方面给了我们巨大的帮助。他们不顾年事已高，反复认真审阅我们的书稿，对本书的凡例、结构和思路都提出宝贵的建议，因此本书的成书倾注了诸位老先生们的心血，他们深厚的学养、严谨的治学态度也使我们从中获益良多。

感谢北京石刻博物馆的众多同仁们为本书所做的工作。司机杨朝晖、王培、罗鹏飞，他们积极参与我们的调查工作，起早贪黑，毫无怨言。郭继华参与了部分地点的调查与拓片的捶拓工作，王宏辉提供了部分照片，刘卫东、滕艳玲提供了一些相关材料和线索。

感谢密云文管所的退休干部吕志新，门头沟黄安坨村干部郝敏东，颐和园管理处的翟小菊，海淀博物馆的焦晋林，八大处公园的范艳丽，房山区文委的陈亚洲，房山区文管所的李兵，云居寺管理处的续小玉、骆影，门头沟区文管所的张旭，怀柔区文委的李建华，中国人民解放军防化指挥学院的林凡林、彭江，密云县云峰山风景区的聂伟荣，他们给我们提供了许多有益的线索和帮助。感谢长城学会的王莹提供了部分照片。感谢所有为我们提供过帮助不留名的人们。

感谢学苑出版社的编辑潘占伟、洪文雄及美编徐道会，他们兢兢业业，认真负责，为本书的出版付出了辛勤的劳动。

最后，也感谢我们调查组的所有成员。虽然文字的撰写有分工，但调查和记录工作却是大家共同进行的。在不耽误馆内工作的前提下，我们能在这一年的时间里，完成百余处地点的调查，并获得四百余则摩崖石刻的第一手材料，是课题组所有成员的互相帮助、积极配合和辛苦努力的结果。

本书分工如下：

王晓静负责前言、凡例、综述、后记以及房山区、石景山区文稿的撰写，并对全书进行了统稿、校对。

王苹苹负责海淀区、丰台区、怀柔区文稿的撰写和校对。

熊鹰负责门头沟区和密云县文稿的撰写。

徐伟负责延庆县、平谷区文稿的撰写。

贾瑞宏负责昌平区、顺义区文稿的撰写。

王晓静、王苹苹、徐伟、熊鹰负责摄影。

王晓静

2010 年 3 月

重庆大剧院　摄影 张彬

建筑杂志社主办
建筑
二〇一〇年
第二十四期